Müller Johann

Mit der Autobahn auf du und du

Erinnerungen eines Fernfahrers

© 2016 Müller Johann
Umschlag, Illustration: Müller Johann

Verlag: tredition GmbH, Hamburg

ISBN
Paperback   978-3-7345-2874-3

Printed in Germany

Das Werk, einschließlich seiner Teile, ist urheberrechtlich geschützt. Jede Verwertung ist ohne Zustimmung des Verlages und des Autors unzulässig. Dies gilt insbesondere für die elektronische oder sonstige Vervielfältigung, Übersetzung, Verbreitung und öffentliche Zugänglichmachung.

Vorwort

Worauf ich mich lange schon freute, war nun endlich da. Meine aktive Zeit war vorbei und ich hatte mit September 2011 meinen Ruhestand angetreten. Die ersten Wochen genoss ich intensiv in unserem kleinen Schrebergarten und hatte nun alle Zeit der Welt, diesen in Ruhe winterfit zu machen. In den folgenden regnerischen und trüben Novembertagen beschäftigte ich mich viel mit Büchern und sonstiger Lektüre, bis meine Frau – immer bemüht, dass mir nicht langweilig würde – meinte, unser Keller bedürfte dringend einer ordnenden Hand.

Da stand ich nun inmitten von Kartons und Schachteln beim Aussortieren, was sich in den letzten Jahren so angesammelt hatte und vielleicht schon längst hätte entsorgt gehört. Einer dieser alten Kartons hatte es mir aber besonders angetan. Ich konnte nicht anders – den musste ich mit hinauf in die Wohnung nehmen. Diese Schachtel war randvoll mit alten Pressspan-Heften, Kalendern, Fahrtenbüchern etc., in denen ich von Beginn meiner Fahrerei an immer wieder in Stichwörtern meine gefahrenen Touren verzeichnet und oft auch persönliche Notizen dazu gemacht hatte. Auch alte Landkarten fand ich, in denen ich mir verschiedene Strecken markiert hatte.

Beim Durchsehen und Nachlesen kamen viele Erinnerungen wieder hoch und da ich sowieso nichts Besseres zu tun hatte, begann ich einfach diese aufzuschreiben.

Da ich nicht mehr alle Personen, die in diesen Erinnerungen vorkommen erreichen und fragen kann, mir zu gestatten, ihre Namen zu nennen, gebe ich vielen einen anderen Namen. Ebenso erwähne ich einige Orte und Firmen nicht mit Originalnamen.

Wie der Entschluss Fernfahrer zu werden entstand

„Helmut, darf ich mit dir im Lastwagen mitfahren?" Ich war gerade im ersten Lehrjahr der Maler und Anstreicher-Lehre und wohnte noch im Elternhaus. Helmut war mein Schwager aus Salzburg, seit kurzer Zeit mit meiner Schwester verheiratet und beide wohnten damals ebenfalls noch im Elternhaus.

„Wenn du für deine Verpflegung in Gasthäusern und Autobahnraststätten selbst aufkommst, darfst du mitfahren, solange du willst." Schon Monate vorher wurde jeder Schilling auf die Seite gelegt. Im August 1966 war mein erster Urlaub als Lehrling fällig. Mutter packte Unterwäsche, Hemden und Hosen ein.

An einem Montag im August 1966 um vier Uhr in der Früh wurde der LKW, der zirka 100 Meter von unserer Wohnung in Doppl-Leonding entfernt stand, gestartet. Wie es sich gehörte, wurden alle wichtigen Teile auf Verkehrssicherheit überprüft und die Reifen mit einem Hammer abgeklopft. Nun ging es ab Richtung Wien. Bis zur Autobahnauffahrt in Traun war die Straße nichts Neues, da ich diese mit dem Fahrrad schon des Öfteren befahren hatte.

Auf der Autobahn wurde es von Kilometer zu Kilometer immer interessanter, weil ab da alles „Neuland" für mich war.

Bei der Ausfahrt Amstetten West mussten wir die Autobahn wieder verlassen, diese war hier auf einer Länge von 35 Kilometer noch in Bau. Gleich neben der Autobahn A1 verläuft die Bundesstraße B1. Auf dieser fuhren wir Richtung Amstetten Zentrum. In dem kleinen Dorf mit dem Namen Ludwigsdorf, kurz vor Amstetten, standen etliche LKWs bei einem Gasthaus. „Diese Raststation werden wir auch bei der Rückfahrt ansteuern und dort zu Abend essen, und wahrscheinlich auch ein paar Kegelpartien mit Fernfahrerkollegen machen", informierte mich Helmut.

Anschließend fuhren wir über die berühmt-berüchtigten „Strengberge". Das war ein Erlebnis für mich, weil in den Tageszeitungen damals oft von schweren Unfällen auf diesem Straßenstück berichtet wurde. Nun sah ich die gefährlichen Bergstellen „live". Das waren steile Berge und scharfe Kurven, wie ich sie zuvor noch nie gesehen hatte.

Bei der nächsten Autobahnauffahrt in Amstetten Ost ging es wieder auf die A1. Zum ersten Mal sah ich das Stift Melk, kurz darauf den berühmten Wienerwald. Gemeint ist damit nicht die damals sehr bekannte Gasthaus-Kette und Hendlbraterei, sondern der echte Wald. Da die Autobahn am Stadtanfang von Wien zu Ende war, mussten wir ab der Ausfahrt Pressbaum wieder auf der B1 weiterfahren.

Die erste Abladestelle in Wien war bei Spedition C. Sacken am Reumannplatz. Durch eine sehr enge Einfahrt gelangte man in einen Hof, in dessen Mitte das Bürogebäude stand. Dieses musste man von rechts umrunden, um an die betonierte Hochrampe auf der linken Seite zu gelangen, die zu einem alten Holzschuppen gehörte. Nach dem Öffnen der Bordwände und Hochschlagen der Plane konnte das Abladen beginnen.

Auch ich ging in die Lagerhalle und wollte den Arbeitern zuschauen. Aber was sahen da meine jugendlichen Augen zum ersten Mal? Ein wunderschönes Bild in der Größe von 3 x 2 Metern an der Rückwand des Lagers. Drei fast nackte Frauen am Meeresstrand, die in der Sonne lagen. Ein Abladearbeiter erzählte mir, dass ein Künstler hier gearbeitet und dieses faszinierende Bild in der Freizeit gemalt hatte.

Nach dem Entladen und teilweise Wiederbeladen fuhren wir zurück Richtung Linz.

Nach den Strengbergen, kurz vor der Autobahnauffahrt Amstetten, kehrten wir wieder im Rasthaus in Ludwigsdorf ein.

Da waren bereits etliche Fernfahrer auf den Kegelbahnen. Freundlich wurden wir begrüßt und aufgefordert, nach dem Essen mit ihnen zu kegeln. Es war schon zirka 23 Uhr und ich war müde, aber die Unterhaltung der Fernfahrerkollegen wollte ich noch mitanhören, weil ich es spannend fand, wenn die Fahrer von ihren Erlebnissen berichteten. Allerdings wurde ich, da ich bereits seit 20 Stunden auf den Beinen war, unendlich müde und ging in das „LKW-Bett". Für mich war dieser Tag ein wunderschönes Erlebnis gewesen. Vor allem das kollegiale Verhalten der anderen Fernfahrer hatte mich sehr fasziniert.

Das Zurückkommen und Einsteigen von Helmut hörte ich schon gar nicht mehr. Nach ein paar Stunden Schlaf ging es dann weiter nach Salzburg. Als wir in Linz vorbeifuhren fragte Helmut, ob er mich heimbringen sollte oder ob ich die ganze Woche mitfahren wollen würde. Ich versicherte ihm, dass es nichts Schöneres für mich geben könnte, als weiter mitfahren zu dürfen.

Für mich war das Nebenbeisitzen ein Genuss. Lauter fremde Orte und viele Kilometer Autobahn. Immer wenn Helmut einen ihm bekannten LKW entgegenkommen sah, wurde schon von weitem mit der Lichthupe und dem Überlandhorn „gegrüßt". Damals wollte ich kaum glauben, wie viele Fernfahrer meinen Schwager kannten. Am wildesten wurde natürlich gehupt und geblinkt, wenn uns Fahrzeuge der Firma Pamperl entgegenkamen.

Auch nach den vielen Stunden auf dem Beifahrersitz wurde ich nicht müde hinauszuschauen. Oft dachte ich an die Arbeit als Maler, wie anstrengend und schmutzig diese im Vergleich dazu doch war.

Am späten Vormittag kamen wir in Salzburg bei Firma Pamperl an. Die Papiere wurden in das Büro gebracht und bearbeitet. Nach dem Ansetzen an die Rampe war Mittagspause für alle.

Um 13 Uhr wurde begonnen den Anhänger abzuladen und mit Sammelgut für Stuttgart wieder zu beladen. Dann kam der Motorwagen dran.

In der Zwischenzeit fuhren wir zu Helmuts Mutter. Nach kurzer Zeit kamen wir wieder in die Firma zurück. Nun war der LKW beladen und der Anhänger wurde angehängt und der ganze LKW–Zug neben das Bürogebäude gestellt. Zur Zollabfertigung mussten wir bis 16 Uhr warten. Die Zollbeamten kamen erst nach ihrer regulären Arbeitszeit zur sogenannten „Hausbeschau". Der LKW und der Anhänger wurden verplombt und die Begleitpapiere abgestempelt. Und nun konnten wir zum Grenzübergang Salzburg – Freilassing abfahren, bei welchem wir nach Deutschland einreisten. Beim österreichischen Zoll waren wir ganz schnell fertig, weil nur der „Begleitschein" abgegeben wurde und mit einem Stempel die Abgabe bestätigt wurde. Dann ging es zur bayrischen Grenzpolizei im selben Abfertigungsraum. Auch da wurde der Laufzettel nach Überprüfung des Reisepasses abgestempelt. Der nächste Schalter war der deutsche Zoll. Bei diesem wurde ein deutsches Zolldokument ausgestellt und eine neue Plombe am LKW-Zug angebracht. Beim Schranken am Ende des Zollhofes wurde der Laufzettel abgegeben und nach Überprüfung aller notwendigen Stempel wurde die Einreise nach Deutschland freigegeben.

Die Fahrt ging vorerst bis München–Stadt zu einem Autohof. Bei der dort befindlichen Tankstelle tankten wir mit „UTA"-Tank-Scheckscheinen voll. In diesem Autohof gab es auch ein Restaurant, in dem bereits etliche Fahrer saßen, die Helmut ebenfalls kannte. So waren wir im Nu eine große Runde. Diese Atmosphäre war ungemein nett und interessant für mich. Jeder erzählte von seinen Erlebnissen und Erfahrungen. Es kam mir wirklich unglaublich vor, dass nach der täglichen langen Arbeitszeit auch in der Freizeit nur von Arbeit geredet wurde. Aber das war überall so. Egal, in welches Rasthaus wir kamen, es wurde von den Eindrücken und Vorkommnissen des Tages gesprochen. So interessant dies auch war, die Müdigkeit übermannte mich und ich ging in den LKW um zu schlafen.

Als ich am nächsten Morgen aufwachte, waren wir bereits in der Nähe von Ulm. Zwei Stunden später fuhren wir bei der Autobahnabfahrt Wendlingen ab und über die B10 Richtung Stuttgart. Bei Spedition ATEGE wurde das Sammelgut abgeladen und dann mussten wir noch bei zwei Kundschaften abladen. Nach dem Zustellen hatten wir noch einen „Einholer" (Teilbeladung). Danach ging es wieder zurück zu ATEGE an die Rampe und wir hatten zu warten, bis alles Sammelgut von Klein-LKWs in das Lager gebracht wurde. Dann beluden die Speditionsarbeiter Motorwagen und den Anhänger. In der Zwischenzeit gingen wir in die Waschräume im Keller und konnten uns dort duschen und pflegen. Abends um zirka 20 Uhr war nach Empfang der Zoll- und Lieferpapiere Abfahrt nach Österreich.

Helmut fuhr bis er müde wurde und blieb dann auf einem Parkplatz zum Schlafen stehen. Da ich in der Dunkelheit ja sowieso nichts Neues sehen konnte, ging ich etwas früher zu Bett. Nach einer Pause von wenigen Stunden fuhren wir wieder weiter und auch ich kletterte aus dem Bett. In München angekommen, tankten und frühstückten wir im selben Autohof wie am Tag zuvor. Dann ging es weiter bis zur Grenze Saalbrücke, wo die deutsche Zollabfertigung war und der österreichische Begleitschein ausgestellt wurde. Damals war der Grenzübertritt ein Zeitverlust von maximal einer halben Stunde. Es gab noch nicht sehr viele LKWs, die über Saalbrücke fuhren.

Die Firma Pamperl war nach der Grenzabfertigung die erste Abladestelle in Österreich. Nun waren wir wieder auf dem Weg nach Wien. Aber da es zeitlich passte, fuhren wir bei der Ausfahrt Traun ab und es ging erst mal in Richtung Heimat. Angekommen sind wir zu Hause um zirka 20:00 Uhr. Helmut fragte, ob ich morgen weiter mitfahren wolle oder ob es mir schon zu lange dauern würde. Natürlich wollte ich mit und ging sofort zu Bett, damit ich die frühe Abfahrt von zu Hause nicht verschlafen würde.

Am nächsten Morgen um 5 Uhr fuhren wir weiter zu C. Sacken Wien, um abzuladen. Diesmal waren schon zwei Fernzüge an der Rampe und wir mussten vor der Einfahrt warten. Als dann der Abladehof frei war, wurde unser LKW abgeladen. Beladen wurde mit Sammelgut und wir fuhren nach Hause zurück. In Doppl wurde der Anhänger beim damaligen Gasthaus „Martinihof" (Gasthof mit großem Parkplatz) unweit von zu Hause abgestellt. Mit dem Motorwagen parkten wir auf der Kinderspielwiese neben unserem Wohnhaus. Damit war für mich eine beeindruckende Woche abgeschlossen und das Wochenende konnte beginnen.

Am Montag um fünf Uhr ging es weiter nach Salzburg zur Firma Pamperl. Teilabladen und Vollladen für Frankfurt war nun angesagt. Nach dem Beladen mussten wir wieder auf die Zollabfertigung warten. Helmut betankte den LKW mit Diesel. Mit Fahrerkollegen, die auch auf den Zoll warteten, wurde über dies und jenes gesprochen, aber das Hauptthema war - wie könnte es anders sein - das Fahren. Einige Firmenkollegen von Helmut plauderten auch mit mir und waren mir sehr sympathisch. Zu diesem Zeitpunkt hatte ich noch keine Ahnung, dass diese Fahrer in etwa sechs Jahren einmal meine Arbeitskollegen sein würden.

Die Zollabfertigung ging reibungslos vonstatten und die LKWs fuhren im Konvoi zur Grenze. Dort wurde alles genau wie bei der ersten Tour gemacht und dann ging es ab nach Frankfurt. Das war für mich sensationell, hatte ich doch schon des Öfteren vom Frankfurter Flughafen gehört und jetzt fuhr ich in diese große Stadt! Keiner meiner Freunde war je zuvor dort gewesen. Frankfurt kannten wir Jugendlichen nur vom Hörensagen.

In München wurde wieder auf dem bekannten Autohof Diesel getankt und zu Abend gegessen. Weiter ging es nach der Pause durch die Stadt München Richtung Stuttgart. Mittlerweile war es schon Nacht geworden, aber die Aufregung ließ mich nicht müde werden. Irgendwann später blieben wir auf einem Autobahnparkplatz stehen und gingen zu Bett.

Am nächsten Tag aber verschlief ich die Abfahrt vom Parkplatz und kam später aus dem Bett, als ich mir vorgenommen hatte. Es war bereits taghell und ich sah mir die fremde Landschaft genau an. Ach, das Fernfahren ist schön, dachte ich mir immer wieder. Man kann fremde Länder und Städte sehen und braucht dafür nicht einmal etwas zu bezahlen.

Bei der Abfahrt Wendlingen fuhren wir die B 10 Richtung Esslingen. Um nach Bruchsal zu kommen – wo die Autobahn nach Frankfurt weiterführt – musste man durch ganz Stuttgart fahren. Diese Gegend ist hügelig und die Straße hat viele Kurven, deshalb kamen wir nicht so schnell vorwärts. Mir war dies sehr recht, da ich so die Ortschaften und Häuser genauer betrachten konnte. Irgendwann blieben wir zum Mittagessen stehen. Kurz nach der Pause fuhren wir in Bruchsal auf die Autobahn nach Frankfurt auf. Wir fuhren an Darmstadt vorbei – mir bekannt durch Wella Form Frisiergel und Haarspray, die von meinen Brüdern und Schwestern in rauen Mengen benutzt wurden - weiter bis zum Frankfurter Kreuz, von wo aus der große Frankfurter Flughafen gut zu sehen war. So viele neue Eindrücke! Das hatte mit Sicherheit noch keiner meiner Freunde zu Hause gesehen. Meine Begeisterung war groß und den ganzen Tag lang ging der Gedanke durch meinen Kopf: „Fernfahren ist wunderschön – ich werde auch einmal Fahrer, da komme ich dann auch in viele fremde Länder."

Über Offenbach kamen wir zur Spedition Lieberroth, wo schon ein Österreicher an der Rampe stand. Für uns wurde es zum Abladen zu spät und so fuhren wir in einen nahegelegenen Autohof zum Abendessen und Plaudern. In diesem Autohof waren nur wenige Österreicher anwesend. Wir setzten uns zu ihnen und der Austausch von Erlebnissen und Erfahrungen begann. Gespannt und wissbegierig hörte ich zu um später, wenn auch ich Fernfahrer sein würde, eventuell das Gehörte in die Praxis umsetzen zu können. Spät in der Nacht gingen wir im LKW zu Bett. Wiederrum war es ein wunderschöner Tag für mich. Viele neue Orte hatte ich gesehen, lustige und interessante Geschichten gehört. Mit der Überzeugung, dass ich Fernfahrer werden würde, schlief ich ein. Der nächste Tag lief genauso ab wie in Wien oder Stuttgart. Abladen, Zustellen, Einholen und im Speditionslager komplettieren. Nach der Beladung um etwa 17 Uhr fuhren wir dieselbe Strecke zurück, die wir gekommen waren. Nach dem Grenzübergang in Salzburg wurde in der Firma Pamperl nur Diesel getankt und weiter ging es nach Wien zu Spedition C. Sacken.

Kurz vor Linz kam die Frage von Helmut: „Willst du nach Hause?" Das wollte ich auf gar keinen Fall. Diese Fahrt nach Wien wollte ich unbedingt noch mitmachen, nächste Woche war ja mein Urlaub ohnedies vorbei. Also fuhren wir an Linz vorbei und machten erst in Ludwigsdorf Rast.

Zwei Stunden später waren wir wieder in Wien. Dort angekommen wurde sofort abgeladen. Zwei „Zusteller" blieben auf dem Motorwagen. Der erste Kunde war ganz in der Nähe. Der zweite Kunde war in einem inneren Bezirk von Wien. Die Lieferung - etlichen Kupferplatten in Ballen verpackt (je Ballen ca. 120 kg) - musste über einen angelegten Pfosten abgerutscht werden. Ein Arbeiter von der Firma half Helmut auf dem Motorwagen, die Ballen auf die Rutsche zu legen. Bei einem Kupferpaket rutschte einer der beiden ab und der Ballen fiel unkontrolliert um. Helmut sprang auf die Seite, doch der Ballen erwischte ihn noch und streifte ihn am rechten Fußknöchel.

Nach der Entladung wurde der Fußknöchel immer dicker und schmerzte sehr. Wir fuhren leer zur Spedition wo Sammelgut aufgeladen wurde. Im Büro von Pamperl in Wien wurde beratschlagt wie der LKW nach Salzburg gebracht werden sollte, falls Helmut nicht weiterfahren könnte.

Zufällig war bei Firma Sacken noch ein LKW der Firma Lotterhos aus Salzburg. Dieser LKW wurde von zwei Fahrern gelenkt. Einer dieser Fahrer hieß Kurt und hatte spontan angeboten, Helmuts LKW nach Linz zu lenken. Das Angebot wurde gerne angenommen und nach der Beladung fuhren wir zu dritt im Fahrerhaus nach Linz. Kurt war ein gesprächiger Fahrer und erzählte uns von seinen Fahranfängen bis hin zur Gegenwart. Er war schon acht Jahre Fernfahrer und wusste viele lustige Anekdoten zu erzählen. So war die Zeit im Nu verflogen und schon waren wir an der Autobahnraststation Ansfelden, wo Kurt zu seinem Kollegen in den nachfahrenden LKW umstieg. Durch die Ruhestellung des Fußes war der Schmerz für Helmut einigermaßen erträglich geworden und so konnte er ohne größere Probleme die restlichen Kilometer nach Hause fahren.

Bedauernd räumte ich dort meine Sachen aus dem LKW, für mich war die Woche als Beifahrer vorbei. Helmut fuhr dann am nächsten Tag den LKW zum Firmenstandort in Salzburg und kam mit dem PKW nach Hause. Anschließend verbrachte er das Wochenende möglichst fußschonend und ruhig und war am darauffolgenden Montag soweit wieder gesund, dass er die Arbeit wieder aufnehmen konnte.

Mir gefielen diese zwei Wochen so gut, dass es für mich einfach feststand:

„**Fernfahren ist der schönste Beruf und auch ich werde FERNFAHRER.**"

Mein Weg zum Lastwagenfahrer

Nach den wunderschönen zwei Wochen im LKW ging nun der tägliche „Maleralltag" weiter. In meinem Lehrbetrieb wurden LKW-Planen für Speditionen und Transportunternehmen beschriftet. So lernte ich die meisten Firmen kennen, bei denen ich mich vielleicht später als Fahrer bewerben würde. Vorerst aber hieß es die Lehre zu machen und vom Fernfahren nur zu träumen. Als ich mit 17 Jahren die Lehre beendete, war mein vorrangigstes Ziel Geld für den Führerschein zu verdienen. Mit einem monatlichen Verdienst von 2000 ÖS (inklusive Mehrstunden) war das nicht so einfach, da ich 500 ÖS davon als „Kostgeld" an meine Mutter bezahlte. Nebenbei hatte ich, wie alle anderen Jungs ein Moped, mit dem ich viel unterwegs war, und auch das kostete Geld. In unserer Clique gab es acht Mopeds, mit denen wir ganz schön in der Gegend herumkurvten. So kamen wir bis Steyr, Waidhofen/Ybbs, Neufelden und Rohrbach oder Eferding. Schließlich wollten wir auch etwas anderes sehen, als nur schon bekannte Gegenden und Moped fahren war damals für uns das Größte.

Im Juni 1969 hatte ich noch immer noch nicht genug Geld für den Führerschein beisammen. Die Fahrschule verlangte für die Führerscheinklassen A + B mit sechs Doppel-Fahrstunden ungefähr 2800 ÖS. Was sollte ich also tun? Das Moped fahren wurde stark eingeschränkt, dafür nahm ich in dieser Zeit vermehrt Aufträge von Privatpersonen zum Zimmerausmalen entgegen. Jeden Freitag werkte ich von ungefähr 17 bis 22 Uhr und samstags von 5 bis 18 Uhr. So konnte ich die notwendigen 2800 ÖS in wenigen Monaten ansparen.

Mitte August meldete ich mich bei der Fahrschule Rauch in Traun an. Der Kurs dauerte sechs Wochen und anschließend war die Fahrprüfung. Drei Tage vor dem 18. Geburtstag hatte ich die

Prüfung mit Erfolg abgelegt. Am Montag – genau an meinem Geburtstag - konnte ich den Führerschein in der Bezirkshauptmannschaft Linz-Land abholen.

Nun war es endlich so weit. Ich konnte die Malerei beenden und als Kraftfahrer mit Führerschein B beginnen. Damals konnte ein junger Führerscheinbesitzer den Anhängerschein für Anhänger über 750 kg erst dann ablegen, wenn er eine zweijährige Fahrpraxis mit Führerschein B oder eine einjährige mit dem sogenannten C-Schein nachweisen konnte. Zwei Monate später kaufte ich mir den allerersten eigenen PKW von einer jungen Nachbarsfamilie. Es war ein Moskwitsch 301.

Der Beginn als Kraftfahrer

Ich kündigte die Arbeitsstelle als Maler, weil ich bei Firma Hestag als Zustellfahrer für Linz eine Arbeit gefunden hatte. Eine Stelle zu finden war damals kein Problem. Man konnte unter mindestens zehn Stellenangeboten wählen. In den OÖN waren immer genug Stellen ausgeschrieben.

In dieser Firma Hestag – einem Apothekengroßhandel – lernte ich Linz als Fahrer bestens kennen. Ein Arbeitskollege und ich bildeten zur täglichen Arbeitsfahrt eine Fahrgemeinschaft. Eines Tages fuhr ein Freund dieses Kollegen mit der selbstständiger Apotheken-Dekorateur war und einen großen Bekanntenkreis hatte. Dieser Herr Leo fragte mich bei einer späteren Begegnung, ob ich nicht vielleicht die Firma wechseln möchte. Er kannte eine gute Firma, die einen verlässlichen Fahrer für Linz suchte. Er gab mir die Anschrift und bereits am nächsten Tag war ich vorstellen.

Diese Firma war nur 500 Meter von meinem Zuhause entfernt. Der bei Firma Georg Obermüller – Bürogroßhandel und Schulhefterzeuger - für den Großhandel zuständige Leiter war Herr Fux. Er war mir auf Anhieb sympathisch und ich ihm anscheinend auch. In einem lockeren und aufschlussreichen Gespräch informierte er mich über alles Notwendige. Der Stundenlohn war um zwei Schilling höher war als bei Firma Hestag. Zusätzlich war natürlich erfreulich, dass der neue Arbeitsplatz auch in unmittelbarer Nähe zum Elternhaus war. Wir vereinbarten den kommenden Montag als Arbeitsbeginn. Bei Firma Hestag kündigte ich sofort und Freitag war dort mein letzter Arbeitstag.

So begann ich am Montag um 7:30 Uhr meine Arbeit als Fahrer bei Firma Obermüller. In der Vormittagstour fuhr Herr Franz M. zur Einschulung mit. Mittags konnte ich mit dem Transporter nach Hause fahren und eine Stunde Pause machen. Ab 13 Uhr ging es wieder weiter. Der Bus wurde mit Kunststoffbehältern, in denen sich Büromaterial befand, beladen und anschließend lieferte ich in Linz aus. Es erleichterte mir die Adressensuche sehr, dass ich etliche Firmen bereits durch meine Tätigkeit als Maler kannte.

Die Arbeit machte mir viel Spaß, vor allem deswegen, weil es eine schöne und saubere Tätigkeit war. Die Arbeitszeit war von 7:30 – 12 Uhr und von 13 - 16:30 Uhr. Der Verdienst war in etwa gleich mit dem Einkommen, das ich als Maler und Anstreicher hatte. Die Arbeit war aber nicht so schmutzig und im Winter gab es keine Arbeitslosigkeit, was im Malergewerbe doch sehr häufig vorkam.

Eines Tages kam der Chef zu mir und fragte mich, ob ich ihn mit seinem PKW – einem OPEL Diplomat mit 5,4 Liter Hubraum und 225 PS – nach Wien fahren würde. Er hätte dort einen anstrengenden Verhandlungsnachmittag zu erwarten und wäre dann zu müde, um selbst nach Hause zu fahren. Herr Fux konnte mich für diesen Nachmittag entbehren. Also fuhr ich schnell nach Hause und zog das schönste Gewand, das ich damals hatte, an. Um 13:30 Uhr fuhren wir los.

Das Hochgefühl, das ich während dieser Fahrt empfand, kann ich gar nicht richtig beschreiben. Ich fuhr auf der Autobahn einen PKW, den man extrem selten sah, weil er so teuer war. Der Chef war ein netter und ruhiger Mensch, aber beim Autofahren war ihm nichts zu schnell. Damals gab es keine Geschwindigkeitslimits auf der Autobahn, deshalb wies er mich an, schneller zu fahren. Und ich fuhr schnell, aber die 150 km/h mit denen wir unterwegs waren, waren ihm viel zu langsam. Er sagte zu mir: „Du hast das Auto gut in der Hand, nun kannst du auch „Gas" geben". So trat ich voll drauf, bis 200 km/h und mehr... Mit diesem Tempo waren wir schnell in Wien, wo wir am Westbahnhof in der Parkgarage des Hotels „Westbahn" parkten. Für die nun folgende Wartezeit erhielt ich 400 ÖS. Er sagte mir, ich sollte um 21 Uhr wieder im Hotel zurück sein. Dieser Betrag war tatsächlich kein Gehaltvorschuss, wie ich anfangs vermutet hatte, sondern die Bezahlung für meine Wartezeit. So nutzte ich diese Zeitspanne, und ging zu meinen Cousins in den 3. Bezirk und lud sie zum Essen ein. Pünktlich zur vereinbarten Zeit war ich zurück beim Hotel „Westbahn" und gegen 22 Uhr ging es nur wenig langsamer wieder zurück nach Linz.

Mein Fahrstil entsprach offensichtlich und so wurde ich des Öfteren vom Chef als Privatchauffeur „gebucht", was mir großen Spaß machte. Da durfte ich doch die tollsten Autos fahren und ihn hin und wieder sogar auf seine Yacht am Attersee begleiten. Dabei entwickelte sich ein beinahe väterlich-freundschaftliches Verhältnis.

Im Juli 1970 startete mein Präsenzdienst als Panzergrenadier in der Hiller Kaserne in Ebelsberg. Nach sechs Wochen Grundausbildung wurde die Kaserne Ried/Innkreis bis zum Ende der Wehrdienstzeit mein Zuhause. Im April 1971 nahm ich meine Tätigkeit bei Obermüller wieder auf.

Eines Tages im Juli fragte mich Herr Fux, ob ich nicht den Führerschein für LKW und Anhänger machen wollen würde. In der Firma wurde ein Ersatz für den LKW - Fahrer gebraucht, dessen Arbeitsverhältnis im Oktober enden würde. Die Kosten für die Fahrschule würden von der Firma übernommen. Natürlich sagte ich zu und freute mich ungemein, weil die Kosten für C und E-Prüfungen mit 6.000 ÖS sehr hoch waren und ich meinem eigentlichen Ziel, einen LKW lenken zu dürfen, immer näher kam.

So meldete ich mich im August in der Fahrschule zu einem acht Wochen dauernden Kurs an. Die geplanten zwölf Doppelstunden mit dem LKW und dem Anhänger wurden vom Fahrlehrer auf vier Doppelstunden reduziert, weil damit alle Anforderungen für die Fahrprüfung erreicht waren. Herr Fux bestätigte schriftlich, dass ich zwei Jahre als Kraftfahrer beschäftigt war, und somit waren alle gesetzlichen Vorschriften erfüllt. Am 2. Oktober 1971 wurde mein Wissen über Verkehrsvorschriften sowie Motor- und Bremsanlage und mein Fahrkönnen überprüft. Nach vier Stunden Wartezeit kam die erlösende Antwort: „Prüfung bestanden".

Nun hatte ich zwar den Führerschein der Klassen C und E, aber als Lastwagenfahrer in der Firma Obermüller nicht die versprochene Arbeit, weil gerade jetzt bei der jährlichen Überprüfung herauskam, dass der Steyr 380 D nicht mehr in Ordnung war. Die erforderliche Reparatur war zu teuer und so wurde er kurzerhand abgemeldet. Nach Abwägung der Kosten wurde kein neuer LKW angeschafft, die Auslieferung wurde an eine Spedition vergeben. Deshalb fuhr ich bis Februar 1972 mit dem VW-Transporter weiter, was mir nun aber zunehmend missfiel.

Von Kindheit an bestrebt, etwas das mir nicht gefiel, so schnell wie möglich zu ändern, suchte ich ein klärendes Gespräch mit meinem Chef. Da weiterhin kein neuer LKW angeschafft werden sollte, vereinbarten wir, dass mit Mitte Februar 1972 mein Dienstverhältnis enden würde. In den OÖN fand ich ein Inserat, das mir zusagte.

Mein Traum wird Beruf

Zum Vorstellungsgespräch bei „Transporte Walter Wurm" in Linz am Getreidehafen wurde ich von den Herren Wurm W. und Prokurist N. Harry empfangen. Da ich keinerlei LKW-Fahrpraxis hatte, war die Frage, ob ich mich denn auch wirklich mit einem großen LKW fahren trauen würde, durchaus berechtigt. Offensichtlich konnte ich die Herren überzeugen und wurde aufgenommen, nachdem mir erklärt wurde, dass die Arbeit über Stundenbezahlung abgerechnet und jede Überstunde korrekt ausbezahlt werden würde.

Mit 1. März 1972 war ich nun also LKW-Fahrer bei der Firma Wurm, die ihren damaligen Standplatz im Linzer Hafen hatte. Herr Wurm war Geschäftsführer bei Saathandel Friesacher und hatte ein eigenes Transportunternehmen und einen Kartoffelgroßhandel.

Morgens um sieben Uhr wurde ich vom „Cheffahrer" Heli freundlich empfangen. Mein neues Arbeitsgerät war ein LKW Steyr 1290 Plus. Neben diesem Steyr gab es auch einen Daimler Benz 1620 mit 16 Tonnen Gesamtgewicht und 200 PS. Dieser war mit Fernfahrerkabine ausgestattet, die Ladefläche hatte keine Bordwände, sondern nur ein Plateau. Auch diesen LKW sollte ich bei Bedarf lenken. Nach einer kurzen Einweisung erklärte mir Heli noch die neue ZF-Getriebe Schaltung und übergab mir dann die Abladepapiere. Mein Steyr war mit 24 Tonnen Mais beladen und sollte in Salzburg/Anif bei der Firma Agrar Lagerhaus abgeladen werden. Nach der Abladung sollte ich leer nach Hause zurückfahren.

Im Glauben alles wäre in bester Ordnung, setzte Heli sich in seinen LKW und fuhr weg. Starten war ja kein Problem - aber das Wegfahren. Noch nie hatte ich einen 38-Tonnen schweren LKW in Bewegung bringen müssen, aber nun musste es sein. Den ersten Gang einlegen und die Kupplung langsam „kommen lassen" war gar nicht so einfach, weil die richtige Dosierung Gas dazu gehörte. Nach mehreren Versuchen gelang es mir endlich den schweren LKW in Fahrt zu bringen. Da das Firmengelände sehr groß war und ich mich noch nicht in den öffentlichen Verkehr traute, machte ich zuerst einmal mindestens zehn Runden um die Lagerhallen. Dabei blieb ich immer wieder stehen, um das Anfahren zu üben. Aber nicht nur das Wegfahren war schwierig, sondern auch das Schalten mit dem neuen ZF-Getriebe. Bei jedem Schaltvorgang verweigerte mir das Getriebe hartnäckig den nächsthöheren Gang einzulegen. Was war bloß der Grund, dass das nicht funktionierte? Mal gab ich mehr Gas, dann wieder weniger, immer wieder krachte und ratterte es. Acht Runden brauchte ich bis mir einfiel, dass doch mal irgendjemand gesagt hatte, man müsste den Motor in Richtung Standdrehzahl herunterkommen lassen, also vorerst einmal kein Gas geben. Das versuchte ich nun – und siehe da, es ging! Ein wenig erleichtert, drehte ich gleich noch zwei Runden.

Mit einem schlechten Bauchgefühl – irgendwann musste es aber doch sein - wagte ich mich schließlich auf die Straße. Es war gerade 7:30 Uhr und der Morgenverkehr bereits ziemlich stark. An sich war das für mich ja nicht so schlecht, weil ich so gezwungen wurde, das Losfahren und Stehenbleiben noch intensiver zu üben. Das klappte soweit auch ganz gut. Leider stand jedoch eine Ampel bei Niedernhart auf „Rot" und ich musste anhalten. Entsetzt stellte ich fest, dass unmittelbar nach der Ampel die Straße steil anstieg. Alles Jammern nützte nichts - irgendwie musste ich da hinauf! Es wurde „Grün" und schon begann mein Martyrium mit dem ersten Zurückschalten. Nie im Leben hätte ich geglaubt, dass 38 Tonnen so stark „zurückziehen" könnten. Meine „Schaltkunst" war auf der Mitte des Berges zu Ende und der LKW kam zum Stillstand.

Was nun? Meine Nervosität stieg. Wie war das noch in der Fahrschule: Neu starten, ersten Gang einlegen, Federspeicher-Bremse lösen und dosiert Gas geben. Theoretisch wusste ich es ja, aber das erforderliche Fingerspitzengefühl hatte ich natürlich noch nicht. Hinter mir waren schon viele PKWs und einige hupten bereits ungeduldig. Nach zwei Fehlversuchen kam ich endlich in Fahrt. Schweißgebadet beinahe so als hätten wir Hochsommer mit mindestens 35°C, kroch ich mit dem LKW den Berg hinauf. Nur nicht schalten, nein - bloß nicht schalten dachte ich unentwegt, sonst stehst du wieder. So fuhr ich den Rest des Berges im ersten Gang hinauf. Etliche PKW-Fahrer überholten mich und sahen mich mitleidig an. Oben angekommen beruhigte ich mich langsam wieder und tröstet mich mit dem Gedanken: „Jeder muss halt mal beginnen."

Zwar meldete sich das Getriebe weiterhin bei jedem Schaltvorgang - aber ich war unterwegs! Nach einigen Kilometern begann die Autobahn. Nun war der LKW schon auf 80 km/h und ich wurde langsam etwas entspannter. In Gedanken versuchte ich den bisher zurückgelegten Weg zu „analysieren" und meinte, dass meine Fehler beim Schalten vor allem von meiner Nervosität kamen. In Zukunft – so nahm ich mir vor - wollte ich mich durch das Gehupe der anderen Verkehrsteilnehmern nicht mehr so aus der Fassung bringen lassen und versuchen, ruhig und konzentriert zu bleiben. Dieser Leitspruch hat mich mein ganzes Fahrerleben begleitet.

Die Weiterfahrt nach Salzburg verlief ohne verkehrsbedingte Schwierigkeiten, aber das Bergabfahren und Schalten machte mir nach wie vor große Sorgen. Endlich war ich in Anif an der Abladestelle angekommen. Nun erst bemerkte ich, dass dieser LKW und der Anhänger eine Kippvorrichtung hatten. Bloß - wie war so eine Vorrichtung einzuschalten? Der Mais musste in eine Gosse am Boden gekippt werden. Nach dem Öffnen der Bordwände mittels eines Hammers rutschte schon mal ein Drittel der Ladung in die Gosse. Nun aber wusste ich nicht mehr weiter. Wahllos probierte ich alle Schalter und Hebel aus, aber es gelang mir einfach nicht, den Nebenantrieb für die Kipperpumpe einzuschalten. Verzweifelt ging ich zum Silomeister und erklärte ihm meine missliche Lage. Dieser war sehr nett und er ging mit mir zum Auto. Er wusste, wie man den Nebenantrieb einschalten musste, weil er früher auch Fahrer war. Zuerst Kupplung betätigen, dann den Kippschalter umlegen und wieder auskuppeln. Aber ich hatte diesen Schalter doch auch umgelegt und es hatte sich nichts gerührt. „Ohne Kupplung kann man den Nebenantrieb nicht einschalten", erklärte er mir, weil sonst das Getriebe beschädigt werden würde. Nun lief also die Kipperpumpe, aber es kippte noch immer nicht ab. Der Silomeister erklärte mir auch hier noch, weshalb: „Hinter dem Fahrersitz ist ein kleines Drehrad, das man zuschrauben muss, sonst würde das Öl wieder in den Vorratsbehälter zurückgepumpt." Das Drehrad wurde zugedreht und ganz langsam hob sich jetzt die Ladebrücke. Im Weggehen meinte er grinsend „Na, es geht doch" und verschwand wieder im Schaltraum.

Mir fiel ein Stein vom Herzen und ich wusste nicht, ob ich mich schämen oder erleichtert sein sollte. Endlich war der Motorwagen leer, die Ladebrücke unten und das kleine Drehrad aufgedreht - so kam dann der Anhänger über die Schüttgosse. Der Silomeister kam wieder heraus und erklärte mir den Kippablauf des Anhängers. Der war ganz anders als beim Motorwagen. Ohne die Hilfe des Silomeisters wäre ich bestimmt nicht draufgekommen. Der Anhänger wurde mit Luft gekippt und diese Kippvorrichtung war ganz hinten am Anhänger befestigt. Ehrlich, welcher Neuling kommt schon auf die Idee diese Steuerung dort hinten zu suchen? Nach dem Entladen des Anhängers gab ich den Lieferschein ab, bedankte mich beim Silomeister herzlich für seine Hilfe und begann meine Heimfahrt.

Es war für mich nahezu unglaublich, wie groß der Unterschied ist, einen beladenen oder einen leeren LKW zu fahren und zu schalten. Die Leerfahrt nach Hause verlief sehr gut und der Steyr wurde mir immer sympathischer. Meine Schaltvorgänge wurden langsam präziser und das Gefühl, den Lastwagen ein bisschen besser zu beherrschen immer stärker.

Gegen 15 Uhr kam ich in die Firma und ging als erstes in das Büro. Dort waren Herr Wurm und Herr N. die mich natürlich sofort über meinen ersten Arbeitstag befragten. Von den Extrarunden und Schaltproblemen erzählte ich natürlich nichts. Aber dass mir der Silomeister sehr geholfen hatte, das konnte ich mir dann doch nicht verkneifen, weil ich der Meinung war die Einschulung am Auto hätte um einiges umfangreicher sein müssen. Herr Wurm gab mir zwar Recht, aber er meinte: „Hansl, du hast es gut gemacht. Jetzt reden wir nicht mehr darüber und du fährst die ganze Woche nach Salzburg." Anschließend musste ich unter eine Ladeschnecke fahren und den ganzen Zug wieder mit Mais beladen.

Da der LKW von oben beladen wurde, musste ich die Plane nach vorne schieben. Wie macht man das schon wieder? Und schon merkte ich, dass ich da noch lange nicht alles wusste. Der Lademeister Herr Peter zeigte mir, wie man da am besten vorgeht. Gemeinsam wurde die Plane nach vorne geschoben und mit der Beladung begonnen. Dies ging ganz schnell, Herr Peter machte einen kurzen „Pfiff" und ich fuhr zirka drei Meter nach vor, um die hintere Hälfte des LKWs befüllen zu können. Nach der Beladung wurde die Plane wieder zurückgeschoben und an den Bordwänden befestigt. Anschließend musste ich auf die firmeneigene Waage und stellte dann den LKW dort ab, wo er auch in der Früh bereits gestanden war.

Es war nun Feierabend und ich überglücklich, dass trotzdem alles glimpflich verlaufen war. Herr Peter fragte mich ob ich nach Hause fahren oder hier in der Firma schlafen würde. Neben den Büros waren ein Waschraum mit Dusche und der Aufenthaltsraum für die Lagerarbeiter der Firma Friesacher. In einem weiteren Raum gab es für die Fahrer vier Betten. Eines davon konnte ich mir als Nachtlager herrichten.

Das wollte ich mal probieren und so holte ich mein Bettzeug aus dem PKW, das ich sicherheitshalber in der Früh mitgenommen hatte. Nach dem Duschen setzte ich mich zu den Lagerarbeitern und hörte so allerhand Geschichten. Nach und nach kamen meine Fahrerkollegen von ihren Touren zurück und es wurde über die Arbeit der Fahrer gesprochen. Interessant war, dass diese Leute waren alle fremd für mich waren und auch niemanden von den Fernfahrern aus Salzburg, kannten, die ich vor Jahren durch Helmut, meinen Schwager, kennengelernt hatte. Aber die Gesprächsthemen waren dieselben. Von den Kollegen bekam ich noch Tipps bekommen, wie man den Steyr 1290 am besten schalten würde und sie freuten sich, dass sie nicht selbst mit diesem Auto fahren mussten. Dieser LKW war für alle Fahrer ein sogenanntes „rotes Tuch". Sie beruhigten mich und meinten, dass ich mich als Fahranfänger nicht schämen müsste, wenn es beim Schalten krachen würde. Alle Kollegen waren älter und schon lange auf der Straße, aber jeder hatte mit „meinem" Steyr-LKW schon seine negativen Erfahrungen gemacht.

Um 21 Uhr waren die Fahrerkollegen noch immer mit der Bewältigung der Tagesprobleme beschäftigt, aber ich spürte nun die Müdigkeit in allen Knochen. So ging ich gegen 22 Uhr zu Bett und ließ den Tag im Geiste noch mal vorüberziehen. Das Gespräch mit den netten Kollegen hatte mich ein wenig beruhigt und bis auf die ersten 50 Kilometer war ich dann eigentlich doch gar nicht so unzufrieden mit mir. Irgendwann schlief ich dann erschöpft ein.

Der nächste Tag begann wieder um sieben Uhr. Diesmal musste ich keine „Ehrenrunden" drehen sondern fuhr - fast - wie ein „alter Hase" gekonnt aus dem Firmengelände. Den Anstieg in Niedernhart meisterte ich ohne Zwischenstopp. Das Getriebe meldete sich zwar fünf oder sechs Mal, aber nur ganz kurz und das fand ich nicht so schlimm. Die restlichen Tage der Arbeitswoche verliefen ohne besondere Zwischenfälle, auch das Fahren und vor allem das Schalten ging immer besser. Am Ende der Woche meldete sich das Getriebe nur mehr, wenn ich nicht konzentriert und sorgfältig genug war.

Am Freitagabend wurde ich in das Büro zu Herrn Wurm bestellt. Er befragte mich zu meinen Fahrfortschritten. Natürlich hatten ihm die anderen Fahrer von meinen anfänglichen Schaltschwierigkeiten erzählt. Erfreut konnte ich aber mitteilen, dass dieses so nicht mehr stimmte, weil ich den richtigen „Dreh" mittlerweile herausgefunden hätte.

Samstag war für mich keine Arbeit vorgesehen. Trotzdem blieb ich in der Firma, weil ich den LKW gründlich waschen wollte. Bei dieser Gelegenheit zeigte mir Hr. Peter nicht nur die „Werkstatt" sondern informierte mich auch über Arbeiten wie Ölwechsel, Filterwechsel, Schmieren oder Autowäsche, die die Fahrer in diesem Betrieb zu machen hatten. Er zeigte mir die Ölfässer mit Motoröl, die Fettpresse zum Abschmieren der Lastwagen und Anhänger, sowie den Wasseranschluss mit Schlauch und Bürste. Wenn es auch keinen Hochdruckreiniger gab, warmes Wasser - mit einer Pumpe zuschaltbar - war vorhanden.

Bei dieser Gelegenheit erklärte mir Herr Peter auch den Daimler Benz 1620, der neben meinem Steyrer stand. „Mit diesem Lastwagen ohne Bordwände wirst du sicherlich auch einmal fahren müssen", meinte er. Die Bordwände wurden abmontiert, damit man Baustahlgitter bis zu einer Breite von 2,50 Metern transportieren konnte (im Normalfall beträgt die Breite 2,40 Meter). Dieser LKW war nicht ständig im Einsatz, sondern nur dann, wenn mehrere Kunden überbreite Baustahlgitter benötigen. In solchen Fällen müsste ich mit diesem Fahrzeug ausliefern.

„Alle Achtung", dachte ich mir, „die Firma Wurm traut mir schon einiges zu". Samstagmittag beendete ich dann meine erste Arbeitswoche als LKW-Fahrer. Froh darüber, dass diese gar nicht so schlecht verlaufen war, ging ich nach Hause und konnte es kaum erwarten, meinen Freunden davon zu berichten.

Am Montag darauf teilte mir Herr Wurm für die kommenden drei Tage meine Arbeit mit. Vom Firmenlager in der Industriezeile sollte ich Mais nach Wegscheid in das Lagerhaus liefern und so oft fahren wie es möglich war. Die Plane musste bei der Beladung nach vorne geschoben werden um laden zu können. Am Anfang war es eine Plage, mit der Seitenlatte die richtigen Ansatzpunkte herauszufinden. Im Firmenlager wurde mit der Ladeschnecke beladen und anschließend die Plane wieder zugeschoben. Nach der Beladung musste ich über die Waage fahren, die beim Einfahrtstor war, wo mir ein Lieferschein und der Wiegezettel ausgehändigt wurden.

Nun fuhr ich nach Wegscheid zur Warenvermittlung, wo auch ein Futtermittelwerk ist, um abzukippen. Von Montag bis Mittwoch fuhr ich jeden Tag elf Mal zum Laden und Abkippen. Am zweiten Tag fand ich die Arbeit schon nicht mehr so interessant, weil nichts Neues zum Lernen dazukam und so war ich am Mittwoch froh, dass dieser Auftrag beendet war. Abends im Mannschaftsraum unterhielt ich mich mit den anderen Fahrern gerade über alles Mögliche, als Herr Wurm dazukam und fragte: „Na Hansl, wie gefällt's dir bei uns?" Ehrlicherweise meinte ich, dass dieses

Kurzstreckenfahren nicht ganz meinen Vorstellungen als Lastwagenfahrer entsprechen würde.

„Das trifft sich gut, denn ab morgen kannst du zwei Wochen lang nach Innsbruck zum Tiroler Lagerhaus fahren", lachte er. Das war natürlich etwas Interessantes für mich. Mit den anwesenden Kollegen wurde die Fahrroute besprochen und auf der Österreich-Karte mit Rotstift angestrichen. In Tirol war ich sowieso noch nie, also freute ich mich auf das erste Mal.

Donnerstag früh um fünf Uhr wurde ich von Herrn Peter im Firmenlager beladen und war nach einer Stunde abfahrtsbereit. Nun ging es „weit fort". Bis Salzburg kannte ich die Strecke ja schon. In Salzburg konnte ich nicht über das „Kleine Deutsche Eck" fahren, weil mein LKW viel mehr als 38 Tonnen wog. Also fuhr ich bis zur Autobahnabfahrt Salzburg Süd, wo damals das Ende der Autobahn war. Dort ging es auf der Bundesstraße Nr.159 weiter. Hallein, Kuchl und Golling bis zum Pass Lueg. Diesen Pass kannte ich vom Radiohören, weil dieser Pass bei Schneefall mit „Kettenpflicht für LKW" oft genannt wurde. Nun war ich also bei diesem Pass und dachte, dass er gar nicht so steil ist. Die Straße führte mich weiter bis nach Bischofshofen, das ich aus der Zeitung wegen der 4 Schanzentourneekannte. Die Bundesstraße wurde von jetzt an immer schmaler und kurviger. Es wurde zwar bereits an einer Verbreiterung gearbeitet, aber es sollte noch lange dauern, bis diese Straße fertig sein würde.

Bei der Ortschaft Lend ging es ganz langsam weiter, weil eine Baustellenampel installiert war. Nach vier Stunden Fahrzeit machte ich Mittagspause. Dann fuhr ich durch Zell am See. In Lofer traf ich auf die B 312 welche vom „ Kleinen Deutschen Eck" kam. Von Salzburg bis Lofer brauchte ich 3,5 Stunden reine Fahrzeit. Von Lofer ging es nach St. Johann in Tirol und dann weiter nach Wörgl. Zur rechten Seite der Straße sah man die Baustelle der neuen Inntal-Autobahn. Die Bundesstraße nach Innsbruck führte durch unzählige Orte. Manche Orte waren so eng, dass man warten musste, bis der Gegenverkehr vorbei war. Endlich - nach sieben Stunden - war Innsbruck in Sicht. Die hohen Silos des Lagerhauses waren schon von weitem zu sehen. Nach dem Abwiegen und Entleeren war die Heimfahrt mit dem leeren LKW angesagt.

Mit dem leeren LKW ging die Rückfahrt um einiges schneller und ich konnte über das „Kleine Deutsche Eck" fahren. So einfach wie ich mir das vorgestellt hatte, war das aber gar nicht. Von der Abzweigung nach Zell am See – wo ich hergekommen war – musste man im Ort Lofer ganz enge Straßenabschnitte passieren. Auch nach Lofer war die Straße so eng, dass ich mir dachte, besser wäre es gewesen über Zell am See nach Hause zu fahren. Bereits 300 Meter nach Lofer ragten zur linken Seite senkrecht aufsteigende Felswände empor, während unmittelbar rechts neben der Straße eine steil abfallende Schlucht hinunter zum Fluss Saalach zu sehen war. Die Straßenbreite betrug gerade mal vier Meter. Dazu kam noch, dass man wegen der vielen scharfen Kurven den Gegenverkehr erst in letzter Sekunde sehen konnte. War der Gegenverkehr dann auch noch ein Bus oder LKW so kam man nur mehr mit eingeklapptem Spiegel und ganz am äußersten Straßenrand fahrend aneinander vorbei. Später hörte ich von anderen Fahrern, dass sie sich des Öfteren an den Felsen die Plane aufgerissen hatten. Diese kurvenreiche Strecke zog sich auf einer Länge von zirka 15 Kilometern, dann ging es auf einer breiteren und besser ausgebauten Straße bis zur Grenze.

Dort angekommen musste ich einen Durchfahrtsschein ausfüllen und den Pass vorweisen. Anschließend ging es über den Steinpass, wo die Straße nicht viel besser war als in Österreich, etwas breiter zwar und vielleicht weniger kurvenreich. Kurz nach dem Saalach Stausee kam Bad Reichenhall in Sicht. Jetzt ging es auf einer sehr guten Straße bis zur Autobahnauffahrt nach Salzburg. Auf diesem Grenzübergang wurde vom deutschen Zollbeamten der Durchfahrtschein abgenommen, ich war wieder in Österreich und konnte bis Linz auf der Autobahn heimfahren. Abends um 21 Uhr war ich zurück in der Firma und stellte den LKW ab. Im Aufenthaltsraum waren noch einige Kollegen und ich musste meine Erfahrungen vom heutigen Tag schildern. Die Kollegen meinten, wenn ich das „Nadelöhr" Lofer ohne Kratzer am LKW überstanden hatte, wäre ich am besten Weg ein „richtiger" Fernfahrer zu werden.

Am nächsten Morgen wurde wieder Mais geladen und ich fuhr neuerlich nach Tirol. Bei dieser Tour war alles wie bei der ersten, nur das Fahren ist mir nicht so lange vorgekommen. In Linz angekommen stellte ich den LKW in der Firma ab und fuhr mit dem PKW nach Hause, froh diese Woche ohne Schaden beendet zu haben.

In der folgenden Woche fuhr ich ebenso von Montag bis Donnerstag nach Innsbruck.

Die erste Fahrt mit Baustahlgitter

Am Freitag musste ich den Mercedes Benz starten und zur Baustahlgitter-Firma ABG im Hühnersteig in Linz fahren. Dort sollte ich eine komplette Ladung für Graz übernehmen und am Montag in der Früh um vier Uhr abfahren. Der Mercedes war schon sehr alt und innen ziemlich verschlissen. Man konnte es ihm ansehen, dass er nur ein „Springer-Auto" war. Niemand fühlte sich für die Reinigung zuständig, daher nahm ich mir vor das Auto bei nächster Gelegenheit gründlich zu säubern und fuhr zur Ladestelle.

Dort angekommen war das Entsetzen für mich groß. Der ganze LKW-Zug musste rückwärtsfahrend unter die Kranbahn geschoben werden und das auf einer Länge von zirka 50 Metern. Dem Verlademeister gegenüber wollte ich mir nichts anmerken lassen von meiner aufsteigenden Panik - dass ich erst seit kurzem Lastwagenfahrer war und es mit meiner Fahrpraxis noch nicht weit her war, wollte ich natürlich auch nicht zugeben.

Also setzte ich mich mit der festen Überzeugung, irgendwie würde es schon klappen, in das Fahrerhaus und begann rückwärts zu fahren. Bereits nach 10 Metern war der Anhänger nicht mehr in der richtigen Spur und auch der rückwärtige Teil des Motorwagens war nicht dort, wo ich ihn haben wollte. Den Vorwärtsgang eingelegt und den Anhänger „gestreckt" war schnell gemacht. Nur dadurch kam ich noch weiter von der eigentlichen Fahrspur ab. Keine 10 Meter zurück und der Vorderteil des Anhängers war wieder nicht dort, wo ich ihn hinhaben wollte. So ging es immer wieder hin und her bis ich zu guter Letzt an der Mauerbegrenzung des Firmenareals angestanden bin und weder vor noch zurück konnte. Der Verlademeister hatte Gott sei Dank „Erbarmen" mit mir, half den Anhänger abzuhängen und mit weiteren drei Männern in die Verladespur zu schieben. Endlich war der Anhänger, wo er hingehörte. Der Motorwagen wurde angehängt und die Beladung konnte beginnen.

Eine Kranverladung ist gar nicht so einfach, wenn man keine Ahnung davon hatte, wie das richtig funktionieren sollte! Das Baustahlgitter wurde links und rechts angehängt, beim Anheben entstand dadurch eine leichte U-Form. Der untere Teil von diesem U musste genau in der Mitte der Ladebrücke sein, sonst hätte man einseitig beladen. Der Kranfahrer erkannte auf den ersten Blick, dass ich Anfänger war und gab mir nicht nur wichtige Verladeratschläge, er fuhr auch mit dem Kran langsamer als sonst. Nebenbei klärte er mich auch über die Handzeichen auf, die ein Fahrer zur richtigen Verständigung zu machen hatte. Mit dem Kranfahrer konnte man ja während der Beladung nicht immer sprechen, deshalb wurden diese eingeführt.

Nach einer Stunde war der LKW-Zug geladen, die Ladung mit Stahlseilen befestigt und die Lieferpapiere ausgestellt. Nun fuhr ich in die Firma zurück. Dort angekommen fragte Herr Wurm ob alles gut verlaufen wäre. Die Probleme beim Zurückfahren brauchte ich nicht extra zu erwähnen, er hatte sich schon so etwas gedacht, als ich zur Ladestelle gefahren war. Er meinte: „Am Montag in Graz ist es nicht notwendig, dass du rückwärtsfährst und am Dienstag soll dir Heli (der Cheffahrer) die wichtigsten Punkte beim Zurückfahren erklären." Damit verabschiedete er sich und ich ging zum Daimler und reinigte den Innenraum wie vorgenommen so gründlich wie möglich. Dann war auch für mich die Arbeitswoche zu Ende.

Montags um 4 Uhr früh wurde der LKW wieder gestartet und ich fuhr nach Graz. Die Schaltung war komplett „geräuschlos", der Daimler ließ sich auch viel besser fahren als der Steyr. Bei der Autobahnabfahrt Sattledt ging es auf die B138 Richtung Spital/Pyhrn. Auch auf dieser Bundesstraße gab es schmale Ortsdurchfahrten, aber nicht gar so eng wie in Tirol. Nach Spital am Pyhrn kam die Auffahrt zum Pyhrnpass. Das war der erste „wirkliche" Pass den ich mit einem vollgeladenen LKW-Zug ansteuerte. Die 200 PS, die mein Daimler hatte, waren doch etwas wenig. Bis hinauf zur Passhöhe kroch ich im ersten Gang und im zweiten auf der anderen Seite wieder hinunter. Dabei achtete ich immer auf die Kühlwassertemperatur, die bedrohlich anstieg. Nach einer neunzigminütigen Fahrt über den Pyhrn war ich endlich in Liezen. Bis Graz gab es viele Baustellen, weil die Fahrbahn begradigt und verbreitert wurde. An der Dichte des Verkehrs konnte man auch erkennen, dass dies hier um eine sogenannte „Fremdarbeiterroute" handelte.

Mittags kam ich in Graz an und wurde sofort abgeladen. Das Abladen dauerte keine halbe Stunde. Dann war ich schon wieder auf dem Heimweg. Abends um 19 Uhr wurde der LKW in Linz abgestellt und ich ging in den Aufenthaltsraum, wo auch schon etliche Arbeitskollegen waren.

Mit dem Anhänger rückwärtsfahren

Dienstag früh sagte Heli der „Cheffahrer" zu mir: „Nun machen wir einen Rückwärts-Fahrlehrgang" und zeigte mir, worauf es beim Zurückfahren ankommen würde und wie die Vorderräder des Anhängers stehen müssten. Bei geöffnetem Fenster fuhr er um einen Waggon herum, der auf den Firmengeleisen stand. Bei jeder Richtungsänderung erklärte er, worauf ich zu achten hätte. Dann stieg ich in den LKW und Heli sagte mir während ich zurückfuhr, wie ich am besten zu lenken hätte. Nach kurzer Zeit verließ er mich mit den Worten "Übung macht den Meister" und ich war auf mich allein gestellt. Von 7 Uhr bis 9 Uhr tat ich nichts anderes als das Rückwärtsfahren zu üben. Nach zwei Stunden klappte es dann schon ganz gut. Nun wusste ich, welche Fehler beim Rückwärtsfahren möglich waren und hatte keine Angst mehr im Baustahlgitter-Werk laden zu müssen.

Es kam auch genauso, wie ich gedacht hatte. Herr Wurm schickte mich zur ABG, um für Ferromontan in Wien zu laden. Als ich bei der Ladestelle ankam, kam mir der Verlademeister entgegen und wollte den Anhänger abhängen. Ich erzählte ihm von meinen „Fahrstunden" und setzte zum Rückwärtsfahren an und siehe da - der Hänger fuhr genau dorthin wo *ICH* ihn hinhaben wollte! Zwei oder drei Mal geradeziehen und ich stand unter der Kranbahn. Der Kranfahrer und alle anderen Arbeiter, die mir in der vorige Woche geholfen hatten, den Anhänger händisch zurückzuschieben, klatschten und riefen „Bravo".

Natürlich war ich froh, so schnell gelernt zu haben. Später sollte sich allerdings noch zeigen, was wirkliches Können war. Nach der Beladung fuhr ich nach Wien.

Während ich auf der Autobahn unterwegs war, dachte ich nur an die Fahrten mit meinem Schwager Helmut vor 6 Jahren. Im Gegensatz zu damals war nun die Autobahn durchgehend bis Wien befahrbar. An deren Ende kaufte ich mir eine Straßenkarte von Wien und suchte meine Abladestelle. Ich hatte Glück, die Abladestelle war nicht schwer zu finden. Die 3. Heidequer Straße war sehr breit und es gab dort viele Betriebe. Die Firma Ferromontan war ein fast neuer Betrieb, die Entladung war schnell erledigt und es ging bald wieder heim nach Linz. Einige Wochen musste ich nun mit dem Mercedes fahren, dann ordnete Herr Wurm einen Umstieg auf den Steyr an. So fuhr ich wieder Getreide und verschiedene Feldfrüchte. Die längsten Touren waren aber nur bis Aschach in das neue Futtermittelwerk. Wochenlang fuhren zwei Kollegen und ich vom Lagerhaus Wegscheid nach Aschach. Das war ziemlich langweilig und gefiel mir und den anderen Fahrern gar nicht. Wir deponierten unseren Protest bei Herrn Wurm, der uns bessere Bezahlung versprach und meinte, in drei Wochen wäre ja alles vorbei. Diese drei Wochen aber zogen sich und schienen nicht enden zu wollen. Es war sogar eine vierte Woche notwendig, in der diese Strecke jeden Tag fünfmal gefahren werden musste. Dann erst waren endlich die Silos in Aschach bis obenhin voll und dieser Auftrag war erledigt.

Mein Steyr hat Motorschaden

Nun waren andere Lagerhäuser und Getreidehändler in ganz Österreich anzufahren.

Bei einer Fahrt nach Salzburg, kurz vor der Autobahnabfahrt Sattledt, traten urplötzlich Probleme bei meiner 70.000 km-Maschine auf. Der Motor heulte auf, eine weiße Nebelwolke aus dem Auspuff nahm mir innerhalb kürzester Zeit die Sicht und mit einem kratzenden Geräusch gab der Motor komplett den Geist auf. Glücklicherweise kam ich auf dem Standstreifen zu stehen und sicherte den defekten LKW ab. Nach dem Absichern kam zufällig mein Firmenkollege Hermann daher, der sofort anhielt, als er mich stehen sah und nach dem Grund meiner Panne fragte. Auf Grund meiner Schilderungen meinte auch er, dass das ein Kolbenverreiber sein könnte. Nun, damals gab es noch keine andere Möglichkeit als das nächstgelegene Autobahnrasthaus anzusteuern, um von dort zu telefonieren. So versprach er mir in der Firma Bescheid zu geben und fuhr dann weiter zu seiner Abladestelle.

Nach weiteren zwei Stunden kam ein anderer Firmenkollege mit einem geladenen Motorwagen und einer Schleppstange. Dieser Fahrer war ebenso „Anfänger" auf einem LKW wie ich. Keiner von uns beiden hatte je einen LKW abgeschleppt. Da der Motor meines Steyrs ja defekt war und somit der Kompressor nicht angetrieben wurde, ging die Luft für die Bremsen im Vorratsbehälter bereits zur Neige. So gelang es uns nicht, den Federspeicher und somit die Bremsen der Antriebsräder zu lösen. Von der Fahrschule her wusste ich zwar noch, dass dies irgendwie möglich sein musste, aber ohne Werkzeug war sowieso nichts zu machen. So hielten wir einen fremden Kollegen an, der uns einen passenden Ringschlüssel lieh. Jetzt hatte ich zwar ein Werkzeug in der Hand, aber wie das mit dem „Lösen" gehen sollte, war mir trotzdem nicht klar. Der fremde Kollege sah meine Verzweiflung und hatte Mitleid mit uns. Er kroch mit mir unter den LKW und zeigte mir, welche Schraube zu drehen war, um die Bremse zu öffnen. Mit den Worten „Viel Glück und macht es gut", verabschiedete er sich kurz danach und wir konnten nach dem Zusammenhängen mit der Schleppstange abfahren.

Vom ziehenden LKW wurde keine Versorgungsluftleitung für meinen LKW-Zug gelegt, weil wir keinen Schlauch hatten, so war das Lenken immens schwer - schwer deshalb, weil der Motor nicht lief und die Servopumpe das Lenken nicht unterstützte. So plagten wir uns bis zur Anschlussstelle Sattledt im Schritttempo und weg von der Autobahn in Richtung Wels. Unser Abschleppmanöver dauerte von 14 bis 19 Uhr. In Wegscheid wurden wir schon in der Steyr-Werkstatt erwartet und konnten gleich über die Montagegrube fahren. Das war der nervenaufreibendste Tag in meiner bisherigen Fahrerlaufbahn. Müde kletterte ich zu meinem Kollegen in das Führerhaus und wir fuhren nach Linz in unseren Firmenstandort. Dort wartete Herr Wurm schon auf uns und wir mussten unser Abschleppmanöver bis ins kleinste Detail schildern. Wegen des Motors gab es keine Fragen, es war nicht das erste Auto, das mit 70.000 km kaputt ging. Herr Wurm erwähnte lediglich, dass die Firma Steyr kostenlos einen neuen Motor einbauen würde. In zirka drei Wochen könnte ich den reparierten LKW wieder abholen, in der Zwischenzeit müsste ich eben mit Baustahlgitter fahren.

Wenn ich heute an dieses Abschleppen zurückdenke, ist mir bewusst wie gefährlich wir damals gehandelt hatten. Ein ungebremster, voll beladener, 40 Tonnen schwerer LKW wurde von einem maximal 14 Tonnen schweren LKW zum Teil sogar bergab geschleppt. Bei der ersten Ampel konnten wir nur mehr von Glück reden, dass diese Ampel gerade in dem Moment in der wir in die

Kreuzung einfuhren, auf Grün umschaltete. Die Schubkraft meines LKWs war so stark, dass das Bremsmanöver des abschleppenden Fahrzeuges auf keinen Fall ausgereicht hätte, um rechtzeitig anhalten zu können. Es wäre heute einfach undenkbar, ohne Ersatzschlauch für die Luftzufuhr abzuschleppen. Ansonsten gefiel mir die Zeit mit dem Daimler Benz Baustahlgitter auszuliefern ganz gut. Viele Kunden waren in ganz Österreich zu beliefern und mit dem leeren Wagen wieder nach Hause zu fahren, war auch sehr angenehm.

Eines Tages war ich gerade in Windischgarsten unterwegs, als mich kurz nach Ortsende eine Polizeistreife anhielt. Bei der Kontrolle von Autopapieren und LKW hatten die Beamten nichts zu beanstanden. Die Sondergenehmigung für die 2,50 m breite Ladung, die von den Beamten verlangt wurde, hatte ich aber nicht und so wurde eine Anzeige an die BH–Kirchdorf geschrieben. Nachdem ich diese überbreiten Gitter in Leoben abgeladen hatte, fuhr ich wieder nach Linz zurück. Am nächsten Tag berichtete ich Herrn Wurm von der Anzeige und er meinte nur, das könnte schon mal passieren. So sah ich das allerdings nicht und meinte, diese Sondergenehmigung anzufordern wäre aber nicht meine Sache und sah nicht ein, warum ich die Strafe von meinem Lohn bezahlen sollte.

Das war der erste Zwist mit einem Arbeitgeber seit ich Kraftfahrer war. Nach vier Wochen musste ich von der Post meinen Einschreibebrief von der BH – Kirchdorf abholen. Die Strafe war für meinen damaligen Verdienst sehr hoch, innerhalb von 14 Tagen hatte ich 500 ÖS zu bezahlen. Mit dem Strafbescheid in der Hand ging ich zu Herrn Wurm, der lakonisch meinte ich sollte es einzahlen und die Sache vergessen. Er könnte die Strafe ja nicht bezahlen, er wäre ja nicht gefahren. Das hatte mich damals sehr geärgert und ich dachte mir „Wieder etwas dazugelernt". In Zukunft werden von mir nur dann Transporte, bei denen man eine Genehmigung brauchte, durchgeführt, wenn auch wirklich alle dazugehörigen Papiere vorhanden waren. Diesen Vorsatz hielt ich während meiner ganzen Fahrerlaufbahn ein.

Mit dem Bezahlen der Strafe war jedoch für mich nicht alles erledigt. Nach langem Überlegen entschloss ich mich, mir einen anderen Arbeitsplatz zu suchen. Dieses Mal aber als „richtiger" Fernfahrer, ich wollte von nun an auch in das Ausland fahren. Am Samstag wurde die Zeitung unter der Rubrik „Gewerbliche Stellenangebote" nach passenden Stellen durchsucht.

Ein Inserat fiel mir sofort auf und ich rief dort an. Es war die Firma Traube, die früher einen Großhandel hatte. Um 14 Uhr wurde ich zum Vorstellungsgespräch bestellt, bei dem vereinbart wurde, dass ich einen Mercedes Benz 1623 Hänger-Zug übernehmen sollte und nach Wien zur Entladung fahren müsste. Da ich bei der Firma Wurm noch nicht gekündigt hatte, konnte ich erst am Montag zusagen, das hieß ich kündigte am Montagvormittag und war ab Mittag bereits für die neue Firma unterwegs.

Ich werde Auslandfahrer

Am Montag, den 1. Juli 1972, kündigte ich in der Firma Wurm und gab als Grund die Anzeige, die ich selbst zu bezahlen hatte, an. Herr Wurm meinte, wenn das der Kündigungsgrund wäre, dann würde er halt die Strafe bezahlen. Nun aber wollte ich nicht mehr für diese Firma weiterfahren, weil mich das Auslandsfahren zu sehr lockte. So räumte ich mein Bettzeug aus dem LKW und fuhr zur Spedition Schachinger in der Ellbognerstraße in Linz, wo schon der Lastwagenzug der Firma Traube bereitstand.

Nach dem Einräumen meiner Privatsachen fuhr ich nach Wien zur Abladestelle im 3. Bezirk. Dort musste ich die Plane zur Kranentladung nach vorne schieben, was kein Problem mehr war. Ich hatte das ja schon zur Genüge beim Getreidefahren geübt, da war dies bis zu zehnmal am Tag erforderlich gewesen. Nach der Entladung fuhr ich leer zu Schachinger zurück.

Am Dienstag früh ging ich zu Herrn Rütler, der damals mein Disponent war. Er fragte mich, ob ich mir zutrauen würde, nach Rotterdam zu fahren. Meine Antwort war: „Ja, selbstverständlich!" Daraufhin gab er mir den Auftrag, in die Chemie Linz zu fahren und dort Fässer mit Kunststoffflüssigkeit zu laden. Anschließend bekam ich im Lager noch Sammelgut für die Spedition Maas Franz in Rotterdam zugeladen. Gegen 14 Uhr war alles fertig verladen. Bereits um 16 Uhr kam der Zollbeamte und die Ladung wurde ausfuhrverzollt, sowie ein T1 ab Linz ausgestellt. Bis dahin wusste ich nicht, was ein T1 war, aber die anderen Fahrer von Schachinger erklärten mir, mit diesem Papier könnte ich ohne weitere Zollkontrolle bis nach Holland fahren.

Anschließend fuhr ich eilig nach Hause, um dort meinen alten Schulatlas zu holen. Nicht mehr ganz so selbstsicher, schaute ich erst mal nach, wo denn eigentlich Rotterdam zu finden ist. Auch hatte ich bis dahin keine Ahnung, wie man denn am besten nach Holland kommen würde. Nach langem Suchen war mir die Fahrroute dann einigermaßen klar und ich konnte abfahren.

Am Grenzübergang Schärding gab ich das T1 zur Einsichtnahme und zum Abstempeln ab. Nach dem österreichischen Zoll musste man über die Inn-Brücke fahren. Drüben angekommen wurde das Transitdokument T1 vom deutschen Zoll abgestempelt und dann ging es weiter. Von Schärding bis Passau fuhr ich einem anderen österreichischen LKW nach, weil mir der Weg durch die Stadt Passau noch fremd war. Es ging dann auf der Bundesstraße durch Deggendorf, Straubing und kurz vor Regensburg begann die Autobahn nach Nürnberg. Am Nürnberger Autobahnkreuz wurde der Verkehr sehr dicht, weil viele Verkehrsteilnehmer vom Süden aus Salzburg und aus Hof vom Norden dazukamen. Für meine erste Rast hielt ich auf einem Parkplatz nach Nürnberg. Dort legte ich mich auch hin, um zu schlafen. Viel wurde daraus allerdings nicht, die Angst bei den kommenden Autobahnkreuzen die richtige Spur nach Holland zu nehmen, ließ mich einfach nicht zur Ruhe kommen. Aber die Nacht ging vorbei und ich musste weiterfahren.

Die Strecke von Nürnberg bis Frankfurt war mir nicht ganz so fremd, weil ich vor Jahren diese schon mal mit meinem Schwager Helmut gefahren war. Nach Frankfurt begann dann aber absolutes Neuland für mich. Bei jedem Autobahnkreuz hoffte ich inständig, auf dem richtigen Weg zu sein. So fuhr ich sehr angespannt den ganzen Tag, bis ich zu meiner großen Erleichterung zur holländischen Grenze in Elten kam. Dort bewies sich das T1 noch einmal als Schnelldokument und die Weiterfahrt bis Rotterdam konnte ohne jede Verzögerung fortgesetzt werden.

Gegen 20 Uhr kam ich ohne Zwischenfall in Rotterdam an. Doch die Freude darüber war nur von kurzer Dauer – bereits im ersten Kreisverkehr begannen die Schwierigkeiten nun so richtig. Die unterschiedlichen Kreisverkehrsregeln in Holland waren komplett neu für mich. In dem einen Kreisverkehr musste man dem einmündenden Verkehr Vorrang geben, bei dem anderen wieder nicht. Vor lauter Konzentration, wer denn nun gerade im jeweiligen Kreisverkehr den Vorrang hatte, übersah ich die Hinweisschilder zum Hafen komplett, wo sich die Spedition Maas zum Sammelgutabladen befand. So bin ich mit Sicherheit zweimal um das Hafengelände außen herumgefahren und traf mit einer Verzögerung von gut zwei Stunden bei der Spedition ein.

Dort wurde ich schon vom Importbüro erwartet und gab erleichtert alle Papiere ab. Abgeladen wurde nicht mehr, also stellte ich den LKW vor dem Speditionsgebäude ab und ging erschöpft schlafen. Mitten in der Nacht wachte ich auf mit dem dringenden

Bedürfnis auf die kleine Seite zu gehen. Rundum war alles dunkel und ich sprang aus dem LKW und suchte mir ein abgeschiedenes Plätzchen um mich zu erleichtern. Als ich wieder einsteigen wollte, bekam ich beinahe einen Schock. Der Schlüssel lag drinnen, die Türen waren von innen verriegelt und ich stand nur in Unterwäsche vor meinem LKW. Die Sommernacht war kühl und ich stand fröstelnd im Finstern und überlegte fieberhaft, was ich nun machen sollte. Als ich auf dem Platz ein Holzstück entdeckte, kam ich auf die Idee mit diesem das kleine seitliche Fenster aufzuhebeln, was mir nach etlichen Fehlversuchen endlich auch gelang. Nun konnte ich seitlich hineingreifen und die Türe umständlich aber doch öffnen. Zu Hause angekommen wusste ich nicht, wie ich dem Chef das kaputte Fenster erklären konnte und erzählte, dass ein offensichtlich sehr starker Wind irgendwie die Fensterhalterung gelockert haben müsste. Gott sei Dank hatte der Chef offensichtlich Wichtigeres im Kopf und meinte nur, dann sollte ich halt das in der Werkstätte wieder richten lassen. Dort aber bekam ich Erklärungsnotstand, da die Mechaniker mir mein Märchen nicht abnehmen wollten. Mir war die ganze Geschichte aber so peinlich, dass ich hartnäckig dabei blieb und mich einfach nicht traute, mit der Wahrheit herauszurücken.

Der Zollbeamte kam am nächsten Morgen und nahm die Plombe des Anhängers ab, nach der Sammelgut-Entladung wurde der Anhänger dann wieder mit einer neuen Plombe versehen. Nun ging es zum nächsten „Schuppen" so nannten die Holländer ihre Lagerhäuser. Bei allen Schuppen wurde nach Entnahme der Fässer wieder verplombt. Gegen Abend war der LKW dann leer und ich musste nach Kromine bei Amsterdam zum Laden fahren. Dort wurden Teppichböden und Teppichfliesen aufgeladen. Nach der Beladung wurde wieder ein T1 ausgestellt und ich konnte die Heimfahrt antreten.

Etwas außerhalb von Amsterdam machte ich meine Ruhezeit und fuhr am nächsten Tag weiter.

Hatte ich auch einige Schwierigkeiten zu bewältigen, war ich doch ein wenig stolz auf meine erste Holland-Tour. Die Fahrt bis Linz verlief ohne nennenswerte Komplikationen und am Freitagabend war ich bei der Spedition Schachinger zur Entladung an der Rampe.

Am Wochenende waren meine Freunde natürlich neugierig, wie die Fahrt nach Holland verlaufen war, was ich alles erlebt hatte und ob ich nun wirklich das Auslandfahren für immer machen würde. Natürlich schilderte ich meine Tour in den schillerndsten Farben bis ins kleinste Detail, so dass einige gleich fragten, ob sie mal mitfahren könnten.

Bei der Spedition Schachinger war man mit meinen Leistungen zufrieden und ich wurde nach und nach in alle Bundesländer der BRD geschickt. Es war mir immer wichtig, zeitgerecht bei den Abladestellen und Ladestellen anzukommen. Nach einiger Zeit kannte ich die meisten Speditionen und Ladestellen, weil ja viele wiederholt angefahren wurden. Mir gefiel das Fernfahren ausgesprochen gut, der Verdienst war ein Vierfaches gegenüber dem Verdienst eines Malers.

So verging Woche um Woche, in denen ich unfallfrei und immer dazulernend durch Österreich und Deutschland fuhr. Bis mir eines Tages nach der Ankunft in der Firma Schachinger mitgeteilt wurde, dass nach der Entladung keine Beladung mehr vorgesehen wäre. Es lag nicht an meinen Leistungen, wurde mir versichert, sondern mein Chef hatte Konkurs angemeldet. Angeblich hätten zwei Fahrer, die vor meinem Firmenantritt beschäftigt waren, auf ausständigen Lohn geklagt und Recht bekommen. Nun war ich plötzlich nach drei Monaten Fernfahren ohne Arbeit.

Als ich noch dabei war, meine Privatsachen aus dem LKW zu räumen, kam Herr Schachinger mit seinem PKW zu mir. „Was wirst du nun machen?" fragte er mich. „Wenn ich bei Schachinger anfangen könnte, wäre ich sehr glücklich", war meine Antwort. Er hätte nichts dagegen, aber die Entscheidung würde der Personalchef treffen, mit dem müsste ich reden, meinte er. Daraufhin ging ich zu Herrn Prokurist Hanzl und fragte ob er mich einstellen würde. Diesem war ich aber leider zu jung und unerfahren für eine Tätigkeit bei der Firma Schachinger. Er hätte mindestens zehn Fahrer, die ein eigenes Auslands-Auto haben wollten, einige würden schon seit Jahren darauf warten. In fünf oder sechs Jahren könnte ich mich ja nochmals melden. Dieser Herr Hanzl würde in meinem späteren Leben noch ein ganz wichtiges Telefonat für mich machen.

So vorgewarnt fuhr ich mit einem sehr unangenehmen Gefühl zu meinem Chef und wollte mir meinen Wochenlohn abholen – 2700 ÖS – aber er hatte kein Geld. In ein paar Wochen wenn der Konkurs abgewickelt wäre, würde ich bestimmt alles was mir zustand, bekommen, meinte Herr Traube. Geglaubt hatte ich es nicht, aber ändern konnte ich daran auch nichts. Meine Befürchtungen erfüllten sich, bis heute hörte ich nichts mehr von ihm. Der LKW, den ich gefahren hatte, wurde von Schachinger übernommen, mitsamt der roten „Ganzen Deutschlandkarte" (Transportgenehmigung für einen LKW für Deutschland). Diese war damals „Gold" Wert, man konnte sie „splitten" und ein zweiter LKW konnte abwechselnd damit nach Deutschland fahren.

Als Schweiz-Fahrer unterwegs

Am nächsten Tag fuhr ich nach Traun zur Firma Franz Reiter und wurde sofort als Fahrer für die Schweiz aufgenommen. Mitte September 1972 war mein erster Arbeitstag. Ein MAN 1416 mit einem 2 Achsanhänger wurde mir übergeben und nun war ich Schweiz-Fahrer.

Die Arbeit war ganz passabel, aber das Auto und die Bezahlung waren so gar nicht nach meinen Vorstellungen. Mit dem Gedanken „Hier bleibe ich nicht lange" fuhr ich bereits die erste Tour – eine Fuhre in die Schweiz mit 28 Tonnen Gesamtgewicht und nur 160 PS Motorleistung. Diese zähe Fahrt über den Arlberg gefiel mir gar nicht. Von Linz bis zur Liechtensteiner Grenze Thiesiss – Feldkirch, wo verzollt wurde, waren allein schon 12 Stunden zu fahren. Der Disponent aber glaubte tatsächlich, dass könne man doch leicht in einem Tag machen. Die Tachoscheibe könnte doch ohne Schwierigkeiten so „hergerichtet werden", dass die Polizei nichts merken würde. Das mochte zwar stimmen, aber nach meiner Ansicht war ich in der Arbeit und nicht auf der Flucht. Diese Arbeitseinstellung gefiel Herrn Reiter nun wiederum nicht und so bekam ich immer die schlechtesten Ladungen. Durch die vielen Ladestellen am Donnerstag und Freitag für die Rückfahrt war ich oft gezwungen, das Wochenende in Tirol zu verbringen, weil ab 15 Uhr LKW-Fahrverbot herrschte.

Nach vier unfreiwilligen Wochenenden in Tirol war für mich das Fass voll. Ich stellte den LKW am Montag auf den Firmenparkplatz und beendete mein Dienstverhältnis ohne lange zu erklären, warum.

In der neuen Firma als Beifahrer

Am nächsten Tag fuhr ich nach Linz zu einigen Transportunternehmern und wurde bei der Firma Mandl in der Wiener Straße aufgenommen. Herr Zagler war der Firmeninhaber. Er meinte, es wäre anfangs besser, wenn ich mit einem anderen Fahrer mitfahren würde. Das war mir sehr recht, weil auch ich der Meinung war, von einem erfahrenen Fahrer einiges lernen zu können. Der Fahrer hieß Hans und war, wie ich rasch merkte, bei den anderen Fahrern bekannt, als der sogenannte „bunte Hund".

Unser LKW war ein Büsing 1623 Unterflur – ein Hänger Zug, der sehr leicht zu fahren war. Der Platz in der Fahrerkabine war um die Hälfte grösser als bei den anderen LKWs. Hans war ein sehr angenehmer und ruhiger Mensch. Unsere Routen gingen meistens nach Norddeutschland, Holland, Frankreich, Dänemark und einmal auch nach Schweden. In dieser Firma fühlte ich mich sehr wohl und dass ich keinen „eigenen LKW" hatte, war nur von Vorteil, weil ich tatsächlich sehr viel von Hans lernte.

Immer, wenn wir in Rotterdam waren, wurde bei „Lilly" im Hafen geparkt. Lilly war eine gebürtige Wienerin, die damals schon seit 30 Jahren mit einem Holländer verheiratet war. Bei ihr gab es die allerbesten Wienerschnitzel und echtes Wiener Rindsgulasch sowie Böhmische Mehlspeisen. Lilly war ein Treffpunkt für alle Fernfahrer aus Österreich und Bayern. Wenn man einem Fahrer eine Nachricht hinterlassen wollte, war Lilly absolut verlässlich.

Damals hielt ich es als junger Mann unmöglich durch, wachzubleiben und den Geschichten der Fahrer bei Wein und Bier bis zu deren Schlafengehen zu folgen. Auch weiß ich noch, dass mir Hans bei der ersten gemeinsamen Tour die Deutschland-Straßenkarte in die Hand drückte, mit der Bemerkung, dass es gut wäre, alle Autobahn Nummern auswendig zu lernen. Er fand es überaus wichtig, dass man als Fahrer wissen sollte, wo die Autobahnen hinführen – nur dann könne man ohne Umwege an das gewünschte Ziel gelangen. Zwei Wochen lang lernte ich also alle Autobahnnummern auswendig. Es stellte sich sehr oft heraus, dass dies in Zeiten ohne Navi von großem Vorteil war und ich war Hans später oft dankbar dafür.

An einem Autobahnkreuz angekommen muss man einfach wissen, über welche Autobahnnummer das gewünschte Ziel zu erreichen ist. Schwieriger wird es, wenn man auch über verschiedene Autobahnen das Ziel erreichen kann, um die optimale bzw. kürzeste Strecke herauszufinden. Zum Zeitvertreib wurde ich oft von Hans über mein Wissen zum Verlauf der Autobahnnummern befragt. Zum Beispiel: „Die A3 beginnt wo - endet wo?" „Welche wichtige Stadt wird über die A3 erreicht?" „Diese Autobahn mündet in eine andere und diese führt dann weiter - bis wohin?" Das war eine harte Schule, aber ich lernte das gerne und bin heute noch dankbar für diesen Drill.

Auch was Ladetechnik betraf, erklärte und begründete er alles, warum es genau so und nicht anders gemacht werden sollte. Wenn ich alleine gefahren wäre, hätte ich bestimmt vieles falsch oder zumindest nicht optimal gemacht. Bei den Stadteinfahrten sollte ich mir auch immer gewisse Merkmale gut einprägen, weil man diese später dann immer mit dieser Stadt verbinden würde. So gab es für mich eine Menge neuer Eindrücke.

In dieser Zeit fuhren wir sehr oft von Bruck/Mur (wo bei Böhler Elektroden geladen wurde) nach Rotterdam in den Hafen, wo dann in verschiedenen Schuppen abgeladen wurde. Dadurch wusste ich bald im Hafengelände bestens Bescheid, vergaß aber nie, wie unüberschaubar mir alles bei meiner ersten Fahrt in dieses Gebiet vorgekommen war.

Wenn ich heute an damals zurückdenke und meine „Lehrzeit" mit Hans betrachte, muss ich sagen dass diese Zeit nicht nur sehr schön, sondern auch sehr wichtig für mich war und ich mich sehr wohl fühlte, bis… ja, bis eines Tages der Einberufungsbefehl des Militärs zur Reserveübung eintraf.

Anfang November sollte ich für 10 Tage nach Ried/Innkreis einrücken. Durch so manche private Ablenkung, aber sicherlich auch durch meine Gedankenlosigkeit, hatte ich vergessen, Herrn Zagler über den Einrückungstermin rechtzeitig zu informieren. Als ich drei Tage vor dem Einrücken meinem Chef über meine Einberufung Bescheid sagte, war dieser entsetzt, weil er gerade eine Ladung für Schweden angenommen hatte. Wenn wir zu zweit am Montag abgefahren wären, wäre sich das problemlos in einer Woche ausgegangen. Alleine aber wäre Hans zehn Tage unterwegs gewesen, weil die tägliche Fahrzeit nur acht Stunden betragen hätte dürfen. Dadurch hätte er aber die Fähre nach Schweden nicht rechtzeitig erreichen können. Herr Zagler meinte, ich sollte einfach nicht einrücken und mit Hans nach Schweden fahren. Das getraute ich mir aber auch nicht, weil ich schlimme Konsequenzen für mich befürchtete. Herr Zagler war darüber sehr erbost und meinte, wenn ich einrücken würde, bräuchte ich anschließend nicht mehr zu kommen.

Das war's dann leider für mich bei der Firma Mandl.

Inlandsfahrer in Alkoven

Nach meinen zehn Tagen Vaterlandsdienst war ich also wieder auf Arbeitssuche. Bei den Gesprächen in diversen Rasthäusern hatte ich damals auch einige Fahrer von der Firma Will in Alkoven kennengelernt. Diese Firma war bei allen Fahrern als sehr gutes

Unternehmen bekannt und hatte wunderschöne Auslands-LKWs. So fuhr ich also nach Alkoven und stellte mich als Fernfahrer vor. Herr Will ließ sich von meinem selbstbewussten Auftreten überzeugen, stellte mich vorerst aber als Inlandsfahrer ein. Er meinte, wenn ein neues Auto käme, könnte ich eventuell auch ins Ausland fahren. Aber vorerst müsste ich Linz – Wien fahren. Natürlich wäre mir das Auslandfahren lieber gewesen. „Aber was nicht ist, könne ja noch werden", dachte ich mir.

Am 27. November 1972 war mein erster Arbeitstag bei Will in Alkoven. Um 2 Uhr früh war Abfahrt mit Herrn Adi nach Wien. Adi war schon 18 Jahre in dieser Firma tätig und war der „Prüfer" für neue Fahrer. Wir fuhren in Wien zu mehreren Abladestellen und nach der Entladung zu einer Spedition um zu Laden. Nachmittags um 14 Uhr waren wir wieder in Alkoven. Am nächsten Tag musste in Oberösterreich abgeladen werden, dann wieder laden und um zirka 15 Uhr war Feierabend. Morgens hieß es bald aus den Federn, wir mussten sehr zeitig abfahren weil Herr Will wollte, dass um 6 Uhr der LKW zur Entladung in Wien bereit stehen würde. Durch meine früheren Fahrten nach Wien dachte ich, Wien bereits zu kennen. Aber weit gefehlt. Wien lernte ich nun erst kennen. Adi erklärte mir wie die Bezirke eingeteilt sind und welche Hauptstraßen als Richtungsstraße anzusehen seien.

Nach einem Monat zu zweit auf dem LKW wurde Adi überraschend von seinem Scania abgezogen und ich sollte alleine weiterfahren. Dieser Scania war fast neu und hatte erst 50 000 km drauf. Ich war begeistert, mit so einem LKW fahren zu dürfen, insofern ich mit Abstand der jüngste Fahrer in der Firma war. In diesem einen Monat mit Adi hatte ich Wien wirklich gut kennengelernt und so gab es keine Probleme für mich.

Bei meiner ersten Tour nach Wien bestand meine Ladung aus großen Papierrollen von der „Nettingsdorfer Papierfabrik", die zur Welpa in Liesing im 23. Bezirk, gebracht werden mussten. Morgens um 6 Uhr wurde entladen und um 7 Uhr ging es leer weiter nach Wr. Neustadt zur Firma Walek. Dort bekam ich 30 Paletten Garn für die SEWAG - Spinnerei in Traun. Weil alles so gut verlief, konnte ich noch am selben Tag in Traun abladen.

Nach der Entladung telefonierte ich mit Herrn Will und meldete den LKW leer. Herr Will war sehr erfreut und schickte mich wieder nach Nettingsdorf laden. Nach der Beladung musste ich zum Tanken nach Alkoven fahren. Dort erwartete mich Herr Will schon und lobte mich, weil ich so schnell gewesen war. Er meinte, wenn ich jeden Tag so fahren würde wie heute, könnte ich bis auf Widerruf immer dasselbe fahren. Morgens nach Wien abladen, dann in Wr. Neustadt laden, in Traun abladen und in Nettingsdorf wieder laden. Das gefiel mir sehr gut, weil es nicht viel Arbeit war und ich trotzdem abends immer zu Hause sein konnte. Das funktionierte sehr gut so, bis mich nach etwa drei Wochen die ersten Kollegen auf diese Tour ansprachen. Sie meinten ich sollte doch nicht so dumm sein und jeden Tag nach Wien fahren, weil ich das doch gar nicht bezahlt bekommen würde. In der Firma hätte es sich eingebürgert, dass jeder LKW nur zehn Mal im Monat nach Wien fahren würde und ich würde zwanzigmal fahren und auch nicht mehr dafür bekommen. Daraufhin sprach ich mit Herrn Will, der mir versicherte, dass ich mehr Geld bekommen würde als bei zehn Fahrten. Wie viel wusste ich zwar nicht, aber ich vertraute ihm und alles andere war mir egal, weil mir die Arbeit sehr gut gefiel. Morgens um 2 Uhr abfahren fiel mir nicht schwer und abends um 17 Uhr mit der Ruhezeit zu beginnen und zu Hause sein zu können, war auch schön für mich. Am Monatsende wartete eine für mich überaus positive finanzielle Überraschung. Mir wurde aufgetragen die Höhe meines Verdienstes den anderen Fahrern nicht mitzuteilen, weil sonst alle diese Arbeit gerne machen würden und das würde halt nicht gehen. Ob die anderen Kollegen irgendwie doch etwas spitzgekriegt hatten, weiß ich nicht, auffällig war aber, dass die „Linie" die ich fuhr auf einmal alle haben wollten und der Neid auf mich von Woche zu Woche mehr zu werden schien. Wenn irgendwie möglich, fuhr ich mit dem LKW nur noch zum Tanken und Ölwechseln nach Alkoven und achtete stets darauf nicht zu lange dort zu sein, weil ich keine Diskussionen mit den anderen Fahrern wollte.

Leider war im April 1973 meine „Linie" zu Ende. Die Firma SEWAG kaufte das benötigte Garn bei einer anderen Firma. Zur selben Zeit musste ich Adi den Scania wieder zurückgeben, weil ein anderer Fahrer ausgefallen war und Adi wollte mit diesem alten Scania nicht fahren. So räumte ich meine Privatsachen in den mir zugewiesenen alten Scania Vabis um. Das war wirklich ein uralt LKW, der mir die Freude am Fahren nahm. Der Aufleger war ein zwangsgelenkter doppelt bereifter Zweiachs-Trailer aus dem Jahr 1960 oder so… Die Ladebrücke war teilweise mit Blechen belegt, weil so viele Löcher in der Holzbrücke waren. Bei vielen Firmen konnte ich damit gar nicht laden, weil die Ladebrücke für Stapler nicht befahrbar war.

Mit diesem LKW quälte ich mich einen Monat lang, dann sagte ich Herrn Will wenn ich nicht bald ein besseres Auto bekommen würde, müsste ich mir eine neue Arbeitsstelle suchen. Herr Will vertröstete mich auf Ende Mai, für diesen Zeitpunkt war ein ganz neuer Scania 140 mit 350 PS bestellt und versprach mir, ich würde mit Franz Horten – einem jungen Auslandsfahrer – die Zugmaschine übernehmen. Franz und ich verstanden uns gut und auch er freute sich auf „unseren neuen Sattelzug". So habe ich die Zähne zusammengebissen und bin weitere drei Wochen mit dem Scania Vabis gefahren, bis die jährliche Überprüfung fällig war. Diese Überprüfung brachte erwartungsgemäß einen vernichtenden Bestandstest und der Scania Vabis wurde abgemeldet. Das war mir sehr recht, aber womit ich bis Ende Mai fahren sollte war nun die Frage.

In dieser Zeit gab es einen Aushilfsfahrer der nur von Jänner bis 1. Juni tätig war. Dieser Fahrer wollte im Juni heiraten und das LKW-Fahren aufgeben. Sein Fahrzeug - ein uralter Scania mit „Schnauze" und einem ebensolchen Uralt-Anhänger - wurde mir zugewiesen. Das fand ich nun noch schlimmer, aber die Aussicht auf den neuen Scania 140 hatte mich etwas beruhigt. Es sollte ja nur für maximal vier Wochen sein.

So schluckte ich meinen Unmut hinunter und fuhr mit dem alten LKW ungefähr 3 Wochen lang, als ich plötzlich einen Nierenstein bekam, der mir höllische Schmerzen verursachte. Da der Stein nicht von alleine abgehen wollte, musste ich ins Krankenhaus der Barmherzigen Schwestern, wo er mir nach dreiwöchigem Aufenthalt mit einer Schlinge entfernt wurde. Der Aufenthalt im Krankenhaus verkürzte die Wartezeit auf das neue Auto und ich war trotz der Schmerzen gar nicht so böse auf den Nierenstein. Anfang Juni war ich dann wieder einsatzfähig und musste den alten Scania weiterfahren. Von anderen Fahrern hörte ich, dass während meiner Abwesenheit niemand damit gefahren war. „Aber was soll`s", dachte ich mir, „es kann ja nicht mehr lange dauern und dann ist unser neues Auto da."

In der 1. Juniwoche war es dann soweit und unser LKW und ein ganz neuer Aufleger wurden endlich geliefert. Der wunderschöne Sattelzug stand auf dem Firmengelände und ich freute mich auf den Befehl: „Auto einräumen". Der Befehl kam, aber zu meiner großen Enttäuschung nicht an mich, sondern er ging an einen neu eingestellten Fahrer. Dieser Fahrer war ein Freund unseres Juniorchefs, er stammte aus einer Bauernfamilie am Rande von Hartheim. Sein Spitzname war „ Ratten Jo" und er war allseits bekannt als Angeber und Aufschneider. Das war für mich dann doch zu viel des Guten und so räumte ich kurzerhand meine Privatsachen aus dem alten Scania aus. Verärgert dachte ich „ nicht mit mir" und da es gerade ein Freitag war nahm ich mir vor, ab nächsten Tag wieder in den OÖN. eine neue Arbeit zu suchen. Von den anderen Fahrern, die mich trösten wollten oder bemitleideten, verabschiedete ich mich. Mit einer ganz kurzen Information, dass ich ab heute nicht mehr für Will fahren würde, verabschiedete ich mich auch im Firmenbüro und fuhr nach Hause.

Etliche Monate später hörte ich von Franz Horten - mit dem ich ursprünglich hätte fahren sollen - dass „Ratten Jo" nur vier Monate mit ihm auf dem LKW saß. Jo hatte die Anforderungen, die an ihn gestellt wurden nicht erfüllt und musste die Firma verlassen.

Gemeinsam mit Helmut ins Ausland

An diesem Wochenende, noch bevor ich mir eine neue Arbeitsstelle suchte, fragte mein Schwager Helmut, ob ich mir vorstellen könnte, mit ihm zu fahren. Die Firma Dr. Heinz Pamperl in Salzburg hatte beschlossen, dass künftig jeder LKW zu zweit besetzt werden sollte. Den Fahrern stand es frei, sich einen Kollegen selber zu suchen. Das war natürlich traumhaft für mich, ich sagte Helmut gleich zu und bereits am Sonntagabend um 22 Uhr fuhren wir gemeinsam von zu Hause ab. Der Hänger-Zug den Helmut fuhr war fast neu.

Somit war der Ärger mit Will schnell vergessen und ich hatte wieder eine Arbeit die mir Freude machte. Als wir nach der ersten Tour in Salzburg ankamen, wurde ich den Chefs vorgestellt. Die meisten Fahrer kannten mich sogar noch von meinen Urlaubsfahrten mit Helmut vor sieben Jahren.

Helmut und ich fuhren mit Papier aus Frantschach in Kärnten nach Holland, Deutschland und Belgien. Natürlich gab es auch Sammelgut, wir waren ja eine Spedition. Hauptziele waren Frankfurt, Köln, Stuttgart, München und Hamburg.

Mir gefiel alles bei der Firma Pamperl und ich war glücklich, dort arbeiten zu dürfen. Ich lernte Städte wie Köln und Frankfurt bis in die Innenstadt kennen und nicht nur die Industriegebiete. Durch die Spedition Delhey mit Sitz in Köln kamen wir auch fast jede Woche in das Kölner Stadtgebiet.

Da meistens mit der Beladung erst am nächsten Tag begonnen wurde, kehrten alle Pamperl-Fahrer bei „Angelo" in Köln/Mühlheim ein. Angelo war ein gebürtiger Grieche, der in der Zeit der griechischen Militärdiktatur flüchten hatte müssen. Dieses Rasthaus lag direkt am Ende der Autobahn in Köln/Mühlheim. Dort wurden die Fahrzeuge von den LKW-Fahrern auf der UTA Tankstelle vollgetankt und anschließend ging es zu Angelo zum Abendessen.

Bei Angelo konnte man als Gast kostenlos duschen und sehr preisgünstig essen. Ich freute mich immer schon auf „mein" Champignonschnitzel mit Bratkartoffeln nach griechischer Art und einen gemischten Salat. Damals war das für mich das beste Fernfahrer-Restaurant, das ich kannte. Zu den erfreulich großzügigen Portionen kam noch dazu, dass bei Angelo die meisten Österreicher einkehrten, auch Fahrer, die man ansonsten auf der Autobahn nur im Vorbeifahren sah. Viele der Fernfahrer brachten nämlich ihr Essen von zu Hause mit und gingen kaum einmal in ein Restaurant zum Essen. Lieber verzehrten sie die mitgebrachten kalten Speisen im Auto, was ich schon damals sehr unvernünftig fand. Ich konnte mir nicht vorstellen, dass das auf die Dauer gesund wäre. Meine Devise war immer, jeden Tag wenigstens ein warmes Essen. Etliche „Sparmeister" kenne ich, die sich jahrelang von kaltem Essen ernährten und heute magenkrank sind. Aber wenn diese „Sparmeister" in Köln waren, dann kehrten sogar sie bei Angelo ein. Da gab es dann viel zu erzählen, sah man sich doch nach längerer Zeit endlich wieder einmal.

War dann ein Feiertag in Deutschland und der LKW abgestellt, war jeder Pamperl-Fahrer bemüht nach Köln zu kommen - auch wenn es ein kleiner Umweg war, weil dann abends gemeinsam mit dem Taxi in die Kölner Innenstadt gefahren wurde.

An einen dieser gemeinsamen Ausflüge in eine Kölner Disco kann ich mich noch gut erinnern. Dieser Ausflug wurde beinahe zu einem Desaster, weil etliche Fahrer ein wenig zu tief ins Glas geschaut hatten. Anfangs verlief ja alles ganz friedlich, aber nach ungefähr drei Stunden waren wir Österreicher bei den einheimischen Jungs bereits ziemlich unbeliebt, weil viele der „Kölschen Mädels'" nur mit uns tanzen wollten. Das gefiel denen halt gar nicht und etliche Kölner Jungs versuchten uns zu verjagen und flegelten uns Österreicher an. Wir waren ungefähr 10 „Össis", aber (beinahe) lauter echte „Salzburger Bergburschen" und ließen uns nichts von diesen Kölschen Jungs gefallen. Im Nu war eine riesige Schlägerei in Gang. Die Lokalordner hatten alle Hände voll zu tun und konnten unsere „Meinungsverschiedenheit" nur mit Mühe beenden. Die meisten der Kölner verließen als Verlierer die Disco. Natürlich war das die restliche Nacht Gesprächsthema Nummer eins. Die Kölner Mädchen aber tanzten weiterhin voller Begeisterung mit den „Össis", weil man eben mit Siegern lieber zusammen ist. An diesem Abend wurden einige Freundschaften zwischen Kölner Mädchen und Österreichischen Jungs geschlossen.

Irgendwie kam es mir schon sehr seltsam vor, nun als Lenker eines LKWs nach Wien zu C. Sacken zu fahren, war doch die Erinnerung noch sehr lebendig als ich als jugendlicher „Urlauber" vor sieben Jahren mit Helmut mitfahren durfte. Die Kunstmalerei an den Wänden war noch dieselbe wie damals. Auch an den Lagermeister und einige Entladehelfer konnte ich mich noch erinnern. Das gab dann ein überraschtes Hallo. Meine Anwesenheit als Pamperl-Fahrer wurde sehr wohlwollend zu Kenntnis genommen und wir wurden stets zügig abgefertigt.

Häufig kam es vor, dass wir die Ladung am Freitagnachmittag an der Grenze verzollen mussten, damit wir sonntags um 22 Uhr wegfahren konnten. In Freilassing, bei einer UTA-Tankstelle mit großem LKW-Parkplatz konnte man nach dem Tanken den Zug gegen eine Gebühr von 10 DM abstellen. So fuhren Helmut und ich dann am Sonntag von Wels nach Salzburg, von dort mit dem Taxi nach Freilassing zum geparkten LKW. Hin und wieder traf man an der Tankstelle auf Fahrer, die man auf den Touren kaum angetroffen hatte, unterhielt sich kurz und sah zu, dass man zeitgerecht um 22 Uhr beim geparkten Auto eintraf.

An einem Sonntagabend im September 1973 kam ich zu Helmut um mit ihm nach Salzburg zu fahren. Normalerweise war Helmut dann schon abfahrtsbereit, aber dieses Mal hatte er Besuch und wollte erst später fahren. Also vereinbarten wir, einen späteren Zug zu nehmen und fuhren erst um 22 Uhr in Wels ab.

Doch auch während der Zugfahrt war Helmut – anders als jemals zuvor – sehr lustlos und sagte zu mir: „Ich mag einfach nicht mehr Fernfahren, ich möchte einfach so wie die anderen auch jeden Tag zu Hause sein. Nach dieser Tour werde ich kündigen und eine Arbeit als Fahrer annehmen, bei der ich täglich abends zu Hause sein kann." Das war ein schwerer „Schlag" für mich. Betroffen fragte ich Helmut, ob die Schuld bei mir liegen würde. Helmut beruhigte mich und meinte, das hätte mit mir nicht das Geringste zu tun. Er hatte damals mit seiner Frau (meiner Schwester) gerade das neue Haus bezogen. So meinte er, ihm fehlten ganz einfach die Freunde, vor allem aber seine kleine Familie.

Wie aber würde es für mich weitergehen nach seinem Weggang? Wir waren unterwegs mit dem neuesten Hänger-Zug, etliche Fahrer waren schon mehr als fünfzehn Jahre in der Firma und fuhren noch immer einen alten LKW.

LKW-Übernahme bei Dr. Heinz Pamperl

Schweren Herzens stellte ich mich also auf einen alten LKW ein – war ja logisch, als jüngster Fahrer in der Firma - und rechnete am letzten Arbeitstag von Helmut mit der Übergabe des LKW-Zuges an einen der „alten" Fahrer. Gerade suchte ich meine Sachen zusammen, als Herr Prok. Esser auf mich zukam und mir mitteilt, dass ich auf diesem LKW als erster Fahrer bleiben könnte. Die Geschäftsleitung hatte überraschend beschlossen, einen jungen Fahrer aufzunehmen und mir als zweiten Fahrer zuzuteilen. Er meinte, es gäbe keinen Grund das Gespann einem anderen Fahrer zu geben, da er glaubte, dass ich die Anforderungen weiterhin so wie bisher meistern würde. Da Helmut als umsichtiger und gewissenhafter Fahrer in der Chefetage sehr beliebt war denke ich, dass ich seiner Fürsprache dieses Abschiedsgeschenk zu verdanken hatte.

Na, das war wirklich eine Überraschung für mich! Ich war mehr als zufrieden, ich war überglücklich und auch ein wenig stolz über das in mich gesetzte Vertrauen. Aber schon kurze Zeit später hatte ich Bedenken und befürchtete insgeheim den Neid der „alten" Fahrer. So vermutete ich, dass ich von nun an keinen der Kollegen mehr um irgendetwas fragen würde können, ohne mit einer falschen Auskunft rechnen zu müssen. Überraschenderweise war dem aber nicht so, ich wurde als erster Fahrer auf dem Auto voll und ganz akzeptiert.

Zwei Wochen musste ich anschließend alleine fahren, bis ein neuer junger Fahrer eingestellt wurde. Er war wirklich jung, erst 21 Jahre alt und hatte keinerlei LKW-Praxis. Herr Prok. Esser sagte nur zu mir: „Lerne ihn so an, wie es sich gehört". Der neue Fahrer stellte sich als Egon Wetter vor und ich hoffte auf eine gute Zusammenarbeit. Sein Bettzeug wurde eingeräumt und schon waren wir abfahrbereit. Unsere erste Tour zu zweit führte uns nach Köln zur Firma Spedition Delhey. An der Grenze in Freilassing erklärte ich Egon jeden einzelnen Abfertigungsschalter und nach der Verzollung fuhr ich weiter. Während der Fahrt erklärte ich Egon die internen Firmenabläufe und welche Ladungen transportiert würden. Ab der Autobahnraststätte Köschinger Forst übernahm Egon das Steuer.

Überrascht stellte ich fest, wie perfekt der LKW von Egon geschaltet wurde. Für einen Anfänger verlief alles bestens und nach 50 Kilometer bereits konnte ich mich entspannt im Beifahrersitz zurücklehnen. Egon war ein ruhiger und lernbegieriger „Schüler" bei dem man bald vergaß, dass er eigentlich so gut wie keine Fahrpraxis hatte. So verliefen Wochen um Wochen und aus uns zwei wurde ein wirklich gutes „Gespann" und wir erledigten unsere Aufträge ohne Komplikationen.

Ein Unfall mit Toten wegen Glatteis

Eines Tages im November 1973 um ungefähr 1 Uhr nachts – ich war gerade am Fahren und Egon schlief in der Koje - kam gefrierender Nebel auf, der den Straßenbelag binnen Sekunden in eine Eisbahn verwandelte. Kurz nach Nürnberg-Feucht leuchteten plötzlich viele Warnblinklichter auf. Vorsichtig bremste ich ab und spürte, dass die Räder keinen Halt auf dem Asphalt hatten. Instinktiv wurde mir klar, dass der LKW nur ganz langsam und durch abgesetztes Bremsen zum Stehen gebracht werden konnte. Trotzdem brach der Anhänger mal zur linken Seite, mal zur rechten Seite quer über die Autobahn aus. Der Motorwagen war kaum unter Kontrolle zu halten. Jede Lenkkorrektur wurde durch das Eis auf der Fahrbahn verzögert durchgeführt. Die vor mir fahrenden

Fahrzeuge bremsten genauso wie ich, wobei etliche PKWs sich drehten und gegen die Leitplanken krachten. Nach vielem Gegenlenken und Rutschen konnte ich den LKW endlich unbeschadet und gestreckt auf der rechten Fahrspur knapp vor den verunfallten PKWs anhalten. Links und rechts der Richtungsfahrbahn Ingolstadt waren mindestens zehn PKWs in die Fahrbahnbegrenzung gefahren und viele Autos waren nur noch Schrott.

Beim Aussteigen vom LKW rutschte ich auf dem Eisfilm sofort aus und landete prompt auf dem Gesäß. Bei den verletzten Personen in den PKWs gab es zum Glück nur leichte Schnittwunden und Prellungen. Soweit es möglich war, half ich beim Verbinden der Schnittwunden mit und ging dann weiter in unserer Fahrtrichtung zum nächsten Unfall, der zirka 100 m weiter vorne passiert war.

Hier war die Situation um vieles schlimmer - ein italienischer Sattelzug war umgekippt, der Aufleger lag quer auf der Fahrbahn. Mindestens 5 PKWs hatten nicht mehr rechtzeitig anhalten können und waren in diesen Aufleger hineingekracht. Die Zugmaschine des Sattels stand samt Führerhaus auf den Hinterrädern im Mittelgrünstreifen zwischen den Fahrbahnen und ragte senkrecht in die Höhe. Der Fahrer war unverletzt im Führerhaus, konnte aber nicht heraus, weil der Absprung zu hoch und gefährlich gewesen wäre. Bei diesem Unfall gab es wie durch ein Wunder keine Verletzten, aber großen Sachschaden. Die Ladung des LKWs – Spanplatten – war auf die Autobahn gefallen und im Umkreis von zirka 50 Metern über die Fahrbahn verstreut. Alle beteiligten PKWs standen auf den Spanplatten ineinander verkeilt. Kein einziges Auto hatte die Kollision ohne Totalschaden überstanden.

Wie ich später hörte, war dieser Unfall Auslöser für den nachfolgenden schrecklichen Unfall auf der Gegenfahrbahn. Dort waren ungefähr 100 m weiter mehr als 20 Fahrzeuge ineinander gefahren. Der Fahrer des in Richtung Nürnberg fahrenden Fernzuges sah den Italienischen Sattelzug auf den Mittelstreifen zusteuern und glaubte, dieser würde auf die Gegenfahrbahn schlittern. Er wollte durch Bremsen einen Zusammenstoß verhindern, kam aber durch das Glatteis ins Schleudern und stellte seinen Fernzug quer über die Autobahn. Die nachfolgenden PKWs konnten nicht mehr rechtzeitig anhalten und krachten mit hoher Geschwindigkeit in den querstehenden LKW. Das erste Fahrzeug, das in den Anhänger fuhr, war mit vier Personen besetzt. Dieses Fahrzeug musste mit ungeheuerlicher Wucht auf die hinteren Räder des Anhängers geprallt sein. Alle im Auto waren auf der Stelle tot. Ein Ehepaar von ungefähr 35 Jahren und ihre beiden Kinder, zirka 6 bis 8 Jahre alt. Die nachfolgenden PKWs konnten aufgrund der Eisfahrbahn auch nicht mehr anhalten und fuhren in die verunglückten Autos hinein. In diesen auffahrenden Autos wurden bestimmt an die zwanzig Personen zum Teil schwer verletzt. Viele Verletzte waren zeitweise bewusstlos, sodass am Ende der Karambolage die Hilfskräfte von Rettung und Feuerwehr von mindestens zehn Toten sprachen.

Es war herzzerreißend wie die Verletzten schreiend vor Schmerzen umherliefen. Einige Personen waren bei den Zusammenstößen auf die Fahrbahn geschleudert worden, so etwas wie Gurtenpflicht gab es damals noch nicht. Aus diesem großen Haufen demolierter Autos, war keine einzige Person ohne Verletzung davon. Die Feuerwehren begannen die PKWs auseinander zu ziehen und eingeklemmte Personen zu bergen. Ununterbrochen transportierten Rettungswagen die verletzten Personen in die umliegenden Krankenhäuser. Sie mussten genau so langsam und vorsichtig fahren wie alle anderen und noch dazu auf der Richtungsfahrbahn wo sie hergekommen waren bis zur nächsten Ausfahrt zurückfahren. Der quer über die Autobahn stehende LKW machte ein Vorbeifahren unmöglich. Als die Feuerwehr den letzten PKW unter dem Anhänger hervorzog, wurde noch eine tote Person geborgen. Genau in diesem Moment, als die Rettungskräfte diese Person zu den anderen vier Toten legte, kam ein Junge von ungefähr zwölf Jahren nach der Bewusstlosigkeit wieder zu sich. Er erkannte die tote Frau als seine Mutter und begann jämmerlich zu schreien. Immer wieder rief er verzweifelt: "Mama, Mama, bitte wach doch auf!" Da gab es keinen, dem da nicht die Tränen in die Augen stiegen. Auch mir ging das alles durch Mark und Bein als ich wieder zu meinem LKW zurückging. Fremde Menschen begleiteten mich, die mit ihren Fahrzeugen hinter meinem LKW standen. Bei den Gesprächen mit diesen Menschen wurde ich erst auf die Unfälle hinter meinem LKW aufmerksam. Auch dort waren noch an die 20 PKWs und LKWs zusammengefahren. Zum Glück gab es aber dort keine Verletzten, sondern nur Sachschaden.

Kurz bevor ich zu unserem LKW kam, ist mir Egon entgegengekommen. Er hatte so gut geschlafen, dass er erst vor wenigen Minuten wach geworden war und sich nun ein Bild von der Lage machte. Wir mussten noch bis ungefähr 5 Uhr warten bis die Autobahn zur Weiterfahrt freigegeben wurde. Beim Weiterfahren haben Egon und ich noch lange darüber gesprochen und uns wurde erst da so richtig bewusst, wie gefährlich es urplötzlich auf der Straße werden kann.

Mit 4 Stunden Verspätung wurde dann in Freilassing verzollt und anschließend die Zeitschriften die wir geladen hatten, zur Firma Morawa zugestellt.

Es vergingen viele Wochen ohne besondere Vorkommnisse bis eines Tages Herr Prok. Esser zu mir kam und mich unterrichtete, dass ein neuer Fahrer aufgenommen wurde. Für Egon traf sich das sehr gut, da die beiden in unmittelbarer Umgebung zu Hause waren. Egon wollte nun mit diesem zusammen fahren, da sie die Fahrt von und zur Arbeit mit einem Auto machen konnten.

So fuhr ich alleine nach Deutschland und Holland. Zur Abwechslung fand ich es auch mal gar nicht so schlecht, alleine zu fahren. Man schläft wesentlich besser bei stehendem Auto und in diesen Genuss kann man nicht kommen, wenn das Auto mit zwei Personen besetzt ist. Dabei kann man nie länger als drei Stunden tief schlafen, dann ist die ärgste Müdigkeit vorbei und der Schlaf wird sehr oberflächlich, weil man jede Bewegung des Autos spürt und auch die Geräusche rundherum wieder wahrnimmt. Ist das Fahrzeug nur mit einer Person besetzt, ist die erholsame Pause wesentlich länger, weil man laut Gesetz ja 8 Stunden stehen bleiben muss.

Meine erste Fahrt nach Ungarn

Gegen Ende der Woche musste ich dann von Holland kommend in Harsewinkel bei der Firma CLAAS Mähdrescherteile für Ungarn laden. Der Anhänger wurde mit Sammelgut für Wien in Köln bei Delhey beladen. Am Samstag wollte mein Disponent auf dem Hauptbahnhof ein CARNET TIR eröffnen, was von den dortigen Zollbeamten abgewiesen wurde.

(Das Carnet TIR = Zollbegleitscheinheft für den internationalen Straßengüterverkehr: Es ermöglicht die durchgehende Abfertigung in allen am TIR (TRANSPORT INTERNATIONAL DE MARCHANDISES PAR LA ROUTE)- Verfahren beteiligten europäischen Ländern sowie Afghanistan, Iran, Israel, Japan, Jordanien, Kanada und USA).

Also musste ich am Montag in Wien das Begleitpapier ausstellen lassen. Das war mit großen Schwierigkeiten verbunden, da ich davon noch gar nichts verstand. Aber zu Mittag hatte ich dann irgendwie mein „CARNET TIR" und startete Richtung Ungarn.

Je näher die Ungarische Grenze kam, desto schneller schlug mein Herz. Noch nie hatte ich bis dahin die Grenze zu einem kommunistischen Staat überschritten, aber nun musste es sein. In meinem Kopf ging alles drunter und drüber. Wie würde das mit der ungarischen Grenzpolizei sein? Wie würden sich die Zollbeamten mir gegenüber verhalten? Wie lange würde ich warten müssen bis zur Abfertigung? Hatte ich alle erforderlichen Zollpapiere und Transportgenehmigungen mitbekommen? Reichlich nervös kam ich also auf der Grenze in Klingenbach beim österreichischen Zoll an. Angespannt erkundigte ich mich beim österreichischen Zollbeamten, wie es denn beim ungarischen Zoll vor sich gehen würde. Der Abfertigungsbeamte lachte herzlich und meinte, wenn ich nicht gerade Pornohefte oder Waffen mithätte, wäre es auch nicht anders als hier. Etwas beruhigter fuhr ich die letzten 100 m über das „Niemandsland" und stand dann vor einem mindestens 30 cm dicken Eisenbalken.

Der Balken wurde von zwei Grenzsoldaten zur Seite geschoben und ich konnte in den ungarischen Zollhof einfahren. Hinter mir wurde sofort wieder geschlossen, nun war ich „gefangen". Weder zu Fuß noch mit dem LKW konnte ich zurück nach Österreich. Mir war etwas mulmig - es war doch ein ziemlich beklemmendes Gefühl, diesen Grenzsoldaten ausgeliefert zu sein. Alle 50 Meter befand sich ein Wachturm. Auf jedem Wachturm standen zwei mit Maschinenpistolen bewaffnete Soldaten, die jeden der hinter dem Eisenbalken war, mit Feldstechern begutachteten. Nun wurde ich an die Zollamtsrampe gelotst und musste meinen Pass abgeben. Ein etwas älterer Soldat forderte mich auf auszusteigen. Zwei junge Soldaten krochen in meinen LKW und durchsuchten ihn gründlich bis in den letzten Winkel. Nach 10 Minuten war die Untersuchung auf möglicherweise Verbotenes vorbei und der etwas ältere Soldat sagte in gebrochenem Deutsch: Alles OK - herzlich willkommen in Ungarn!"

Anschließend musste ich mit dem CARNET TIR zum Schalter 1 im Schalterraum und mein Pass sowie die Transportpapiere wanderten von einem Schalter zum anderen. Nach ungefähr 2 Stunden wurde mein Name aufgerufen und ich erhielt alle Papiere mitsamt meinem Pass und dem Kurzvisa zurück. Jetzt konnte ich den Zollhof verlassen. Am Ende des Zollhofes war wiederum ein dicker Eisenbalken und der Wachsoldat nahm mir den Laufzettel ab. Nochmals wurde ich anhand des Passes überprüft und dann endlich war der Weg frei. Nun war ich tatsächlich in Ungarn und konnte es beinahe nicht fassen hier zu sein und keine Probleme gehabt zu haben.

Die erste Stadt nach der Grenze war Sopron. Eine gar nicht so kleine Stadt, viele alte Häuser und sehr schlechte Straßen. Durch die Stadt kam ich schnell, weil fast kein Verkehr war. Die Autos die ich sah, waren uralte und fremde Marken. Gehört hatte ich ja schon von Trabant, Moskwitsch (ich hatte je selber einen) Wartburg oder Tatra - aber noch nie hatte ich solche in Wirklichkeit gesehen. Da ich nur 150 Liter Diesel im Tank hatte – mehr als 200 Liter durften nicht importiert werden – und eine große Tankstelle bei der Stadtausfahrt war, fuhr ich erst mal dorthin, um zu tanken. Der Tankwart fragte mich in fast perfektem Deutsch, wie ich bezahlen würde, mit ungarischen Forint oder mit Westgeld. Er erklärte mir, wenn ich mit Westgeld bezahlen würde, bekäme ich um 30% mehr Diesel von ihm. Da ich ungefähr 250 DM Firmengeld mitbekommen hatte, bezahlte ich davon die Tankrechnung. 150 Liter wurden getankt, aber nur 100 Liter musste ich bezahlen. Soweit ich mich noch erinnern kann, war der Literpreis weniger als die Hälfte des damaligen Preises bei uns in Österreich. Eine Ungarn-Straßenkarte schenkte mir der Tankwart auch noch, dann ging es ab in Richtung Landesmitte.

In Tata ging ich schlafen. Am nächsten Morgen um 6 Uhr ging es weiter zur Abladestelle.

Diese befand sich kurz vor Budapest in einer großen Kolchose. Den Namen des Ortes weiß ich nicht mehr, aber es war damals leicht zu finden, weil bereits 10 Kilometer vorher Hinweisschilder angebracht waren. Dort angekommen wurde ich bereits vom Chef der Kolchose und zwei ungarischen Zollbeamten erwartet. Der LKW wurde vor dem Bürogebäude abgestellt und ich übergab die Transportpapiere und das CARNET TIR an die zuständigen Beamten. Diese Leute waren unheimlich nett und freundlich zu mir. Der Chef beauftragte einen Büroangestellten mit mir in die Kantine zu gehen und für mich etwas zu essen zu bestellen. Ich bekam eine kalte Platte, die für mindestens 4 Personen gereicht hätte, serviert. Von der Kantine aus konnte ich den LKW sehen und war überrascht, dass während ich gemütlich jausnete die Zollplombe abgenommen und der LKW geöffnet wurde. Mit einem Stapler wurde entladen und nach ungefähr einer Stunde war der LKW bereits wieder verschlossen und abfahrtsbereit. Die Verabschiedung fiel sehr herzlich aus und schon war ich wieder unterwegs zurück nach Österreich.

Beim Heimfahren dachte ich viel über meine Erlebnisse in Ungarn nach. So unwohl ich mich bei der Hinfahrt fühlte, so sehr war ich nachhaltig beeindruckt von dem freundlichen Empfang. Auf der Grenze ging die Abfertigung dann sehr schnell, weil ja keine Ladung vorhanden war. Nur den Pass abgeben, LKW durchsuchen und bereits nach 30 Minuten konnte ich wieder weiterfahren.

In Wien angekommen wurde ich von den Arbeitern der Spedition befragt, wie es mir denn so in Ungarn ergangen war. Da konnte ich nur Gutes berichten. Der LKW wurde bei C. Sacken wieder beladen und retour ging's nach Salzburg, wo entladen wurde und für Wien neuerlich beladen wurde. Bevor ich nach Hause fuhr, wurde ich von Herrn Prok. Esser noch informiert, dass am Montag ein neuer Fahrer kommen würde, der mir als Zweitfahrer zugeteilt werden würde.

Den neuen Fahrer – er hieß Walter – sah ich am Montag zu Dienstbeginn zum ersten Mal. Wie sich herausstellte waren wir beide gleich alt. Er hatte seit seiner Führerscheinprüfung vor einem halben Jahr noch nie einen LKW gefahren. Darüber machte ich mir aber keine Gedanken, jeder hatte schließlich einmal angefangen, auch Egon hatte keinerlei Fahrpraxis und war in kürzester Zeit ein sehr guter Fahrer geworden.

Schon kurz nach dem Einräumen seiner Privatsachen fiel die erste „Meldung" von ihm, die mir gar nicht gefiel. Er meinte das Standard-Radiogerät das werksseitig eingebaut war, wäre ein Uraltkasten und er würde zur Firmenleitung gehen um einen modernen Stereoradio anzufordern. Nun ja wenn er glaubte das machen zu müssen, sollte er, aber nicht in meinem Namen, mir war der vorhandene Apparat gut genug. So meinte ich zu ihm: „Schauen wir zuerst wie es mit deinen Fahrkünsten steht, wenn diese zufriedenstellend sind, kannst du ja in der Firmenleitung wegen eines neuen Radios vorsprechen."

Vom Firmenparkplatz ab in Richtung Wien fuhr ich. Während der Fahrt erklärte ich ihm die Schaltung, bei welcher Motordrehzahl rauf oder runter geschaltet würde und welcher Abstand zum vorderen Fahrzeug gehalten werden sollte. Nach einer Stunde des Erklärens und Vorzeigens wurde angehalten und Fahrerwechsel gemacht. Walter wollte abfahren, würgte den Motor aber wegen eines zu hohen Ganges ab. Das erinnerte mich an meine Anfangszeiten, mir ging es genauso bei Wurm. Er startete wieder und versuchte nochmal abzufahren, was zwar gelang aber leider hatte er den Kriechgang eingelegt. Vom Kriechgang in das normale Getriebe umzuschalten bedarf es einer ganz genauen Motordrehzahl, damit dies geräuschlos vollzogen werden konnte.

Natürlich konnte er das nicht und das Getriebe krachte und „jammerte", dass es mir wehtat. Nun standen wir wieder. Um es ihm einmal ganz genau zu zeigen, kniete ich mich direkt neben ihn und führte seine rechte Hand in den richtigen Abfahrtsgang. Trotzdem - die nächsten Kilometer waren entsetzlich. Walter „fand" einfach keinen Gang, ohne dass sich das Getriebe laut meldete. Bis Wien ließ ich ihn fahren, aber insgeheim dachte ich, wenn es bis dahin nicht klappt, dann würde das vermutlich keine längere „Fahrgemeinschaft" werden. Lernen musste schließlich jeder. Leider aber war Walter nur am Schimpfen über das blöde Getriebe, alle gut gemeinten Hinweise, wie es besser gehen könnte, ignorierte er einfach. Diese Einstellung war für mich schwer zu verstehen. Am Stadtrand von Wien wechselten wir wieder und ich fuhr bis zur Entladestelle, der Spedition C. Sacken.

Bei der Entladung wollte Walter alles genauestens überblicken und merkte dabei nicht, dass er dabei ständig irgendwo im Weg war. Der Lagerleiter fragte mich ganz ungeniert, von wo ich denn diesen „komischen Vogel" herhätte. Als ich ihm mitteilte dass dies mein neuer zweiter Fahrer wäre, meinte er nur kurz: „Bestimmt nicht lange." Er sollte Recht haben, was ich damals noch nicht so ganz glauben konnte. Meine Devise war immer noch – jeder fängt halt mal an und ist bei der ersten Fahrt sicherlich auch nervös. Nach dem Zurückkommen zur Firma in Salzburg wurde ich von Herrn Prok. Esser über meine Eindrücke des neuen Fahrers befragt. Schaden wollte ich dem neuen Fahrer nicht und so antwortete ich daher erst mal ausweichend. Herr Esser hatte mich aber wohl verstanden und meinte, wenn wir von der Tour aus Deutschland zurückkommen würden, sollte ich genauer über das Verhalten Walters berichten.

Diese Tour war ein Horror für mich. Wenn meine Fahrzeit zu Ende war, musste Walter weiterfahren – was ja logisch war. Nur, mich entspannt zurücklehnen oder gar in das Bett nach hinten kriechen, konnte ich dabei auf gar keinen Fall. Als ich so erschöpft war, dass ich einfach ohne Schlaf nicht weitermachen konnte, blieben wir stehen und ich schlief ein paar Stunden und fuhr dann selbst weiter. Das gab natürlich für ihn Anlass, mich zu kritisieren, da er meinte, wenn ich ihn nicht fahren lassen würde, so oft er wollte, würde er es nie lernen. Aber diese Kritik hörte ich nur „halb" weil ich nun bereits wusste, dass dieser Tour sicher nicht weitere gemeinsame Touren folgen würden.

Nach der Entladung in Köln bei Delhey mussten wir ganz schnell nach Gütersloh zu Mohn-Druck Bücher laden. Also musste ich Walter doch wieder an das Steuer lassen. Bereits nach kurzer Zeit stellte ich fest, das hätte ich nicht machen sollen.

Nach kurzer Fahrt kamen wir an eine Autobahn-Baustelle. Hier wurde der Verkehr auf die Gegenfahrbahn umgeleitet. Es gab zwar zwei Fahrstreifen, die aber verengt waren. Direkt im Übergang zur Gegenfahrbahn konnten LKWs und PKWs parallel nebeneinander die Fahrspur zur Gegenfahrbahn wechseln. Walter setzte zum Spurwechsel an, fuhr ohne auf den nachkommenden Verkehr zu achten, einfach über die PKW-Spur zur Gegenfahrbahn. Entsetzt schrie ich auf, er sollte doch nach hinten sehen und sich vergewissern, ob uns nicht gerade ein PKW überholen würde. Denn genau das passierte in diesem Moment: Ein PKW, der gerade an uns vorbeifahren wollte, musste eine Vollbremsung machen, um nicht von unserem Anhänger an die Mittelleitschiene gedrückt zu werden. Dieser PKW-Lenker hielt uns nach der Baustelle aufgebracht an und beschimpfte uns verständlicherweise auf das Übelste. Das konnte ich dem – sicherlich zu Tode erschrockenen - Fahrer nicht verübeln, Walters Begründung weshalb er die PKW-Spur geschnitten hatte, verstand ich allerdings gar nicht.

Er redete sich damit heraus, dass man schließlich in Österreich auf der Autobahn nur einspurig Fahrbahnrichtung wechseln könne. Das hatte damals für Österreich wohl gestimmt, aber Fernfahren bedeutet halt, sich auch mit den Gesetzen in anderen Ländern vertraut zu machen, abgesehen davon, dass es in diesem Fall allein aus der Straßenführung klar ersichtlich gewesen war.

Daraufhin setzte ich mich wieder an das Steuer und ließ Walter bis zum Ende der Tour nicht mehr fahren. In Salzburg angekommen, schickte ich Walter zu Herrn Prok. Esser, mit dem Auftrag, er sollte diesem die Deutschland Tour bis ins kleinste Detail schildern. Das tat er auch, „vergaß" natürlich den Vorfall auf der Autobahn Richtung Gütersloh. Herr Esser kam zu mir und fragte, ob ich Walter weiterhin mitnehmen würde. Ich verneinte vehement und meinte dann, dass ich beim Alleinfahren genauso schnell sein könnte und mir das Risiko eines Unfalls mit diesem Beifahrer einfach zu groß wäre. Als Begründung erzählte ich ihm nun von dem gefährlichen Spurwechsel und dem allgemeinen (Fahr-)Verhalten. Walters Fahrerlaufbahn bei Dr. Pamperl fand somit ihr Ende. Allerdings war ich dadurch wieder alleine auf dem LKW. Herr Esser versprach mir einen Fahrer der bereits LKW-Praxis hätte und schickte mich für die kommenden 14 Tage alleine auf Tour.

Zwei Wochen später wurde mir Fred Ruhe als zweiter Fahrer zugeteilt. Er hatte als Schotterfahrer schon drei Jahre Praxis. Fred war ein gebürtiger Tiroler, den es der Liebe wegen nach Attnang–Puchheim verschlagen hatte. Alleine schon bei der Begrüßung konnte ich einen gewaltigen Unterschied zu Walter feststellen. Fred war drei Jahre älter als ich, aber mit einem sehr ruhigen Naturell ausgestattet. Wir verstanden uns sofort und es entstand im Laufe der Zeit eine echte Freundschaft. Das LKW-Fahren musste ich Fred nicht lernen, sondern nur den „Papierkram" und die ihm noch fremde Ladetechnik.

Bei einem gemütlichen Abendessen in einem Autohof sprachen wir auch über unsere Arbeitskollegen. Bei dieser Gelegenheit informierte mich Fred, dass einige Fahrer von unserer Firma mich „abschießen" wollten. Wie er mir mitteilte, gab es anscheinend doch Neider, die es mir nicht gönnten, als junger Anfänger den LKW von Helmut übernommen zu haben. Von nun an hielten sich Fred und ich in Gesprächen mit den Kollegen besonders zurück, um nicht als Angeber zu gelten. Aufmerksamer geworden durch den Hinweis von Fred, bemerkte nun auch ich häufig die angespannten Reaktionen, die sich gegen uns beide richteten. Geschäftsleitung und Disposition aber waren mit unserer Arbeit sehr zufrieden. Mehr noch - wir waren immer pünktlich bei den Kunden, oftmals im Gegensatz zu unseren Neidern, da es bei uns beiden keine „Saufgelage" gab. So mussten wir nicht am nächsten Tag erst mal ausschlafen, sondern fuhren immer pünktlich nach der gesetzlichen Ruhezeit ab.

Eines Tages war eine Besprechung mit allen Fahrern und der Geschäftsleitung. Bei dieser Gelegenheit erzählte ich von dem üblen Gerede das sich gegen Fred und mich richtete. Die beiden Prokuristen waren empört über dieses Verhalten. Sie stellten die Verleumder zur Rede und ermahnten diese Fahrer, sie sollten sich zurückhalten und ihre Arbeit gewissenhafter als bisher machen. Einer der Prokuristen sagte noch zum Abschluss der Debatte: „Wer Müller und Ruhe etwas Schlechtes nachsagt, bekommt es mit mir zu tun." Damit war diese Angelegenheit zu unseren Gunsten beendet.

Aus Fred und mir wurde wirklich ein gutes Team. Wenn einer von uns während der Fahrt im Bett lag, konnte dieser sicher und beruhigt schlafen weil er wusste, dass der andere umsichtig war und das Vertrauen auf sichere Fahrt gerechtfertigt war.

Fred erzählte viel aus seinem Privatleben. Er war gerade dabei das Haus seines Schwiegervaters zu vergrößern, deshalb hatte er als Fernfahrer angefangen. Seine Erfahrungen in der Ehe und im Allgemeinen über eine eigene Familie weckten in mir ein noch nie gekanntes Verlangen, auch eine eigene Familie gründen zu wollen. Eine liebe Freundin hatte ich ja schon seit einiger Zeit. Als ich immer mehr diesen Wunsch verspürte eine Familie zu gründen, schmiedete ich mit meiner Freundin Heiratspläne und wir machten uns auf die Suche nach einer gemeinsamen Wohnung. Schließlich fanden wir eine frei gewordene Haushälfte mit Garten, die uns gefiel und schlossen einen Mietvertrag ab. Nun fand ich den Zeitpunkt für gekommen, wo es Zeit war für mich mit der Fernfahrerei aufzuhören. Ich kündigte bei Pamperl.

Jeden Tag zu Hause

Am 19. August 1974 begann ich bei der Firma Papiernik als Kraftfahrer in einer Hosenerzeugung. Meine Arbeit war Zustellfahrer für ganz Oberösterreich sowie auch Niederösterreich. Jede zweite Woche fuhr ich in die Schweiz. Wenn ich nicht gerade in der Schweiz war, war einmal manchmal auch zweimal pro Tag, das Hauptwerk in Oberneukirchen im Mühlviertel anzufahren. Die Arbeitszeit war von 7:30 Uhr bis 18:00 Uhr. Die letzte Fahrt war immer ab zirka 17:30 Uhr zum Hauptpostamt in Linz. Von dort konnte ich mit dem Firmenwagen nach Hause fahren. Diese Arbeit war wirklich schön und mir blieb so auch noch genug Zeit für ein Privatleben.

Einmal im Monat kam ein Spediteur und holte abgepackte Kartons mit Hosen für England ab. Diese Fahrten nach England wollte ich gerne selber machen und so hatte ich mit dem zuständigen Sachbearbeiter und Zolldeklarant über diesen Wunsch gesprochen. Er meinte, ich sollte halt dem Chef eine Kalkulation vorlegen. Alle wichtigen Daten über Gewicht und Speditionskosten bekam ich von ihm. Im November überreichte ich Herrn Papiernik meine Kostenaufstellung. Er versprach, diese genau durchzurechnen und mir Bescheid zu geben ob und falls ja, wann ich nach England fahren könnte.

Als meine Freundin mir sagte, dass ein Baby unterwegs sein würde, entschlossen wir uns mit der Hochzeit nicht länger zu warten und heirateten am 23. November 1974. Meine Freude war sehr groß, nun nicht nur ein junger Ehemann, sondern auch bald Vater zu sein.

Knapp drei Wochen später – etwa Mitte Dezember – freute ich mich schon auf einen gemütlichen Abend zu Hause und kam zur gewohnten Zeit heim. Meine Frau war nicht da, was sehr ungewöhnlich war. Anfangs dachte ich, sie hätte vielleicht spontan ihre Eltern besucht oder vielleicht noch eine Besorgung gemacht. Als es aber 20 Uhr wurde und sie noch immer nicht zu Hause war, machte ich mir nun doch Sorgen und fuhr zu ihren Eltern, weil ich sie dort am ehesten vermutete. Aber auch da war sie nicht.

Wo konnte sie bloß sein? Keine Ahnung wohin ich noch fahren könnte um nachzusehen, Handys gab es noch nicht, auch einen Festnetzanschluss hatten wir damals nicht. So wartete ich noch bis 23 Uhr und ging besorgt zu Bett. Nach einer sehr unruhigen Nacht musste ich am nächsten Morgen feststellen, dass meine Frau noch immer nicht da war. Nun war ich schon extrem beunruhigt, es blieb mir aber nichts anderes übrig, als in die Arbeit zu fahren. In der Firma angekommen wurde ich von unserer Buchhalterin in das Büro gerufen. Sie gestand mir, dass der Chef meiner Frau gestern Mittag angerufen hatte, um mitzuteilen, dass er sie in die Frauenklinik gebracht hatte. Leider hatte sie vergessen, mir das mitzuteilen. Ich ließ sofort alles liegen und stehen und fuhr in die Frauenklinik. Es bestünde die Gefahr einer Fehlgeburt sagten die behandelnden Ärzte. Meine Frau würde dringend Ruhe brauchen und voraussichtlich für 10 Tage in der Klinik bleiben müssen. Sie war damals in der 17 Woche schwanger. In diesem Moment war ich sehr froh, dass ich nicht mehr als Fernfahrer tätig gewesen war. Jeden Tag nach der Ablieferung der Postpakete konnte ich so einen Besuch in der Frauenklinik machen. Weihnachten kam heran, aber noch immer war vom nach Haus kommen keine Rede. So verging eine Woche nach der anderen, schlussendlich musste sie liegen bis zum Tag der Geburt im Mai des darauffolgenden Jahres. Dadurch dass ich jeden Tag zu Hause war, hatte ich keinen einzigen Tag versäumt, in die Klinik zu fahren, abgesehen von einer Woche Unterbrechung im März.

Mit dem Sprinter nach England

Eines Tages im März 1975 erklärte mir Herr Papirnik freudig, dass ich nach England eine Probefahrt machen sollte. Der Termin wurde für Mitte März festgelegt. Ich besorgte mir also eine Englandkarte um die Fahrroute zu studieren. Am Montag wurde ein CARNET–TIR vom Zoll gemacht und Dienstag um 4 Uhr früh war Abfahrt. Der Zolldeklarant fuhr mit, weil er mit dem Importeur in England einiges zu besprechen hatte. Die Fahrt ging über Schärding – Regensburg – Nürnberg – Frankfurt - Köln und den Grenzübergang Elten/Emmerich in Holland. Dann bis zum Höck von Holland, wo eine Fähre für uns gebucht war. Am Mittwochmorgen um 7 Uhr konnten wir auf die Fähre auffahren und um 9 Uhr war Abfahrt. Die Überfahrt nach England dauerte 4 1/2 Stunden. Im Zollhof von Harwich in England mussten wir bis 17 Uhr auf die Verzollung warten, fuhren dann direkt nach London wo uns am Stadtrand der Importeur erwartete. Er lotse uns zu einem Fernfahrerhotel in der Nähe seines Lagers. Neu war für mich damals, dass in England das Schlafen im LKW verboten war. Daher gab es in England damals sehr viele Fahrerhotels. Diese „Roadmaster Hotels" waren billig, gut und kosteten pro Person nur 2 Englische Pfund. Es gab 2-Bett oder 4-Bett-Zimmer mit Frühstück. Dieses Frühstück war ganz nach meinen Wünschen mit Kaffee, Tee,

Ham and Eggs, sowie Bohnen mit Speck, Marmelade und Butter, so viel man essen konnte.

Am nächsten Tag wurden wir morgens vom Importeur wieder abgeholt und nach ungefähr 20 Kilometer erreichten wir die Abladestelle. Während unser Zolldeklarant seine Besprechung mit dem Importeur hatte, lud ich die Kartons aus.

Gegen Mittag war alles erledigt und wir konnten die Heimreise antreten. Auf mein Drängen hin, fuhren wir nicht nach Harwich, sondern nach Dover zur Fähre. Diese Strecke war viel kürzer und die Chance, eine Fähre auf „gut Glück" zu ergattern dadurch bedeutend grösser, da für uns keine Retourfähre gebucht war. In Dover angekommen hatten wir wirklich viel Glück. Als letztes Auto wurden wir auf die Fähre gelassen, nun ging es ab nach Ostende in Belgien. Diese Überfahrt dauerte nur 4 Stunden. Noch bei Tageslicht konnten wir ein Hotel in der Nähe des Hafens von Ostende finden.

Am nächsten Tag, nach einem reichlichem Frühstück, wurde um 8 Uhr gestartet. Bereits nach zwei Stunden Fahrt jammerte mein Mitfahrer, dass er nicht mehr sitzen könnte. Die lange Fahrt der vorherigen Tage und das stundenlange, unbequeme Sitzen im rüttelnden Fahrzeug machte ihm total zu schaffen.

Als Abhilfe schlug ich ihm vor, ab Köln mit dem Zug zu fahren. Aber das wollte er nicht, weil er das Ticket selber bezahlen hätte müssen. Plötzlich - kurz nach Mittag - ungefähr bei Siegburg/Hennef zerbrach mit einem lauten Knall die Windschutzscheibe. Was nun? Nach dem ersten Schreck kehrten wir die Glassplitter aus, aber dann mussten wir weiter. Eingehüllt in eine Wolldecke jammerte mein Begleiter, dass das wirklich nicht mehr auszuhalten wäre und er wollte nun doch mit der Bahn weiterfahren. So fuhr ich in Frankfurt zum Hauptbahnhof und der Zolldeklarant stieg dort in den Zug ein. Mir blieb nichts anderes übrig, trotz tiefer Temperaturen im zugigen Fahrzeug weiterzufahren, wollte ich an diesem Tag noch nach Hause kommen. Um 20 Uhr war ich endlich zu Hause und konnte mich aufwärmen und im eigenen Bett schlafen. Glücklicherweise hatte ich meine „Freiluftfahrt" ohne nachfolgende Erkältung überstanden.

Freitag in der Früh stellte ich nach Absprache mit meinem Chef als erstes das Auto in die Werkstatt. Als ich gerade beim Chef im Büro war, hörte ich unfreiwillig ein Telefongespräch zwischen ihm und unserem Zolldeklaranten mit, bei dem dieser jammerte, dass er an diesem Freitag unmöglich in die Arbeit kommen könnte. Er meinte, er wäre „völlig erledigt" von der langen Fahrt, jeder Knochen täte ihm weh. Seine Zugfahrt wäre auch kein Honiglecken gewesen, er hätte drei Stunden lang stehen müssen, weil kein Sitzplatz mehr frei gewesen war. Kaum hatte der Chef aufgelegt, brachen wir beide in herzhaftes Gelächter aus.

Meine Frau musste immer noch in der Frauenklinik bleiben, weil jeder Versuch aufzustehen negative Folgen gehabt hätte. Wir stellten uns also darauf ein, dass sich das bis zur Geburt nicht mehr ändern würde. Endlich war im Mai der langersehnte Geburtstermin herangekommen und wir bekamen eine gesunde Tochter. Nach weiteren 8 Tagen durfte ich dann meine „zwei Mädels" nach Hause holen und musste nicht mehr jeden Tag in die Klink fahren, um Frau und Kind zu sehen.

Als sich 1977 ein zweites Kind ankündigte und unser Mietvertrag ablief, sahen wir uns nach einer größeren Wohnung um und meldeten uns für eine Eigentumswohnung an.

Bei Papiernik fuhr ich immer noch dieselben Touren und konnte den Verdienst nicht steigern. Um für die Eigentumswohnung und die größer werdende Familie genug Geld zur Verfügung zu haben, entschloss ich mich, nun doch wieder Fernfahrer zu werden. Also kündigte ich Mitte März 1976 bei Herrn Papiernik und machte vorerst einmal bei meiner Familie zu Hause Urlaub bis zum 1. April.

Nun bin ich wieder Auslandfahrer

Am 1. April 1976 begann ich wieder mit dem Fernfahren bei der Firma Wilhelm Bürger in Linz.

Das Büro in Linz war in der Wambacherstraße und der Abstellplatz für die LKWs in Pucking. Als ich mich im Büro vorstellte, sagte Herr Bürger zu mir dass ich anfangen könnte, aber für mich hätte er noch keinen LKW. Vorerst müsste ich daher Urlaubsvertretungen machen und mit anderen Fahrern als Springer mitfahren. Das akzeptierte ich natürlich weil ich wusste, dass in dieser Firma sehr gut bezahlt wird.

Meine erste Tour war mit Werner nach Frankreich. Wir hatten Grobbleche in der VOEST Linz geladen. Der LKW war ein Hängerzug Mercedes Benz 1626, aber schon mit dem neuen Führerhaus. Die Retourladung wurde in Nunkirchen im Saarland geladen und war für den Hochofen in der VOEST bestimmt. Nach der Entladung in Linz ging Werner auf Urlaub und somit übernahm ich für 3 Wochen seinen LKW. Wir hatten fast nur Komplettladungen, weil jede Woche 2 Touren gefahren wurden. Nach und nach lernte ich nun alle Beladestellen in der VOEST kennen, die für Feinbleche in Paketen oder in Rollen, verzinkt oder gebeizt, Grobbleche, Riffelbleche usw...

Mit diesem Hängerzug war jede Woche eine Ladung Schamotteziegel von Nunkirchen abzuholen. Ich fand es sehr erfreulich, dass ich während der drei Wochen in denen ich diese Urlaubvertretung machte dort hinfahren durfte. War es doch für mich sehr angenehm, weil es ein absolut stressfreies Arbeiten war. In diesem Werk in Nunkirchen wurde rund um die Uhr gearbeitet und ebenso wurde Tag und Nacht beladen. Die Zollpapiere waren immer fix und fertig ausgefüllt und der Frachtbrief geschrieben.

Nach diesen drei Wochen übernahm ich die nächste Urlaubsvertretung - den Stuttgarter Linienzug von Peter. Dieser Zug fuhr im Auftrag von der Spedition Führer & Brandl, Bleche der VOEST nach Stuttgart und Sammelgut zur Spedition Gustav Maur in Stuttgart. Nach der Entladung mussten 2 - 3 Kundeneinholer gemacht werden. Abends wurde der Hängerzug an die Rampe der Spedition gestellt, um Sammelgut für Führer & Brandl in Linz aufzuladen. Das war für mich bei weitem keine so schöne Arbeit, wie mit Werners Auto, aber ich tröstete mich das dies nur zwei Wochen dauern würde.

Am Freitag nach diesen zwei Wochen sagte Herr Bürger zu mir, es würde genügen, wenn ich am Montag erst um 11 Uhr kommen würde. Weshalb sagte er mir nicht. Mir ging alles Mögliche durch den Kopf und ich überlegte, ob ich vielleicht etwas falsch gemacht haben könnte. Aber ich war doch zeitgerecht bei den Speditionen und bei den Kunden? Würde ich nun entlassen, weil kein Auto für mich frei wäre oder von den Arbeitskollegen vielleicht keiner in den Urlaub gehen wollte? Sollte ich diese Arbeitsstelle verlieren, würde mir das sehr leidtun. Dieses Wochenende zog sich und schien kein Ende nehmen zu wollen. Immer wieder ging ich in Gedanken alle Touren durch, ob ich denn vielleicht doch irgendwo einen Fehler gemacht hätte, aber mir fiel einfach nichts ein. Also versuchte ich mich selbst zu beruhigen, aber ein mulmiges Gefühl blieb doch.

Am Montag um 10:45 Uhr war ich in Pucking auf dem Firmengelände. Herr Bürger kam pünktlich um 11 Uhr mit einer großen Tasche, in der sich Nummerntafeln befanden. Er sperrte die kleine Halle auf, darinnen stand eine Sattelzugmaschine, in den Farben der Firma Bürger gespritzt, und gab mir die Nummerntafeln in die Hand. Er sagte: „Herr Müller das ist nun ihr Auto, der LKW ist zwar nicht neu, aber bestens überholt und sehr gepflegt".

Es war eine Dreiachser-Zugmaschine mit Schlafkabine der Marke Daimler Benz Bj.1970, mit 240 PS. Meine Freude über diesen LKW war gewaltig. Ein paar Wochen war ich erst in der Firma und hatte schon einen eigenen Fernzug zugeteilt bekommen. Diese Sattelzugmaschiene war der sechste LKW in der Firma.

Herr Bürger wünschte mir mit diesem „neuen" Fahrzeug allzeit eine gute Fahrt und wies mich an, meine Privatsachen einzuräumen. Anschließend sollte ich mich im Büro melden. Meine Gedanken und Sorgen die mich ein Wochenende lang geplagt hatten, waren erfreulicherweise völlig umsonst gewesen. Nach dem Einräumen ging ich in das Büro, wo mir der Auftrag erteilt wurde, mit der Zugmaschine ohne Aufleger nach Rotterdam zur Firma CETEM Aufleger-Verleih zu fahren, um dort vier Stück Container-Fahrgestelle abzuholen.

In Rotterdam wurden die Fahrgestelle ineinander gelegt und verzurrt. Dann ging es ab nach Hause. Samstag wurden die Aufleger abgeladen, aber einer blieb am LKW angehängt. Herr Bürger sagte zu mir, ich sollte am Montag in der Früh mit meinem Gespann nach Schwechat zur Brauerei fahren, dort würde ich einen doppelwandigen Flüssig-Container bekommen und sollte diesen ab 15 Uhr mit Bier für Ungarn beladen.

Das war der Beginn einer schönen Zeit. In Schwechat angekommen traf ich auf noch vier LKWs einer anderen Firma aus dem Burgenland. Gegen Mittag kam auch noch mein Firmenkollege mit einem Doppelwand-Container nach Schwechat. Somit waren insgesamt sechs „Bier-LKWs" im Einsatz. Drei fuhren nach Nagykanicza in Südungarn – kurz vor der Jugoslawischen Grenze. Drei mussten nach Böetsch im Norden von Ungarn fahren, unmittelbar an die russische (heute ukrainische) Grenze, ungefähr 70 Kilometer von Miskolc entfernt.

Meine erste Fuhr führte mich nach Nagykanicza. Nach der Beladung am frühen Abend kam der österreichische Zoll und eröffnete für jeden LKW ein CARNET TIR bis zur Abladestelle. Jeder Fahrer erhielt vom Braumeister 10 Flaschen SOMA – Limonade und 10 Flaschen Schwechater Hopfenkrone mit dem Auftrag, die eine Hälfte den österreichischen Zollbeamten, die andere Hälfte den ungarischen Zollbeamten zu „schenken", damit es bei der Abfertigung ein wenig schneller gehen würde. Dann fuhren wir gemeinsam zur Grenze nach Klingenbach. In Klingenbach angekommen erwies sich das „Schmiermittel" als sehr hilfreich bei der Abfertigung und die fünf Flaschen Bier und Soma Limonade wurden gerne angenommen.

Auf der ungarischen Seite fand ich den Eisenbalken genauso wie vor etlichen Jahren vor, aber die Einfahrt in den Zollhof ging diesmal relativ schnell. Nach der Kontrolle des Führerhauses, wurde von jedem Fahrer fünf Flaschen Bier und Soma Limonade in einer Aktentasche zum Zoll getragen. Verstohlen wurde dieses Präsent übergeben. Man sah den Zollbeamten die Freude an und die Abfertigung ging etwas schneller als üblich vonstatten. Alle sechs Bier-LKWs waren bereits nach zwei Stunden abgefertigt und nun ging die Fahrt in Ungarn weiter. Der Fahrer der Firma Klein, der den Weg bis zur Brauerei schon kannte, fuhr als Erster. Durch Sopron ging es noch zu sechst, dann mussten zwei weitere Kollegen und ich die südliche Route nach Nagykanicza abfahren. Diese Gegend war sehr eben und viele Kilometer weit sah man ausschließlich Felder und etwas Wald. Die nächste Stadt war Savar. In dieser Stadt ist ein Heilbad und dadurch konnte man hier viele Fahrzeuge mit westlichen Autonummern sehen.

Von Savar ging es weiter an schier endlosen Feldern entlang bis Janoshaza, von dort rechts ab in Richtung Plattensee. Das südliche Ufer des Plattensees war mit Gästen aus ganz Europa ziemlich voll und der Verkehr stockte bereits in Keszthely. Nun sah ich zum ersten Mal den berühmten Plattensee. Am Stadtende von Keszthely wurde an einer Tankstelle angehalten. Nach dem Tanken gingen wir in das Restaurant zum Abendessen. Das war urgemütlich und nett eingerichtet. Die Kellnerin sprach sehr gut Deutsch und erklärte uns die Speisenkarte auf Deutsch. Da ich keine Ahnung von der ungarischen Küche hatte, bestellte ich mir sicherheitshalber Bratwurst mit Bratkartoffeln und Salat. Ich kann mich noch erinnern, wie unglaublich gut ich diese Wurst fand, ebenso den Salat und die Bratkartoffeln. Alles war zwar extrem fett, aber das machte mir damals nichts aus. Nach dem Essen und den unvermeidlichen Gesprächen über die Arbeit, gingen wir ungefähr um 23 Uhr schlafen.

Um 5 Uhr Früh ging es weiter. Für ein Frühstück nahmen wir uns keine Zeit, weil wir gehört hatten, dass wir in der Brauerei frühstücken könnten. Nach eineinhalb Stunden hatten wir unser Ziel erreicht und trafen in Nagykanicza ein. Die LKWs wurden bei den Abpumpstellen angedockt, ein Mitarbeiter lotste uns zu den Waschräumen und der Kantine. Nach der Morgentoilette wurde uns in der Kantine ein Frühstück serviert. Es gab Kaffee oder Tee mit Butter und Marmelade so viel man wollte. Da uns der Magen nun schon knurrte „schlugen" wir zu, als hätten wir drei Tage nichts gegessen. Unsere LKWs wurden in der Zwischenzeit abgepumpt und gegen 10 Uhr Vormittag waren alle drei LKWs am Rückweg und nahmen exakt dieselbe Route wie bei der Hinfahrt, diesmal aber nicht mehr im Konvoi. Um 16 Uhr war ich wieder in Schwechat, während der Betankung des Containers kamen auch bereits die anderen zwei zur Beladung. Der Zoll fertigte uns wieder ab und wir fuhren nochmal so wie am Montag nach Nagykanicza.

Diese Transporte hatten wir drei Mal in der Woche zu erledigen. Am Freitagnachmittag wurden LKW und Aufleger in der Brauerei gewaschen und es ging nach Hause mit der Zugmaschine meines Kollegen. Spät abends trafen wir wieder in Pucking ein und Herr Bürger empfing uns mit dem Verdienst dieser Woche. Ich war sehr zufrieden, aber mein Arbeitskollege beschwerte sich über den Verdienst. Die zwei Fahrten nach Böetsch waren ungefähr um 1.000 Kilometer länger als nach Nagykanicza. Herr Bürger meinte nur: „Nächste Woche fährst du die kürzeren Touren und Müller die längeren, somit gleicht es sich wieder aus."

Am Montag um 7 Uhr wurde wieder nach Schwechat gefahren und nach der Betankung des Containers sowie der Verplombung der LKWs ging es ab nach Böetsch. Von Sopron aus fuhren wir nach Kapuvar und durch Győr, Richtung Budapest. Diese Strecke kannte ich noch, als ich Mähdrescher-Teile in die Kolchose gefahren hatte. Nach Tatabanya begann ein kurzes Stück Autobahn und endete am Stadtrand von Budapest. Wir mussten quer durch das Stadtgebiet, um auf die Bundesstraße nach Miskolc zu gelangen. Das war ein erheblich größerer Zeitverlust als wir vermutet hatten, aber unter eineinhalb Stunden war dies nicht zu schaffen. Irgendwo zwischen Budapest und Miskolc schliefen wir dann vier Stunden lang. Erst dann ging es wieder weiter. In Böetsch angekommen hatten wir bereits 13 Stunden reine Fahrzeit hinter uns.

Auch in Böetsch wurden wir mit Essen bestens versorgt. Das Abladen dauerte nur 2 Stunden und schon machten wir uns wieder auf den Rückweg. Ein Fahrer von der burgenländischen Firma sagte zu mir, er würde noch rasch Krim Sekt kaufen, den es hier sehr günstig geben würde und bot mir an, hinter ihm herzufahren, wenn ich auch in diesem Geschäft einkaufen wollte. So fuhren wir zur Budapester Stadtgrenze in besagtes Geschäft, in dem alles für das tägliche Leben zu erstehen war. Bert kaufte fünf Stangen Salami (Pik) und zwei Kartons Sekt, einen Karton mit goldener

Schleife und einen mit silberner Schleife. Er erklärte mir auf mein Nachfragen, dass die unterschiedliche Schleifenfarbe anzeigen würde, ob es sich um trockenen oder lieblichen Sekt handelt. Da ich nicht so viel übriges Geld mithatte und auch nicht wusste welcher mir besser zusagen würde, musste eine golden und eine silbern etikettierte Flasche vorerst genügen. Eine einzelne Flasche kostete umgerechnet zirka ÖS 42,--, was laut Bert unglaublich billig war. Tatsächlich war damals in Österreich Krimsekt sehr teuer und nicht unter ÖS 150,-- zu bekommen. Auch die Salami war für unsere Verhältnisse extrem billig.

Wir fuhren noch durch Budapest, dann konnten wir ein paar Stunden schlafen. Zeitig in der Früh ging es weiter bis zur Grenze und nach Schwechat. Dort wurde wieder betankt und das CARNET TIR ausgestellt und gegen 18 Uhr mussten wir schon wieder in Richtung Böetsch abfahren. Die zweite Tour verlief fast genauso wie die erste, aber nun machte es sich bemerkbar, dass wir in den Tagen zuvor nur sehr wenig Schlaf bekommen hatten und so kam mir diese Tour viel länger vor. Da musste ich an die Worte meines Kollegen denken und gab ihm insgeheim Recht, dass für so viele Stunden Arbeitseinsatz und so wenig Schlaf der Verdienst wirklich zu gering war. Aber auch diese Woche verging und am Freitagmittag ging es nach Pucking. Auch mein Kollege Edy hatte Krim Sekt gekauft, gleich vier Kartons und eine Unmenge an Pik Salami. Wir fuhren dieses Mal mit meinem LKW nach Hause, weil ich Öl wechseln und schmieren musste. Edy sagte mir, dass er am Montag mit seinem Privat PKW nach Schwechat fahren würde, weil er vorhatte, in der darauffolgenden Woche noch mehr Sekt zu kaufen.

Zu Hause wurden am Wochenende Freunde eingeladen und der Sekt wurde gemeinsam verkostet. Die Freunde waren allerdings so wie ich keine Sektkenner, der Krimsekt hatte einen für uns ungewohnten Geschmack. Um diesen Preis aber - da waren sich alle einig - musste man einfach mal welchen kaufen.

Am Montag fuhren wir wieder nach Nagykanicza. Bert wusste auch auf dieser Strecke ein Geschäft wo es billigen Sekt gab. Dieses Mal kaufte ich beim Nachhause fahren bei der letzten Wochentour nun auch zwei Kartons mit je sechs Flaschen. Edy hatte bei jeder seiner Böetsch-Touren zwei Kartons Sekt und etliche Stangen Pik Salami gekauft und übersiedelte das Gekaufte nach jeder Tour in seinen PKW. Nun wusste ich weshalb er mit dem eigenen PKW nach Schwechat gefahren war. Am Freitag hatte er bereits vier Kartons mit Sekt und 10 Stangen Salami im Auto und ich erfuhr nach und nach, dass er damit in seinem Bekanntenkreis einen regelrechten Handel betrieb. Er erzählte mir, dass er eine Flasche Sekt um ÖS 110,-- weiterverkaufte und sich freute, damit ein gutes Geschäft zu machen. So vergingen ungefähr fünf Wochen, in denen auch ich hin und wieder für uns und auf Wunsch auch für Geschwister oder Freunde ein paar Flaschen mitnahm, diese zum Einkaufspreis weitergab. Geschäfte damit zu machen war nicht in meinem Sinn, aber ansonsten machte ich mir auch keine großen Gedanken.

Eines Tages aber war im ungarischen Zoll ein ganz hoher Beamter anwesend der mitbekam, dass wir dem Abfertigungsbeamten Bier und Soma zusteckten. Der Abfertigungsbeamte musste auf seine Anordnung hin sofort alles wieder zurückgeben und kein Beamter durfte von uns mehr etwas annehmen, kontrolliert wurden wir aber nicht. Wir hatten damals nicht nur die 10 Flaschen Bier und 10 Flaschen Soma Limonade von der Brauerei im LKW, sondern auch Sekt. Edy erlaubte mir den Sekt, Bier und Soma bis zum Wochenende in seinen Privatwagen zu legen. Am Freitag beim Nachhause fahren habe ich dann alles in meinen LKW geräumt – insgesamt mindestens vier Kartons Sekt, 40 Flaschen Bier und 40 Flaschen Soma Limonade. Das schien mir ein Wink des Schicksals zu sein, und ich entschloss mich, nichts mehr in Ungarn zu kaufen sondern nur die geschenkte Ware der Brauerei, die nun von den ungarische Abfertigungsbeamten nicht mehr angenommen wurde, zu sammeln und selbst zu konsumieren. Was war ich doch wenige Wochen später froh, diese Entscheidung getroffen zu haben.

Eines Freitags - bei der Heimfahrt von Nagykanicza - musste ich auf der österreichischen Seite der Grenze den LKW rechts ranfahren. Mein Führerhaus wurde vom Zollwachebeamten auf das Gründlichste untersucht. Außer meiner persönlichen Verpflegung hatte ich aber absolut nichts mit. Obwohl ich Raucher war, kaufte ich mir in Ungarn keine Zigaretten, die zwar in Ungarn sehr billig waren, aber mich im Hals kratzten und mir daher nicht schmeckten. Der Zollbeamte sagte überrascht zu mir, ich wäre der erste von den Bierautos, der nicht versucht hätte, Waren einzuschmuggeln. Er hatte meinen Firmenkollegen mit Pick Salami, Sekt und Zigaretten ertappt. Auch die Fahrer der burgenländischen Firma hätten viel mehr als erlaubt mitgenommen und nicht angemeldet.

Auf meine Frage, warum nun alle so genau durchsucht würden, antwortete der Zollwache-Beamte, der Tipp wäre vom ungarischen Zoll gekommen. Bei der Ausreise aus Ungarn würden die LKWs genau kontrolliert und überprüft, ob auch niemand versuchen würde illegal nach Österreich auszureisen. Bei dieser Gelegenheit sah der Chef der Zollbehörde in den LKWs große Mengen an „Schmuggelware". Dies veranlasste ihn, in Österreich bei der Grenzstelle Klingenbach anzurufen. Etlichen Fahrern kam das nun teuer zu stehen, weil nicht nur die Ware abgenommen wurde, sondern auch eine saftige Strafe zu bezahlen war. Abgenommen wurde ihnen die Ware, weil sie nicht ordnungsgemäß angemeldet war. Was für ein Glück, dass ich nichts mehr gekauft hatte. Das Bierfahren nach Ungarn wurde ungefähr Mitte August beendet.

Nachträglich gesehen, ging für mich damit eine sehr schöne Arbeit zu Ende.

In diesen zweieinhalb Monaten des Bierfahrens sah ich sehr oft wie es den Ungarn damals wirklich ging. Für mich sind die Magyaren ein sehr liebenswürdiges Volk, die aber damals unter der „Knute" der Russen, nicht frei waren selbstständig zu entscheiden oder zu wirtschaften.

Beendet wurde das Bierfahren damit, dass der Container am letzten Freitag in der Brauerei abgehoben worden war und Eddy und ich nur mit dem Container-Chassis nach Pucking zurückfuhren, in der Hoffnung, auch künftig wieder eine so schöne Arbeit zu bekommen.

Übernahme eines neuen Auflegers und die Folgen

Am Montag früh überreichte mir Herr Bürger eine Nummerntafel mit dem Auftrag zur Firma Schwarzmüller in Wels zu fahren, um dort einen neuen Jumbo Sattelaufleger abzuholen. Dieser Aufleger würde künftig an meinem Auto angehängt und von mir gefahren.

So fuhr ich zur Firma Schwarzmüller, gab die Nummerntafel ab und sattelte den Aufleger an. Danach musste ich damit auf den Bremsenprüfstand - Motorwagen und Aufleger wurden miteinander optimal abgestimmt. Am frühen Nachmittag waren die Mechaniker mit der Einstellung fertig und somit war das Fahrzeug einsatzbereit und ich wurde gleich in die VÖEST zur Grobblechbeladung beordert. Stolz fuhr ich mit meinem neuen Aufleger los – um bald darauf einen Dämpfer zu bekommen - ich kannte die Schwachstellen eines Schwanenhals-Auflegers noch nicht.

In der Ladehalle musste als erstes die Plane für die Kranbeladung nach vorne geschoben werden. Das wusste ich ja, aber bis dahin hatte ich mir noch keine Gedanken gemacht, wie ich auf eine Höhe von 3,50 m hinaufkommen würde um die Ecken der Plane auszuheben. Mehrere Fahrer die vor der Ladehalle warteten, halfen mir „mit Rat und Tat". Die Seitenlatten, die man normalerweise zum Vorschieben der Plane verwendete, waren leider zu kurz. So musste ich seitlich hinaufklettern, um auf den Dachspriegeln die Plane vorzuziehen.

Zu der damaligen Zeit war mein „Schwanenhals-Aufleger" einer der allerersten in Österreich, die Technik war leider bei weitem noch nicht ausgereift. So waren die Federböcke nur 15 cm von der Fahrbahn entfernt. Wenn ich nur über Bahnübergänge fuhr, hörte man schon wie die Federböcke auf der Straße streiften. Die Konstruktion war damals nicht anders möglich, weil sonst die Innenhöhe von 3,50 m nicht erreicht werden konnte. Luftfederung gab es zu dieser Zeit auch noch keine. Das zweite große Problem waren die Reifen. Diese hatten nur einen Durchmesser von maximal 60 cm, waren somit also extrem niedrig. Bei scharfen Kurven und voller Beladung meinte man, die Reifen würden sich gleich von der Felge abziehen. Anfangs gab es nur Semperit-Reifen in dieser Größe zu kaufen. Jede Woche mussten mindestens zwei Reifen gewechselt werden, entweder weil sie geplatzt waren oder weil sich die Lauffläche abgelöst hatte. Ein weiteres Problem war das Unterbringen der Reserveräder. Mindestens drei Reifen musste ich mithaben, um auf einer Tour keinen kaufen zu müssen. Ein Reifenkorb war auch vorhanden, aber nur für zwei Ersatzreifen. Damit brauchte ich gar nicht erst wegzufahren. Also musste ein dritter Ersatzreifen in den Korb der Zugmaschine gelegt werden, dadurch hatte ich aber wiederum keinen Ersatzreifen für diese.

Die nächste Schwachstelle war das überhohe Planengestell. Während der Fahrt war dieses nicht so stabil wie eines in normaler Höhe. So musste ich bei jeder Fahrt die Steher mittels Ketten zusammenzurren. Bei Blechladungen war dies weiter nicht schlimm, wohl aber bei Sammelgut = *(einzelne Pakete, teils auf Palette, aber auch lose)*. Andocken an einer Rampe war auch nicht möglich, es gab damals noch keine flexiblen Rampen. Die Spediteure waren über das Volumen des Aufliegers sehr begeistert, eine Beladung mit Hubwagen war aber nicht möglich. Meistens wurde daher abseits der Rampen mit einem Stapler geladen. Bei der Entladung musste es ebenso gemacht werden.

Das allergrößte Problem aber waren die Bremsen. Aufgrund des geringen Radius der Räder wurden die Bremsen um ein Vielfaches mehr belastet. Bergab musste ich daher stets einen niedrigeren Gang einlegen, als bei einem normalen Auflieger. Das Tempo wurde bergab so gut wie möglich gedrosselt, um so wenig als möglich die Auflieger-Bremsen benützen zu müssen. Übersah man das einmal und fuhr zu schnell abwärts, wurden im Nu die Bremsen heiß und begannen zu rauchen. Rauchende Bremsen bedeuteten aber, dass man nur mehr verzögert stehen bleiben konnte. In weiterer Folge konnte es dann passieren, dass sich auch das Fett in den Radlagern erhitzte, auslief und die Lager keine Schmierung mehr hatten. So konnte es zu einem Wälzlager-Verreiber kommen, was auch bei einer Rumänienfahrt geschah, wovon ich später erzählen werde.

Bei vielen Speditionen war zumeist sehr wenig Platz, also wurde ich häufig aus dem Firmengelände „verbannt" und musste in der Nähe warten, bis gegen Abend der Platz leerer wurde und die anderen LKWs bereits beladen waren. Das durfte aber das Eintreffen in der Abladestelle zeitlich nicht beeinflussen, ich musste trotzdem um 6 Uhr Früh in Österreich zur Entladung gestellt sein, weil viele Waren in der Frühbeschau sofort verzollt wurden, und –

wenn eine Ware mehr als 500 kg hatte – im Anschluss daran gleich von mir zugestellt werden musste.

All diese Erfahrungen waren Anlass, meine Unzufriedenheit über den Aufleger bei Herrn Bürger kundzutun. Dieser aber meinte nur, in einigen Monaten würde ich ohnedies einen anderen LKW- Zug bekommen.

Eines Tages wurde mir nach einer Entladung in Esslingen ein Fernschreiben von Herrn Bürger überreicht, in dem Ladestelle und Entladestelle angeführt waren. Die Ladestelle war ganz in der Nähe - nur etwa hundert Meter weiter bei einer Maschinenfabrik. Dort sollte ich eine Stanzmaschine laden und nach Bukarest in die dortige Messe fahren. Diese Maschine war 3,50 m hoch und nur mit einem Schwanenhals-Aufleger zu transportieren. Das Gewicht war ungefähr 18 Tonnen und einige Kisten als Zubehör sollten auch mit.

In Rumänien war ich noch nie gewesen und es war spannend für mich, auch dieses Land kennen zu lernen. Obwohl mir etwas bange war, freute ich mich auf die neue Herausforderung. Die Maschine wurde sorgfältig verladen und die Kisten gut gegen Abrutschen gesichert. Ein Verkäufer dieser Firma kam zu mir und erklärte mir, wo der Messestand in Bukarest zu finden wäre. Das Gelände der Messe wäre sehr gut angeschrieben und man fände leicht dorthin. Nach der Verladung musste ich zum Zollamt in Esslingen und der LKW wurde verplombt. Nun ging es nach Österreich zurück. In Pucking bekam ich von Herrn Bürger alle Transportgenehmigungen ausgehändigt und ÖS 10.000,-- für die Straßensteuer, sowie zum Tanken. Wenn möglich sollte ich nur ganz wenig Geld davon als „Bakschisch" gebrauchen. Bakschisch war der Ausdruck für das „Schmiermittel" von Polizei und sonstigen Behörden. Ein CARNET TIR wurde mir in die Hand gedrückt, mit dem Auftrag dieses im Zollamt Hafen Linz zu eröffnen. Das wurde problemlos erledigt, nun endlich konnte ich abfahren und freute mich schon auf die lange Fahrt. Es war ein Donnerstag und ich fuhr noch schnell nach Hause, um meine Frau darüber zu informieren, dass ich am darauffolgenden Wochenende nicht zu Hause sein könnte, aß noch rasch und war nach dem Duschen wieder startklar zur endgültigen Abfahrt nach Rumänien.

Zweieinhalb Tage nichts anderes tun als fahren... Kein Abladen oder Aufladen, nur die Gegend ansehen - ich fand es herrlich! Das war einer der Gründe, weshalb ich Fernfahrer wurde. Die Sonne schien den ganzen Tag und ich hatte keinen Zeitdruck. Ich fuhr über Nickelsdorf/Hegyeshalom in Ungarn ein, bei Tatabanya wurde übernachtet. Am nächsten Tag ging es weiter durch Budapest, Kecskemét und Szeged nach Nadilac zur ungarisch-rumänischen Grenze. Dort ging ich zur Spedition Schenker übergab das CARNET TIR. Die Abfertigung dauerte ungefähr 3 Stunden, dann ging es weiter nach Arad. Die Stadt Arad war vor dem 2. Weltkrieg von tausenden Schwabendeutschen besiedelt, deshalb hatte ich schon des Öfteren davon gehört und es klang für mich nicht ganz so fremd. Rasthäuser für die Fernfahrer gab es keine in Rumänien, dafür aber kleine deutschsprachige Wirtshäuser mit sehr guter Kost, ähnlich dem Essen in Ungarn – zwar fett, aber sehr schmackhaft. Ungefähr um 20 Uhr blieb ich wieder zur Nächtigung stehen, hatte aber kein gutes Gefühl, weil ich irgendwo mitten in der „Pampa" zu stehen kam. Es gab in dieser Nacht aber keinerlei unliebsame Überraschungen.

Zeitig in der Früh ging es weiter nach Deva, Sibiu (Hermannstadt) und Pitești. Über die Karpaten führten Bergstraßen wie bei uns in Österreich, die gut zu befahren waren, wenn auch der Asphalt bei weitem nicht so gut war wie hier. Bei jeder Steigung drehten sich die Räder durch, als ob ich auf einer Schneefahrbahn unterwegs wäre. Diese Straßen waren so stark mit Öl und sonstigem Schmutz belegt, dass es beinahe ratsam gewesen wäre, Ketten anzulegen. An einen langen steilen Berg von ungefähr einem Kilometer Länge kann ich mich noch erinnern. Für diesen brauchte ich eine halbe Stunde, bis ich endlich oben war. Tröstlich war für mich, dass die Rumänen noch mehr als ich rutschten, weil deren Fahrzeuge nicht einmal eine Differentialsperre hatten. Nach den Karpaten wurde die Gegend dann flacher und es ging etwas schneller voran.

Als ich nun nach Pitești kam, war die Freude groß, dass ich die nächsten 100 Kilometer auf der Autobahn würde fahren können. Aber da ging es erst richtig los! Kaum 10 Minuten auf der Autobahn unterwegs - ich scherte gerade aus und wollte einen anderen Lastwagen überholen - kam mir auf der anderen Fahrspur ein Pferdefuhrwerk entgegen. Ich dachte, mir würde das Herz stehen bleiben, so erschrocken war ich. Mir waren noch die Worte eines Ungarn im Ohr, der auf der Grenze zu mir gesagt hatte, ich sollte bloß aufpassen in keinen Unfall verwickelt zu werden, als Ausländer wäre ich immer Schuld. Zum Glück ging das gut aus und ich fuhr vor Schreck gleich um einiges langsamer als ich durfte. Keine 20 Kilometer weiter sah ich eine ganze Herde Kühe im Mittelgrünstreifen grasen. Der Hirte stand auf der Überholspur, blieb seelenruhig stehen und sah keinerlei Anlass vielleicht zur Seite zu gehen. Etwa 30 Kilometer später hatten unmittelbar neben der Autobahn Zigeuner eine Wagenburg „gebaut". So etwas musste man gesehen haben. Die Wagen waren ganz bunt angestrichen und in einem großen Kreis aufgestellt. Innerhalb dieses Kreises waren die Frauen um einen großen Kessel versammelt, vermutlich beim Kochen und die Kinder liefen dazwischen herum. Neben der Autobahn grasten die Pferde ohne Aufsicht und auch hier war der Mittelgrünstreifen von grasenden Pferden besetzt. Entsprechend vorsichtig fuhr ich daran vorbei und war froh, dass alles gut verlief.

In Bukarest angekommen war ich sehr erstaunt, wie groß diese Stadt war. Das Messegelände war gut angeschrieben und ich war froh endlich dort zu sein. Der Messespediteur war Schenker Bukarest. Einer der zuständigen Herren informierte mich, dass erst am nächsten Tag abgeladen werden würde.

Das war mir egal, ich war einfach froh hier zu sein, zumal auch viele LKWs mit österreichischen und deutschen Kennzeichen warten mussten. Bei einem LKW standen ungefähr 10 Fahrer beisammen und ich stellte mich dazu. Es wurde, wie bei Fahrern so üblich, von der Arbeit gesprochen. Viele waren so wie ich das erste Mal in Rumänien und das Hauptthema waren natürlich die Erlebnisse auf der Autobahn, die ja auch die anderen hatten und genauso fassungslos darüber berichteten wie ich.

Einer der Fahrer aus Deutschland war schon des Öfteren hier auf der Messe und wusste ein gutes Restaurant. An die 15 Fahrer gingen gemeinsam dorthin. Das Restaurant war das größte und schönste das ich je in Rumänien gesehen hatte. Es waren Gäste aus allen europäischen Ländern anwesend. Die Rumänen, die anwesend waren, waren Betriebsleiter oder irgendwelche Parteileute. An diesem Abend wurden viele Erfahrungen ausgetauscht und Freundschaften geschlossen. Da ich noch nicht viel von Rumänien oder Bulgarien wusste, waren die Gespräch für mich sehr informativ und lehrreich.

Viele Tipps weiß ich nicht mehr, aber das Fahren auf der Freilandstraße in Dunkelheit, nur mit Standlicht, probierte ich während der Fahrt nach Hause aus. Da die Pferde und Eselfuhrwerke ohne Licht auf der Straße unterwegs waren, wäre es besser nur mit Standlicht zu fahren, wurde mir gesagt, weil die Konturen dann schon von weitem zu sehen wären. Wenn das Abblendlicht eingeschaltet ist, sieht man das Fuhrwerk erst im Lichtkegel und dann könnte es schon zu spät sein. Kommt einem ein motorisierter Gegenverkehr entgegen wird bis dieser vorbei ist, das Abblendlicht eben eingeschaltet. So hörte ich auch, dass es von Vorteil wäre, im Winter bei einer Zugmaschine mit drei Achsen, die mittlere Achse mit der nächstkleineren Dimension der Reifen zu bestücken. Dadurch würde mehr Gewicht auf die Triebachse kommen, was die Rutschgefahr verringern würde. So gab es immer wieder etwas Neues für mich.

Am nächsten Morgen wurden gleich um 8 Uhr die Plombe vom LKW und Aufleger entfernt, die Plane nach vorne geschoben und mit einem Kran die Maschine und die Kisten abgeladen. Zwei Stunden später war ich schon wieder auf dem Rückweg, für den ich dieselbe Strecke wie für die Hinfahrt nahm. Von Bukarest bis Piteşti begegneten mir wieder grasende Pferde, Esel und Rinder auf der Autobahn, aber jetzt war ich schon vorgewarnt und stellte meine Geschwindigkeit darauf ein. Nach Piteşti blieb ich bei einem Gasthaus stehen und machte Mittag.

Bei der Abfahrt nach der Pause sah ich im rechten Spiegel, dass auf dieser Seite eine Achse blockierte. Die Reifen legten einen Gummistrich auf den Asphalt hin und begannen schon zu rauchen. Sofort blieb ich stehen und erkannte das Malheur. Was ich schon lange befürchtet hatte, war nun fern der Heimat eingetreten. Das Radlager der mittleren Achse hatte sich verrieben und blockierte nun. Was sollte ich jetzt bloß machen???

Nach reiflicher Überlegung kam ich zu dem Entschluss, die Räder abzuschrauben und auf die Ladefläche zu legen. Da es die mittlere Achse war hoffte ich, diese würde so weit oben bleiben, dass die Federböcke nicht auf dem Boden streifen würden. Den Wagenheber herausgeholt und das Radkreuz dazu und schon lag ich unter dem Aufleger um die Achse anzuheben. Während des Abmontierens stieg wieder der Ärger über diesen Aufleger hoch. Nun war es mal nicht eine Reifenpanne sondern das Radlager, aber egal was defekt war, ich musste beinahe bei jeder Tour unter den Aufleger kriechen. Nach der Demontage der Reifen ging es wieder weiter. Das Fenster auf der Beifahrerseite leicht geöffnet fuhr ich angestrengt horchend ob die Federböcke auf die Straße schlagen oder streifen würden weiter. Allzu weit kam ich allerdings nicht – schon sprühten die Funken durch das wiederholte Schleifen auf dem Asphalt. Keine 20 Kilometer waren zurückgelegt und der Federbock wurde immer dünner. Nein, so ging das nicht – so konnte ich nicht nach Hause fahren.

Jetzt war guter Rat teuer! Seile oder Ketten hatte ich keine mit, es hätte vielleicht funktionieren können, wenn die mittlere Achse hochgebunden worden wäre. Nach langem Überlegen kam mir die Idee, die Spannketten an den Bordwänden abzumontieren und damit die Achse hochzubinden. Aber wie sollte ich die Ketten von der Bordwand herunterbekommen, die waren ja angeschweißt. In meiner privaten Werkzeugkiste hatte ich eine Beißzange und einen 2,5 kg schweren Hammer. Versuchen wollte ich es trotzdem - aber eine Beißzange gegen ein Kettenglied ist wie David gegen Goliath. Mit viel Ausdauer und Kraftanstrengung gelang es mir schlussendlich doch, alle sechs Ketten abzuschlagen. Mit dem Wagenheber hob ich die Achse so hoch es mir möglich war an und spannte die Ketten darunter. Die Enden verband ich mit Draht, den ich immer im Werkzeugkasten mitgeführt hatte. Ganz langsam und vorsichtig senkte ich den Wagenheber ab und siehe da - die Achse blieb in normaler Stellung hängen. „Hoffentlich, hoffentlich hält das bis Österreich die Achse oben", schickte ich einen Stoßseufzer nach „oben".

Beim Weiterfahren umfuhr ich alle Unebenheiten so gut es ging und drosselte das Tempo auf maximal 70 km/h. Es war eine harte Geduldsprobe - vorsichtig und langsam eine Strecke von zirka 800 Kilometer durch Rumänien und Ungarn zu fahren. In der Nacht fuhr ich sicherheitshalber nicht. Endlich in Österreich telefonierte ich mit Herrn Bürger der mich bat, so langsam weiterzufahren, weil auf der Strecke das Reparieren nicht so einfach gewesen wäre. Die Ketten hatten zwar mittlerweile etwas nachgegeben, aber der Federbock schleifte noch nicht am Boden und ich schaffte es tatsächlich bis in die Firma nach Pucking. Der Aufleger wurde sofort in die Halle zum Reparieren gestellt. Da kein Reserveaufleger vorhanden war, konnte ich erfreulicherweise den Rest der Woche gegen Bezahlung zu Hause bleiben und mich von diesem Nervenkitzel erholen.

Montags darauf musste ich zu Schwarzmüller nach Wels, um einen Leihaufleger holen. Anschließend wurde wieder eine Tour gemacht und am Donnerstag war mein Schwanenhals Aufleger (leider) schon wieder repariert. Alle Radlager waren neu eingefettet und man konnte hoffen, dass künftig kein Schaden an den Lagern anfallen würde.

Nun musste ich mit dem ungeliebten Aufleger weiterfahren. So vergingen die Wochen und ich musste alle Fahrten genauso wie die anderen Fahrer machen, nur hatte ich viel mehr Arbeit am Aufleger und zusätzlich zumindest einen wöchentlichen Reifenwechsel. Eines Tages bekam ich Micheline Reifen anstelle von Semperit Reifen. Das war für mich eine gewaltige Arbeitsersparnis, weil diese Reifen wesentlich besser waren und nicht mehr platzten. Trotzdem wäre ich froh über einen anderen Aufleger gewesen - aber es gab für mich keinen.

Ich bringe einen Freund in die Firma

In mein damaliges „Stammbeisl" Koglers Imbiss - unweit unserer Wohnung - kamen auch andere Fernfahrer sonntags zum Frühschoppen. Zwei Fahrer waren mir schon von Kindheit her bekannt. Der eine hieß Hubert der andere war Kurt. Eines Sonntags fragte mich Kurt ob ich vielleicht seinen Sohn bei Bürger unterbringen könnte. Er würde schon lange eine Firma suchen, aber ohne Fahrpraxis wollte ihn niemand aufnehmen. Seinen Sohn Richard kannte ich schon lange, er war einer unserer Jugendfreunde. Deshalb sagte ich zu Kurt, er solle seinen Sohn holen und ich würde mit ihm zu Bürger fahren. Ich war mir ganz sicher das Herr Bürger ihn als Fahrer aufnehmen würde, weil ich anbieten wollte, Richard mitzunehmen und ihn gewissenhaft anzulernen.

Um halb zwölf Uhr Mittag fuhren wir also gemeinsam nach Pucking und bereits um zwölf Uhr war Richard als Fahrer eingestellt. Herr Bürger genehmigte dass er mit mir fahren dürfte, wünschte uns eine gute Fahrt – und das war`s. Richard und sein Vater freuten sich riesig und versprachen mir, meine Frau und mich auf ein gepflegtes Mittagessen einzuladen. Dieses Mittagessen bekamen wir zwar nie, dafür acht Jahre hernach eine falsche und gemeine Nachrede von Kurt, davon aber später...

Aber nun zu der ersten Fahrt mit Richard. Montag um 6 Uhr wurden in der VÖEST bei Grobbleche geladen für Saind-Avold in Frankreich/Lothringen. Nach der Beladung wurden die Transportgenehmigungen für Deutschland und Frankreich in Pucking abgeholt, in Neuhaus/Schärding ein T1 eröffnet und über München, Stuttgart, Pforzheim bis zum Grenzübergang Kehl/Straßburg gefahren. Abends trafen wir dann im Zollhof ein. Dort übernachteten wir. Ab 8 Uhr wurden bei der Spedition Papiere für die Verzollung abgegeben. Der dortige Zolldeklarant hieß Robert und war ein echter „Franzose". Bei der Abgabe der Papiere musste immer ein 5 DM oder noch besser ein 10 DM-Schein zwischen die Papiere geraten - er nannte das „Abfertigungsbeschleunigung". Dieses Geld wurde von uns Fahrern selbst bezahlt, weil Herr Bürger meinte, wir müssten ja nicht so schnell über die Grenze. Er wusste aber ganz genau wie das lief, schließlich war er früher selbst jahrelang als Fernfahrer unterwegs.

Nach dem Übergeben der Papiere hatten wir Fahrer nichts mehr zu tun außer zu warten. Dieses Warten passierte meistens am Ende des Zollhofes in einem Café. Dort waren Fahrer aus allen europäischen Nationen vertreten, darunter auch viele Österreicher die ich bereits von unterwegs kannte. Oft traf ich dort Fahrer die auch in Bukarest auf der Messe waren, dann gab es natürlich viel zu erzählen. Zuvor wollte ich Richard über den Vorgang auf der Grenze genauestens unterrichten, aber er „wusste" schon alles, was ich stark bezweifelte, da er das erste Mal mit einem LKW über eine Grenze fuhr. Seine Kommentare auf alles was ich sagte waren: „Ja, das weiß ich schon… Ist ja logisch… So würde ich es nicht machen", usw. ... Kurzum – er wusste bereits alles besser als ich!

Schon bei der Beladung in der VÖEST fiel mir auf, dass er keinerlei Ladeinstruktionen annahm, er benahm sich so als hätte er schon hunderte LKWs beladen. Auch im Café übertrumpfte er alle Fahrer mit „seinem Wissen." Nichts, aber auch rein gar nichts, war für ihn Neuland, nicht einmal die Fahrt im Schnee, die er mit einem Fernzug garantiert noch nie gemacht haben konnte. Die anderen Kollegen fragten mich, wer denn dieser „Spezialist" sei. Nach meiner Erklärung, weshalb er mit mir fuhr, meinten alle anderen Fahrer kopfschüttelnd: „Hans, das hätte ich nicht gemacht." Ganz ehrlich gesagt, bereut hatte ich es bereits bei der Fahrt von Österreich nach Straßburg. Sein Fahren bis dahin war zwar gar nicht so schlecht – er hielt Abstand, blickte oft in den Rückspiegel und war konzentriert - aber mit dem Schalthebel und der Bremse war er auf „Kriegsfuß". Das Rattern beim Schalten in den unteren Gängen ging mir bis in das Knochenmark. Bei jedem längeren Berg rauchten die Bremsen meines Schwanenhals Aufliegers. Auf meine Anweisungen, bergab nicht so viel zu bremsen und auch mit der Motorstaubremse zu arbeiten, meinte er immer nur – das würde er doch machen. Was immer ich auch zu ihm sagte, ich hörte stets, er würde ja ohnedies alles machen, wie es sich gehörte.

Dieser großspurige Auftritt im Grenz-Café allerdings ließ bei mir das „Fass überlaufen". Wir gingen gemeinsam zum LKW zurück und dort konnte ich nicht mehr halten und ich sagte ihm sehr deutlich, was ich von seiner „Alles-besser-Wisser Art" hielt. Er war zwar einigermaßen beleidigt, aber dafür ruhig. Mann, das tat gut, eine Stunde lang nichts mehr von ihm zu hören. Mittags bekamen wir unsere Papiere von Robert zurück und konnten nach Saind-Avold abfahren. Durch Straßburg fuhr ich, weil er sich den Weg gut merken sollte, hernach ließ ich ihn wieder an das Steuer. Bei den Bergen auf der Autobahn sprang ihm der eingelegte Gang immer wieder raus. Zuerst vermutete ich insgeheim, er habe den Gang nicht ganz eingelegt. Als dasselbe nach einhundert Metern wieder passierte, wusste ich das musste am Getriebe liegen. Bei Saare-Union war es dann mit dem Schalten komplett vorbei. Bei einem Parkplatz wurde der Aufleger abgehängt und ich versuchte es mit der Zugmaschine bis zur nächsten Tankstelle zu schaffen. Ohne Aufleger hielt der Gang und ich kam bis zum nächsten Rasthaus, wo ich mit Bürger telefonierte. Nach der Schilderung des Problems, meinte er nur, „Versucht mit der Zugmaschine alleine nach Österreich zu kommen. Sollte es Schwierigkeiten geben, bitte melden." Es schien als hätte Herr Bürger schon länger mit einem Getriebeschaden gerechnet, weil er die Mitteilung erstaunlich ruhig zur Kenntnis nahm und sogleich wusste, welche Gänge heraussprangen. Also fuhren wir nach Hause. Richard ließ ich vorsichtshalber mit dem defekten Getriebe nicht mehr fahren. Mittwochabend waren wir in Pucking und der Mechaniker hatte mit dem Ausbau des Getriebes sofort begonnen.

Bis Freitag half ich in der Werkstätte dem Mechaniker, Samstagabend war der LKW wieder einsatzbereit. Den in Frankreich zurückgelassenen Aufleger musste ich nicht selbst abholen, ein anderer Kollege fuhr mit Richard. Dieser Kollege sollte von nun an auch für die weitere Einschulung von Richard zuständig sein. Das war mir sehr Recht und für mich selber galt ab nun der Grundsatz: Verbürge dich für niemanden, den du nicht beinahe so gut kennst, wie dich selbst, bloß um jemandem einen Gefallen zu tun.

Mein Schwanenhals-Aufleger in Frankreich wurde also von einem anderen Fahrer abgeholt und ich wurde angewiesen zur Firma Schwarzmüller zu fahren um dort einen Leihaufleger abzuholen und mit diesem weiterzufahren. So wurde ich meinen ungeliebten Aufleger auf diesem Wege nun doch endlich los. Herr Bürger war einverstanden, dass ich auch weiterhin mit dem Leihaufleger unterwegs sein konnte.

Der ganz normale Fernfahrer-Alltag nahm seinen Lauf. Abladen, laden, Import und Export - Woche für Woche vergingen. An den Wochenenden war ich immer zu Hause, während der Woche reichte es höchstens für einen kurzen Zwischenstopp. Wäsche wechseln, essen, meinen Lieben kurz „Hallo" sagen, das war's. Die Wochenenden selbst begannen häufig erst am Samstag gegen 15 Uhr. Jede Woche zwei Touren ins Ausland zu fahren, erforderte halt viel Zeit. Eine Tour von vielen möchte ich näher beschreiben, denn diese brannte sich in mein Gedächtnis ein.

In Polen verhaftet und eingesperrt

Am 15. Oktober 1976, einem Montag, war meine Ladestelle wieder einmal in der VÖEST bei der Grobblech-Verladung. Dort bekam ich 24 Tonnen Bleche für Orange in Südfrankreich aufgeladen. Dieses Orange liegt ungefähr 150 Kilometer vor Marseille am Mittelmeer. Von dort aus sollte ich leer weiter nach Mailand in Italien fahren, um eine Maschine für den Bergbau zu laden. Diese Maschine sollte anschließend von mir in Katowitz in Polen abgeladen werden. Herr Bürger meinte, dass ich am kommenden Wochenende nicht zu Hause sein können würde, aber es sei eine wunderschöne Tour und er würde diese Tour auch extra gut bezahlen. Ich war einverstanden und wir einigten uns über die Leerfahrt nach Mailand, denn ich wollte unbedingt über die Cote d`Azur fahren, weil ich mir dachte, in diese Gegend würde ich nicht so schnell wieder hinkommen. Die Fahrt nach Orange und die Entladung verliefen problemlos und routinemäßig, leer ging es dann weiter auf der Autobahn bis nach Marseille. Am Ende der Autobahn vor dem Hafen ging es durch ganz Marseille immer am Meer entlang Richtung Toulon, von dort weiter in Richtung St. Tropez - über die Berge bis Cannes. In Cannes fuhr ich auf der allseits bekannten Avenue direkt am Meer entlang - eine wunderschöne Strecke entlang einer Palmenallee. Die Sonne schien und die Aussicht war einfach traumhaft. Wenn ein Film von Cannes gezeigt wird, wird immer auch diese Avenue gezeigt. Zu Hause hatte ich mir extra dafür noch einen 36-er Film besorgt und machte natürlich eine Unmenge Fotos, um diese dann meiner Familie zeigen zu können.

Bei einer Autobushaltestelle blieb ich stehen und schnitt mir zwei Palmenzweige ab. Diese Zweige band ich mir vorne gekreuzt über die Kühlerfront, damit jeder sehen konnte, dass ich in einem südlichen Land unterwegs gewesen war. Diesen Brauch hatte ich mir von den Nahost-Fahrern abgeschaut, die damit allen zeigen wollten, dass sie gerade aus warmen Gefilden kamen. Von Cannes ging es weiter nach Nice, wo dann auch die Autobahn wieder begann. Es war ein wunderbares Gefühl diese Strecke zu fahren. Die wunderschöne Gegend an der Cote d`Azur hat mich total begeistert, überrascht war ich allerdings von den hohen Bergen.

Auf der Autobahn Richtung Italien kommt man an den Grenzübergang Ventimiglia. Kurz vor diesem Grenzübergang gab es einen extrem langen und steilen Autobahnabschnitt, wie ich ihn zuvor noch nicht gesehen bzw. befahren hatte. Dieser Abschnitt war berühmt-berüchtigt wegen der vielen fürchterlichen LKW-Unfälle, die sich hier schon ereignet hatten. Diese 7 bis 8 Kilometer bergab hatten viele LKW-Fahrer schon unterschätzt. Oftmals waren sie zu schnell unterwegs, mussten deswegen häufig bremsen, was zur Folge hatte, dass die Bremsen heiß und somit unbrauchbar wurden. Am Ende des langen Berges befand sich eine Rechtskurve und diese Kurve war ohne abzubremsen einfach nicht zu meistern. Da ich keine Ladung mitführte, war die Staubremse ausreichend für die Temporegulierung, aber mit Ladung durfte man hier keinesfalls schneller als maximal 40 km/h unterwegs sein.

Nun es war gut gegangen, ich war in „Bella Italia" und konnte das Meer bewundern. Auch die Riviera Ligure di Ponete war beeindruckend schön und die Sonne strahlte von einem blitzblauen Himmel. Entlang des Meeres ab der Stadt Imperia gab es unglaublich viele Tunnels und Brücken. Entweder man fuhr durch einen Tunnel oder überquerte eine Brücke. Ab Savona war zur linken Hand eine riesige Fläche, die mit Glashäusern verbaut war zu sehen. Die Sonne blitzte und spiegelte sich in den großen Flächen und es sah aus, als wären diese zu vielen tausenden Quadratmetern zusammengefügt. Bis Genua kam ich aus dem Staunen nicht heraus wegen dieser gewaltigen Menge an Glashäusern. In Genua zweigte ich ab und fuhr Richtung Mailand, wo sich ebenfalls links und rechts der Autobahn bis ungefähr Novi Ligure Glashaus an Glashaus reihte.

In Mailand angekommen befand sich meine Ladestelle praktischerweise gleich neben der Abfahrt San Donato Milanese. Die Maschine, die ich laden sollte, war bereits fertig, nur das nötige Kleinmaterial war noch nicht verpackt. Mir wurde gesagt, dass daher erst morgen verladen werden würde. Das konnte mir nur recht sein, denn so hatte ich noch Gelegenheit, mir ein wenig die

Stadt anzusehen. Also sattelte ich ab, fuhr in die Stadtmitte und bummelte ein wenig durch die alte, aber beeindruckend schöne Innenstadt. Mailand war auch damals bereits eine Weltstadt. Gegen Abend kam ich wieder zu meinem Aufleger auf das Firmengelände zurück. Dort plauderte ich noch eine Weile mit dem Verkäufer und ging mit ihm in eine nahegelegene Pizzeria zum Essen. Dieser Verkäufer sprach erfreulicherweise perfekt Deutsch und wir unterhielten uns prächtig über die verschiedensten Themen.

Am nächsten Morgen um 8 Uhr wurde die Maschine mitsamt dem Zubehör verladen, die Papiere und das CARNET TIR vom Zoll abgefertigt und um 16 Uhr war ich startklar. Nun ging es von Mailand nach Österreich. Über Bergamo am Südufer des Gardasees vorbei nach Verona, Padua, an Venedig vorbei bis Udine. Diese Strecke bestand nicht nur aus Autobahn, sondern auch aus etlichen hunderten Kilometern Bundesstraße. So kam ich auch durch Dörfer und Städte, bewunderte den unvergleichlichen italienischen Baustil, aber je näher ich an die Stadt Udine kam, desto mehr zerstörte Häuser sah ich. Da fiel mir ein, dass ja am 6. Mai 1976 hier ein schweres Erdbeben stattgefunden hatte, dessen Zentrum im Kanal-Tal gewesen war. Dieses Erdbeben war damals sogar bei uns zu Hause in Leonding/Hart zu spüren. Meine Frau und ich hatten uns damals sehr über einen plötzlichen Ruck, der durchs Haus gegangen war und das Schaukeln unserer Deckenlampe gewundert und hatten dann im Radio gehört, dass dies Ausläufer eines schrecklichen Erdbebens in Italien gewesen waren, bei dem es an die 1000 Tote gegeben hatte.

Je weiter ich in das Kanal-Tal hineinfuhr, desto mehr zerstörte Ortschaften fand ich vor. Es war immer noch schlimm anzuschauen, es gab sogar Ortschaften in denen nicht ein einziges Haus verschont geblieben war. Erschüttert blieb ich stehen und machte auch hier viele Aufnahmen. Teilweise war ich so betroffen, dass ich mich bremsen musste, um nicht den ganzen Film an Ort und

Stelle zu verknipsen. Nun hatte ich ja bereits viele Bilder von meiner bisherigen Route geschossen - von der Cot Azur bis in das Katastrophengebiet und dachte mir, dass diese Fotos wirklich beeindruckende Erinnerungen wären. Aber wieder einmal sollte es ganz anders kommen.

Die Straße nach Tarvisio führte immer den Fluss entlang und etliche Male musste man diesen überfahren. Es waren fast keine Brücken ohne Schaden geblieben oder es gab überhaupt nur Behelfsbrücken. Fünf Monate waren seit dem Erdbeben vergangen, aber von reparierten Häusern sah man noch immer nicht sehr viel. Dafür standen nach wie vor etliche Wohncontainer neben den zerstörten Häusern und sogar Zelte waren noch als Notunterkunft vorhanden. Nun stand schon fast der Winter vor der Tür und diese armen Menschen hatten noch immer kein festes Quartier.

In Tarvisio fuhr ich ohne Probleme nach Österreich ein, freut mich mal wieder die deutsche Sprache zu hören und genehmigte mir ein echtes, gutes Wienerschnitzel.

Von Tarvisio ging es auf der B70 nach Villach, Klagenfurt und über den Packsattel. Diesen mit einem LKW mit 240 PS zu überqueren war schon eine „Plage". Zum Glück hatten die anderen LKWs auch nicht viel mehr PS als mein braver, aber alter Daimler – so war ich wenigstens für die anderen keine Behinderung. Nach dem Packsattel ging es durch Graz in Richtung Wien. Der Wechsel wurde von meinem Daimler bravourös gemeistert. Vor Wiener Neustadt machte ich halt und übernachtete beim Autobahn-Rasthaus. Es war nun Freitagabend und ich musste mich beeilen, um noch vor dem Fahrverbot am Samstag über die Grenze in die Tschechoslowakei einreisen zu können. Daher stellte ich den Wecker so, dass ich bereits um 6 Uhr früh hinter dem Lenkrad saß zur Abfahrt in Richtung Wien, von dort weiter auf die B7 bis zum Grenzübergang Drasenhofen. Dort wurde mein CARNET TIR schnell abgefertigt und ich fuhr in das „Niemandsland" Richtung Tschechoslowakei.

Einige LKWs waren noch vor mir, aber ungefähr 2 Stunden später konnte ich in den Zollhof einfahren. Dort war es genauso wie bei den Ungarn, ein immens dicker Balken und zwei Soldaten mit MP`s nahmen mir den Pass ab. Nach der Führerhaus-Kontrolle des LKWs wurde der Aufleger genauestens kontrolliert, ob auch der Zollverschluss komplett eingefädelt wäre. Tatsächlich fand man etwas, das ich noch gar nicht gesehen hatte. Ganz oben in der linken Ecke der Plane, war ein Riss von knapp 10 cm. Mein Pass und das CARNET TIR wurden mir barsch zurückgegeben mit den Worten: „Plane kaputt, erst kommen wieder wenn ganz!" Es blieb mir nichts anderes übrig, als eine „Ehrenrunde" im Zollhof machen und dann stand ich wieder im „Niemandsland".

Was sollte ich nun machen??? In Österreich war bereits Fahrverbot, also konnte ich nicht mit dem ganzen LKW-Zug einreisen, um in Wien die Plane reparieren zu lassen. Ich entschloss mich im „Niemandsland" bis kurz vor die österreichische Grenze zu fahren und den diensthabenden Zollbeamten um Rat zu fragen. Dieser meinte, ich sollte am besten den Aufleger absatteln und könnte dann nach Wien zu einer Planen-Firma fahren. Mein Vorhaben war, ein Heißluftgerät und ein kleines Planenstück auszuleihen. Abgesattelt und nur mit der Zugmaschine fuhr ich also durch den österreichischen Zoll Richtung Wien. In Drasenhofen fiel mir ein, dass ich für solche Fälle doch ein kleines Planenstück im Werkzeugkasten haben müsste, was mir in der ersten Aufregung gar nicht eingefallen war. Aber wie sollte ich dieses Stück ohne Heißluft anschweißen? Installateur! Das war mein erster Gedanke – die verwenden ja eine Lötlampe mit Gas. Also suchte ich mir einen, aber dieser wollte mir die Lötlampe nicht leihen. Er meinte ich sollte es doch bei dem Dachdecker versuchen, dessen Firma am Anfang von Drasenhofen zu finden wäre.

Also fuhr ich dorthin und läutete bei der Privatglocke. Daraufhin kam eine sehr nette Frau heraus, der ich mein Problem erklärte. Sie hätten schon eine große Gasflasche mit Brenner zum Aufschmelzen der Dachpappe, meinte sie. Gegen einen Einsatz von ÖS 1000,-- wäre sie auch bereit, mir diese zu borgen. Das konnte ich durchaus nachvollziehen und hinterlegte das Geld gerne. Wieder zurück beim Aufleger, kletterte ich die Leiter hinauf und schweißte das Planenstück an, so gut ich es konnte. Einen Schönheitspreis hätte ich dafür sicherlich nicht bekommen, aber der Riss war zugeschweißt. Dankbar brachte ich die Gasflasche wieder zurück, sattelte wieder an und fuhr nochmals zum tschechischen Zoll. Dort war mittlerweile eine ganz andere Mannschaft im Dienst, die jetzige Kontrolle war nur oberflächlich und in kaum einer Stunde war ich zur Weiterfahrt nach Polen fertig. Wenn ich das vorher gewusst hätte, hätte ich mir viele Umstände ersparen können und ich ärgerte mich ein wenig über mich, weil mir das Warten auf eine neue Mannschaft auch einfallen hätte können. Dann wäre mir das Bitten und Betteln um die Gasflasche erspart geblieben. Nun, es war vorbei und es hätte ja auch bei der zweiten Kontrolle ebenso wie bei der ersten verlaufen könnten. Trotzdem - von diesem Tag an waren die Tschechen und Slowaken meine speziellen „Freunde".

Weiter ging es anschließend durch Brünn (Da fiel mir Peter Alexanders Liedtext ein: „... da hat mein Vater geholt aus Brünn, a echte Wienerin") und ich fand es spannend, dass auch ich jetzt da war. In Brünn war die Stadt Cesky-Tesin, wo ich über die Grenze nach Polen fahren sollte, bereits angeschrieben. Ungefähr 5 Stunden Fahrzeit brauchte man von Brünn nach Cesky-Tesin. Auf dieser Strecke durchfuhr ich viele Dörfer und fühlte mich plötzlich um Jahre zurückversetzt. Man konnte kaum glauben, dass hier dieselbe Jahreszahl wie bei uns geschrieben wurde. Alles sah ungemein ärmlich aus. Die Häuser waren verfallen aber bewohnt, schmutzig und schmierig, Dächer und Dachrinnen verrostet. Die Gasleitungen waren im Freien verlegt und von Rost übersäht. Aber nun ja, so war es halt damals in der „Volksrepublik".

In Cesky-Tesin angekommen war ich überrascht wie schnell ich die Grenze nach Polen hinter mir lassen konnte. Das polnische Zollamt war ungefähr 300 m weiter nach einer Brücke über den Grenzfluss. Auch in Polen ging es mit der Abfertigung schnell und problemlos. Es war nun bereits dunkel und ich hatte keine Eile, deshalb blieb ich bei einem Gasthaus am Rande der Grenzstadt Cieszyn stehen und machte meine wohlverdiente Ruhezeit. Beim Betreten der Gaststätte sah ich keine 20 m weit, weil es drinnen so verraucht war und es nur ganz schwaches Licht gab. Ich setzte mich an einen großen Tisch, an dem mehrere Polen saßen und bestellte mit dem Finger auf die Karte zeigend. Wenn ich auch keine Ahnung hatte, was ich da eigentlich bestellte, hoffte ich es würde schon genießbar sein, die Polen aßen das ja auch.

Da brachte der Wirt einen Mann zu mir der deutsch sprach. Er war schon ungefähr 60 Jahre alt und erklärte mir, er hätte noch die Besetzung unter Hitler erlebt, deshalb konnte er so gut Deutsch sprechen. Das war natürlich eine Interessante Sache, auch für die anderen einheimischen Gäste. Einer konnte mit dem Fremden reden, sofort wollten auch die anderen näher über mich Bescheid wissen. Auf Rückfrage erklärte ich ihnen dass ich Österreicher sei. Daraufhin wollten sie wissen, welche Autos man in Österreich derzeit fahren würde, wie hoch der Verdienst eines Arbeiters wäre, wie es bei uns mit dem Geheimdienst bestellt war und vieles andere mehr. Das Essen, das ich serviert bekam war eine polnische Bratwurst, die sehr gut gewürzt, aber auch sehr fett war. Das Bier schmeckte mir ausgezeichnet und der Preis war für unsere Verhältnisse damals lächerlich gering. Umgerechnet hatte ich für 4 Biere und die Bratwurst ÖS 15,-- bezahlt. Und so wurde es ein langer Abend - wir waren bis Mitternacht beisammen und nur das Abdrehen des Lichtes konnte die Gespräche beenden. Kaum im Auto war ich auch schon eingeschlafen – was bei der Menge Bier die ich getrunken hatte kein Wunder war.

Am Sonntag um 9 Uhr fuhr ich weiter nach Katowitz. Bei der Fahrt durch die Dörfer hatte ich den Eindruck, es würde den Polen besser gehen als den Tschechen und Slowaken. Die Straßen waren überraschend gut und teilweise sogar vierspurig ausgebaut. Die Häuser sahen bei weitem nicht so heruntergekommen aus und es war allgemein wesentlich sauberer. Die Verzollung erfolgte mitten in der Stadt Katowice. Dort waren das Bestimmungszollamt und die Spedition Schenker, die meine Ladung verzollen sollte. Auf dem Bahnhofsvorplatz konnte ich wunderbar parken und gleich gegenüber war ein Hotel, in dem ich mir für diese Nacht ein Zimmer mietete. Dieses Hotel war an sich für Ausländer und Geschäftsleute für unsere Verhältnisse gar nicht teuer. Eine Nacht mit Frühstück kostete ÖS 40,--. Nach etlichen Tagen konnte ich mich wieder einmal ausgiebig duschen und richtig essen. Es gab in diesem Hotel eine deutschsprachige Speisekarte und im Anhang an diese auch eine kleine Stadtbeschreibung mit Karte.

Nach dem Essen ging ich in der Stadt spazieren und besichtigte etliche Gebäude die in diesem Führer beschrieben worden waren. Der Einflussbereich der Deutschen war nicht zu leugnen, man sah dies an den Bauten und der Sauberkeit in den Straßen. Die Leute waren freundlich, viele konnten sogar Deutsch sprechen.

Am Montag um 8 Uhr war ich bei der Spedition Schenker und gab alle Zollpapiere ab. Der deutsch sprechende Zolldisponent sagte mir, dass ich ungefähr um 11 Uhr wieder kommen sollte, dann wäre die Verzollung vorbei. Das hatte wunderbar funktioniert und nun konnte ich zustellen. Ja, aber wohin??? Die Spedition, die Bürger den Auftrag gab sagte zu ihm, die Spedition Schenker in Katowitz hätte die genaue Abladeadresse. Diese wussten aber von nichts, so wurde hin und her telefoniert und nach weiteren zwei Stunden hatte ich endlich die genaue Adresse. Die Ladung musste nach Dabrowa-Gornicza in ein Stahlwerk, zirka 30 Kilometer von Katowitz entfernt.

Nach etlichem Nachfragen fand ich die Einfahrt in dieses Stahlwerk und war von seiner Größe überrascht. Es war bestimmt noch einmal so groß wie die VÖEST in Linz. Beim Pförtner wurde ich von einem jungen Arbeiter in einem PKW abgeholt, der mich zur Abladestelle lotste. Zum Abladen musste ich meinen LKW in einer großen, sehr gepflegten Wiese mit wunderschönen Blumenbeeten darin abstellen, da für den Kranwagen die befestigte Straße davor frei gehalten werden musste. Die Plane wurde nach vorne geschoben, dann musste ich auf das Eintreffen des Kranwagens warten. Wie ich den LKW so in der Wiese stehen sah - die dreifärbige Maschine auf dem Aufleger glänzte in der Sonne von Blumenbeeten links und rechts flankiert - da dachte ich mir, das wäre doch ein schönes Motiv, davon könnte ich schnell ein paar Fotos machen. Auf dem eingelegten Film von Frankreich über Italien bis hierher waren ja noch drei Bilder frei und diese machte ich nun von meinem Auto in der Blumenwiese.

Das aber hätte ich nicht tun sollen. Keine 15 Minuten später kamen zwei in langen Ledermänteln gekleidete Männer, verlangten barsch meinen Reisepass und den Fotoapparat, legten mir kurzerhand Handschellen an und führten mich ab. Mit einem Lada fuhren wir gleich außerhalb des Stahlwerkes in das Milizgebäude, wo ich umgehend in einer Zelle landete. Weshalb und warum ich verhaftet worden war, konnte ich mir anfangs überhaupt nicht erklären. Ein junger Mann der etwas englisch sprach, kam zu mir und gab mir in Englisch und mit „Händen und Füßen" zu verstehen, dass ich verbotenerweise fotografiert hatte. Man nahm daher an, ich wäre ein Spion und drohte mir an, mich vor Gericht zu stellen.

Für mich brach eine Welt zusammen und ich sah mich schon für lange Zeit im Gefängnis verschwinden. Meine Familie war alleine zu Hause, wer würde für Frau und Kind sorgen und die Miete bezahlen? Was sollte das bloß werden ging es mir ständig durch den Kopf. Ja, es war gedankenlos von mir und ich hätte das Fotografieren unterlassen sollen, aber auf den Gedanken, dass mir das als Spionage ausgelegt werden könnte, bin ich in meiner Naivität damals überhaupt nicht gekommen. Stunde um Stunde verging und ich war ganz alleine in der kahlen Zelle. Diese war zirka 2 x 3 m groß und nur ganz oben unter der Decke war ein kleines vergittertes Fenster. Draußen wurde es schon dunkel als ich Stimmen hörte und die Zellentür endlich aufgesperrt wurde. Einer der Beamten die mir die Handschellen angelegt hatte, kam herein und hielt mir meinen Fotoapparat vor die Nase. „Open, open", verlangte er immer wieder von mir.

Ich verstand schon was er wollte und versuchte es ihm zu zeigen, aber er gab den Apparat nicht aus der Hand. Meine Kodak Instamatik Kamera hatte rechts unten einen kleinen Druckknopf, mit dem man den Apparat öffnete und den Film entfernen oder einlegen konnte. Das begriff dieser Mann nicht, dolmetschen konnte ich ihm das leider auch nicht. Daraufhin wurde er sehr zornig und warf meinen Apparat wütend und mit voller Wucht vor mir auf den Boden. Die Teile flogen in der ganzen Zelle umher, der Film fiel heraus und sein Grinsen als er den Film aufhob, sagte mir genug. Dieser Mann hatte von Überbelichtung bestimmt noch nichts gehört.

Er schnappte sich den Film und verließ die Zelle. Bis 22 Uhr musste ich weiterhin alleine ausharren und wusste nicht, wie es weitergehen würde. Die Zeit dehnte sich endlos und in meinem

Kopf spielten sich bereits Horrorszenarien ab. Mir fielen Fälle ein, wo Gendarmen auf den Festgenommenen in der Zelle vergessen hatten und alle möglichen grässlichen Vorkommnisse. Aber kurz nach 22 Uhr erschien ein Beamter der Deutsch sprach, und mich über die weiteren Schritte der Miliz aufklärte. Der Film würde zur Entwicklung gebracht und anschließend würde der weitere Verlauf entschieden werden. Diesem Mann konnte ich nun erklären, weshalb ich den LKW fotografiert hatte und dass man wahrscheinlich keine Bilder mehr davon sehen würde, weil der Film durch das gewaltsame Öffnen der Kamera höchstwahrscheinlich überbelichtet war.

Der Dolmetscher ging mit dem Versprechen sich wieder bei mir zu melden, wenn der entwickelte Film eingetroffen wäre. Die Nacht wollte kein Ende nehmen und ich hatte das Gefühl die Zeit wäre stehen geblieben. Am nächsten Morgen kam der deutschsprechende Milizangehörige mit einem jener Männer wieder, die mich verhaftet hatten und erklärte mir knapp, dass ich als Spion eingestuft worden war. Die Entwicklung des Films hatte ergeben, dass die letzten 20 Bilder überbelichtet waren. Ich konnte gerade noch meine Fotos von der Französischen Cot Azur und vielleicht drei Bilder von Italien erkennen, alle anderen waren unbrauchbar. Man führte mich aus der Zelle, brachte mich in ein Büro, worin schon 4 Männer anwesend waren. Mein Dolmetscher erklärte mir, diese Herren wären von der örtlichen Gerichtsbehörde und würden nach meiner Befragung über mich urteilen. So gut ich es vermochte, versuchte ich alles ganz genau zu erklären. Bei manchen Übersetzungen blitzte ein Lächeln in den Gesichtern der „Richter" auf, das mir etwas Hoffnung gab. Nach etlichen Beratungen untereinander wurde das Urteil über mich gesprochen. Dieses lautete: Spionage könnte mir nicht nachgewiesen werden, aber die Kosten für die Entwicklung des Films sowie die Gerichtskosten hier müsste ich bezahlen. Dieses alles zusammen kostete mich 1.000,-- Zloty, die sie allerdings nicht im offiziell damals herrschenden Kurs wollten, sondern in der Umrechnung 1:1, das waren also ÖS 1.000,-- und ich könnte heimfahren. Mir fiel ein Stein vom Herzen! Ich hatte meine Freiheit wieder, musste nicht als Spion in das Gefängnis. Nach dem Bezahlen erhielt ich aber keinerlei Quittung oder sonstige Bescheinigung dafür. Auch wenn diese Leute das Geld untereinander aufteilen würden, was ich unschwer aus deren Grinsen schließen konnte, war es mir in diesem Augenblick egal, Hauptsache ich konnte hier endlich wieder raus.

Vom Dolmetscher wurde ich zum LKW in das Stahlwerk gefahren, dort war alles zur Abfahrt vorbereitet. Er verabschiedete mich mit der Bemerkung, ich würde von nun an nicht mehr alleine fahren! Vorerst war mir nicht ganz klar, was er damit meinen würde, aber kurz nach dem Stahlwerk bemerkte ich, dass ein schwarzer Lada immer im gleichen Abstand hinter mir herfuhr. Nun erkannte ich die Bedeutung seiner Worte - ich wurde beschattet und hatte bis zur Grenze in Cieszyn „Begleitschutz". An der Grenze brauchte ich gar nicht aussteigen, sondern wurde gleich weiterkomplimentiert. Endlich konnte ich Polen verlassen und nahm mir vor, nie mehr in dieses Land zu fahren – welch ein Irrglaube.

Die Fahrt durch die Tschechoslowakei verlief ohne Zwischenfälle. Einmal musste ich gezwungenermaßen übernachten, weil in Österreich der 26. Oktober ein Feiertag ist und da war natürlich Fahrverbot. Am 27. Oktober reiste ich über Wullowitz nach Österreich ein und mittags war ich wieder glücklich zurück in Pucking. Dort bekam ich meine Wochenlöhne. Diese fielen wie von Herr Bürger versprochen, tatsächlich etwas höher aus als sonst, aber nach Abzug der „Gerichtskosten" blieb unterm Strich auch nicht mehr übrig. Diese zwei Wochen aber werde ich mein Leben lang nicht vergessen - eine gemütliche Fahrt nach Frankreich, eine wunderbare Weiterfahrt nach Mailand und als Abschluss diese für mich dramatischen Tage in Polen.

Nun der Alltag ging weiter und die negativen Ereignisse in Polen verblassten schön langsam. Viele ganz „normale" Fahrten folgten und es gab über einen längeren Zeitraum keine ungewöhnlichen Erlebnisse. Mit der Bezahlung war ich auch sehr zufrieden. So lief alles gut, bis ein neuer Disponent eingestellt wurde.

Dieser junge Mann war sehr ehrgeizig und wollte Herrn Bürger zeigen, dass er das „Non plus Ultra" eines Disponenten war. Er brachte etliche neue Geschäfte mit, leider aber nur solche, die andere Frächter gar nicht machen wollten. Es gab nun Abladestellen und Einholer in Massen. Trotz dieser Mehrarbeit sollten die Touren zwei Mal pro Woche gefahren werden. Auf Beschwerden der Fahrer reagierte Herr Bürger vorerst überhaupt nicht.

Dieser Disponent und ich hatten gar keinen Draht zueinander und wir machten aus unserer Antipathie auch keinen Hehl. Das war sicherlich mit ein Grund, dass ich auch nicht gerade die besten Ladestellen bekam. Es war für mich schon fast zur Regel geworden, erst Samstag spät am Nachmittag von der Tour zurückzukommen. War ich dann Samstagnachmittag endlich zurück auf dem Firmenparkplatz, war ich froh und ziemlich erledigt. Sehr oft musste ich meinen LKW auf der Grenze stehen lassen, weil ich es nicht rechtzeitig schaffen konnte und in Österreich ab 15 Uhr bereits Fahrverbot war. Wie ich von der Grenze in Salzburg oder Neuhaus/Schärding nach Hause kommen würde, war meine Sache, wie ich Sonntag oder Montag dann wieder zu meinem LKW auf die Grenze zurückkommen würde, ebenfalls.

Im Jänner 1977 war wieder so ein Monat, in dem ich kaum vor 16 Uhr nach Pucking kam. Eines Freitags in der Früh wurden mir meine Ladestellen per Telefon angesagt. Ich sollte sieben Ladestellen im Umkreis von ungefähr 100 Kilometer anfahren und abends zum Abschluss noch die Spedition, um zu komplettieren. Das Ganze war im Siegerland rund um Hagen, von wo ich 10 Stunden zum Heimfahren brauchte. Auf mein Entsetzen über die Menge der Ladestellen am Freitagmittag sagte dieser Disponent glatt zu mir, „Fahre soweit bis du nicht mehr fahren darfst. Dann bleibst du halt stehen und am Sonntag ab 22 Uhr geht's wieder weiter, dann bist du Montag früh um 6 Uhr in Linz." „Jawohl, werde ich machen", sagte ich und wusste nun, dass dies die letzte Tour bei Bürger war. Ich war nicht mehr gewillt, mich weiter schikanieren zu lassen. Hatte zu Hause Frau und Kind und sollte nur weil es dem Disponenten Spaß machte, ein weiteres Wochenende in der Fremde verbringen?

„Nein, nicht mit mir", dachte ich und fuhr zur ersten Ladestelle. Den ganzen Tag aß ich nichts, um so schnell wie möglich alle Ladestellen zu erledigen. Gegen Abend war ich tatsächlich beim Spediteur in Hagen, wo der Aufleger komplettiert wurde. Die Ladeliste und die Zollpapiere bekam ich um 21 Uhr. Beim Warten auf die Versandpapiere „zeichnete" ich mir die notwendige Ruhezeit und dann ging es ab Richtung Heimat. Die Wut über den Disponenten und etliche starke Kaffees mit Cognac halfen mir die ganze Nacht und den Vormittag in einem Stück durchzufahren. Wenn ich nicht mehr konnte, legte ich mich für eine Stunde über das Lenkrad. So fuhr ich ohne Rücksicht auf Ruhezeit oder Pausen und traf gegen 10 Uhr in Neuhaus/Schärding ein. Der Grenzübergang verlief reibungslos, der Grenzpolizist schien – Gott sei's gedankt - zur Kontrolle keine Lust zu haben. Er beachtete die Tachografenscheibe gar nicht. In der Firma angekommen räumte ich meine Privatsachen vom LKW in meinen PKW um, ging zu Herrn Bürger, um mein wöchentliches Tourengeld zu holen und um ihm mitzuteilen, dass ich ab Montag sicher nicht mehr fahren würde. Der Disponent hatte Herr Bürger gesagt, dass ich erst am Montag von der Tour kommen würde, deshalb hatte er an diesem Tag kein Geld für mich. Nun musste ich doch noch einmal in die Firma fahren, aber ich hatte meine Meinung auch übers Wochenende nicht geändert. Nun - das war's dann bei Willy Bürger.

Wenn ich heute daran zurückdenke, war es einerseits eine schöne Zeit mit sehr gutem Verdienst – der etwa ein Vierfaches von dem eines Malers war. Dafür musste man aber auch oft die Zähne zusammenbeißen und bereit sein, täglich bis zu 18 Stunden Einsatzzeit auf sich zu nehmen. Jede Woche zwei Touren zu fahren, eine lange Tour mit zirka 2500 Kilometer und eine mittlere Tour die auch zwischen 1500 Kilometer und 1800 Kilometer haben konnte, mit nur 240 PS auf viel weniger Autobahnen als es heute gibt, hat allen Fahrern viele, viele durchgefahrene Nächte eingebracht. Es war ganz normal, fast jede Nacht, zwei oder dreimal jeweils eine oder maximal zwei Stunden sitzend über das Lenkrad gebeugt, zu schlafen. Sonst wäre es unmöglich gewesen, zwei Touren pro Woche zu fahren.

Wenn ich bei diesen Nachtfahrten müde wurde, empfand ich selbst die Musik aus dem Radio immer monotoner und einschläfernder. Grundsätzlich ist es mit Musik ja kurzweiliger und jeder stellt sich den Sender mit seiner Lieblingsmusik ein - der eine hat eine Vorliebe für Klassik, andere wiederrum hören gerne Schlager oder volkstümliche Musik, vielen gefällt am besten Country-Musik. Mir waren geistliche Lieder am liebsten. Wenn ich merkte, dass die Müdigkeit kam, schaltete ich das Radio aus und begann, selbst zu singen - glücklicherweise fuhr ich ja meist alleine. Allem voran eben geistliche Lieder, die ich als Kind gläubiger Eltern schon von frühester Jugend an kannte und schon oft gesungen hatte. Anfangs war es ein ganz normales Singen, aber je müder ich wurde, desto lauter wurde mein „Gesang", bis mich der Schlaf zu übermannen drohte. Selbst das Singen konnte mich dann nicht mehr wachhalten.

Erst dann blieb ich beim nächsten Parkplatz stehen und schlief im Sitzen für eine oder zwei Stunden über das Lenkrad gebeugt. Länger konnte man aufgrund der unbequemen Lage sowieso nicht schlafen. Manchmal kam es dann vor, dass in dieser Zeit vor mir ein LKW einparkte. Durch den Motorlärm jäh aus dem Schlaf gerissen sah ich plötzlich unmittelbar vor mir die Rücklichter eines anderen LKWs aufleuchten. Zu Tode erschrocken sprang ich dann auf die Bremse weil ich in meinem schlaftrunkenen Zustand glaubte, einem Sekundenschlaf erlegen zu sein und kurz vor einem Aufprall wäre. Es dauerte minutenlang bis sich mein rasendes Herz soweit beruhigt hatte, dass ich mich nach so einem „Kurzschlaf" wieder unter Kontrolle hatte und fit genug war, um weiterzufahren. Häufig lief ich dann noch einige Male rund um den LKW, wusch mir das Gesicht und weiter ging es. Meistens für ungefähr zwei Stunden, dann war wieder so ein „Lenkradschlaf" nötig. Damals konnte ich das machen ohne gesundheitlichen Schaden zu nehmen. Ich war ja noch jung, das Fernfahren gefiel mir, dazu kam auch noch, dass ich für die neue Wohnung Geld verdienen musste.

Das grundsätzliche Übel war, dass es zwar durchaus gesetzliche Regelungen gab was die Ruhezeiten betraf, jedoch jeder Chef inoffiziell von seinen Fahrern verlangte, diese nicht einzuhalten. Ein Fahrer der da nicht mitmachen wollte, konnte sich gleich mal wieder um eine andere Stelle umschauen. Offiziell hatte ein Chef so etwas natürlich niemals verlangt. Wenn ein Fahrer erwischt wurde, musste selbstverständlich dieser Gesetzesbrecher die Strafe zahlen. So hatte was die Einhaltung der Ruhezeiten mittels Aufzeichnungen der Tachografen auf den Tachoscheiben betraf, bald jeder Lenker seine eigene „Schummel"-Methode. Die meisten waren darin ziemlich gut, man hörte relativ selten von ertappten „Schummlern".

Nun bin ich wieder Inlandsfahrer

Nachdem ich meinen Lohn bei Bürger abgeholt hatte, genehmigte ich mir ein Bier in „Koglers Imbiss" und traf dort Hermann Lehner. Hermann war der Sohn eines Schottergrubenbesitzers und hatte sich als Frächter selbstständig gemacht. Wir kannten uns schon länger und er fragte ob ich denn in Urlaub wäre, weil ich im Imbiss saß. So erzählte ich ihm, weshalb ich nicht in der Arbeit war und er meinte, das träfe sich ja gut, er wäre gerade auf der Suche nach einem Fahrer.

Wir fuhren gemeinsam zu seinem Firmensitz in Pasching und besprachen die Arbeit und den Verdienst. Anschließend zeigte er mir den LKW und vereinbarte mit mir den Arbeitsbeginn. Der mir zugewiesene LKW war alles andere als neu. Ein ÖAF Kipper mit nur 230 PS ohne Schlafkabine und einem Dreiachsen Anhänger mit aufgesetzten Bordwänden.

In zwei Monaten sollte ein neuer Büssing-Anhängerzug kommen. Dieser wäre für Michael bestimmt und ich könnte dann Michaels Büssing, der zu diesem Zeitpunkt erst 6 Monate alt war, übernehmen. Die Fahrten waren: In die VÖEST Hochofenschlacke laden, von dort nach Kufstein in das Zementwerk, nach dem Abkippen Zement nach Oberösterreich oder Niederösterreich in die Lagerhäuser zustellen. Das war durchaus eine schöne Arbeit, aber mit dem alten LKW brauchte ich ungefähr zwei Stunden länger als meine Kollegen mit ihren 320 PS starken Büssing. Dazu kam noch, dass mit dieser Hochofenschlacke nicht nur die gesetzlich erlaubten 22,5 Tonnen geladen wurden, sondern mindestens 25 Tonnen. Bei jeder Fahrt über das kleine Deutsche Eck musste man Angst haben abgewogen zu werden. Den Durchfahrtsschein über das kleine Deutsche Eck durfte man nicht nach dem tatsächlichen Gewicht ausfüllen, sonst wäre die Überladung auf den ersten Blick ersichtlich gewesen. Von Anbeginn an hatte ich ein schlechtes Gewissen und fühlte mich nicht so richtig wohl bei diesen Grenzüberschreitungen. Hermann versicherte mir, sollte eines Tages etwas schief gehen, würde die Geldstrafe natürlich von ihm übernommen werden. Keiner ahnte, dass dies bereits in Kürze der Fall sein würde.

Da ich mit meinem LKW immer als letzter am Walser Berg ankam, wunderte ich mich, dass meine vier Kollegen noch auf dem Zollhof waren. Einer der deutschen Grenzpolizisten hatte die Idee, alle LKWs die nach Lofer fahren wollten über die Brückenwage zu lotsen. Meine Kollegen waren allesamt um 4000 kg zu schwer, ich nur um 2000 kg. Natürlich gab es Anzeigen und daraufhin ein Verbot über das „kleine Deutsche Eck" zu fahren. Alle mussten umdrehen und über Bischofshofen und Zell am See fahren. Das war mit meinem PS-schwachen, alten LKW eine „Weltreise".

Vom Walser Berg bis Kufstein war ich geschlagene 4 Stunden unterwegs. Natürlich kam ich bei der Rückladung und anschließender Entladung in Niederösterreich viel zu spät im Lagerhaus an. Dort wurde ich nicht mehr entladen, deshalb habe ich in einem nahegelegenen Gasthaus übernachtet in der Überzeugung, dass die Rechnung in der Höhe von ÖS 30,-- von Lehner Hermann bezahlt werden würde. Da aber täuschte ich mich gewaltig. Geld gab es keines, sondern Vorwürfe weil ich so spät angekommen war. Hermann meinte, es wäre meine Schuld, dass er nun eine ganze Tagestour verlieren würde. Ich glaubte, nicht richtig gehört zu haben. Das war ja doch wirklich kurios, mich für die von ihm ausdrücklich verlangte Überladung verantwortlich zu machen. Nein, das war keine Art die mir zusagte. Der versprochene LKW war zudem auch noch in weiter Ferne. So räumte ich den LKW mit der Bemerkung aus: „Hermann, das war`s" und fuhr nach Hause. Schade um diese drei Monate, in denen ich mich vom 10.01. bis 22.04.1977 mit dem alten Auto geplagt hatte.

Monate später hörte ich von Hermann in „Koglers Imbissstube" dass die Strafe für ihn ganz gewaltig ausgefallen sein sollte. Mein Mitleid hat sich in Grenzen gehalten.

Als Garagenzusteller im Österreichverkehr

In den OÖN wurden wie immer etliche Stellen als Kraftfahrer angeboten. Da meine Frau zu unserem zweiten Kind schwanger war und man ja nicht voraussagen konnte, ob diese Schwangerschaft nicht ebenso schwierig verlaufen würde wie die erste, wollte ich in dieser Zeit nicht im Fernverkehr tätig sein. So kam mir die freie Stelle bei der Firma Heinz Petter in Oftering sehr gelegen und ich sagte zu, am 25.04.1977 als Kraftfahrer für Kipper und Fertiggaragen-Zusteller tätig zu werden.

Diese Firma war für die Leitl Werke in Hörsching sozusagen der „Hausfrächter". Herr Petter war eigentlich ein bereits pensionierter Hofrat, der früher als Beamter angestellt gewesen war. Seine Firma gründete er vor 20 Jahren als Schotterfrächter - wie mir damals schien mehr als Hobby. Die Arbeit bestand in der Zulieferung von Sand und Schotter sowie Hüttenbims aus den VÖEST-Werken für das Betonwerk. Dieses Betonwerk erzeugte auch Fertiggaragen in zwei verschiedenen Größen. Diese Garagen zu den Kunden zu transportieren sollte hauptsächlich meine Arbeit werden. Die Fahrten mit dem Kipper-LKW würden bei Bedarf von einem mit Herrn Petter befreundeten Landwirt als Aushilfsfahrer erledigt, wenn ich gerade Garagen zustellen sollte.

Als LKW für die Zustellung der kleineren Garagen wurde ein Volvo F 88 Bj. 1968 mit einem Hydraulikaufbau und übergroßen Rädern verwendet. Mit diesem fuhr man rückwärts mit dem LKW in die Garage, befestigte an vier Eckpunkten die Hebehydraulik und hob die Garage ungefähr 30 cm an. Dann wurden mit Verstrebungen die vier Hebepunkte gesichert und die Garage war transportfertig. Die Produktion dieses Garagentyps war damals bereits im Auslaufen, aber in einem großen Freilager standen noch ungefähr 100 Stück.

Die etwas größere Garage wurde mit einem Hanomag-Henschel und einem ähnlichen System transportiert. Bei der Auslieferung dieser Type kam ich in Ober- und Niederösterreich in sehr viele große und kleine Ortschaften und lernte die beiden Bundesländer so sehr gut kennen. Die Arbeit fand ich durchaus interessant, aber es gab nicht so viel Arbeit, dass ich die versprochenen Überstunden leisten hätte können. So blieb das finanzielle Ziel leider unter den Erwartungen, die ich mir gesetzt hatte. Im Oktober kam unser Sohn zur Welt und in dieser Zeit war es natürlich wunderbar, dass ich mehr bei der Familie zu Hause sein konnte.

Im November - als das Wetter schlechter wurde und das Ausliefern der Garagen komplett eingestellt wurde, musste ich das Betonwerk mit Material versorgen. Da kam ich kaum auf mehr als 9 Arbeitsstunden pro Tag. Das merkte ich am meisten in der Lohnabrechnung im Dezember. In den vier Novemberwochen brachte ich es nur auf 170 Arbeitsstunden und das bei einem Stundenlohn der weniger war, als ich zu dieser Zeit als Maler verdient hätte. Abends zu Hause bei der Familie zu sein war sehr schön, aber das Geld wurde an allen Ecken und Enden zu knapp. Kurz vor Weihnachten hatte ich deswegen mit Herrn Petter eine Aussprache, in deren Verlauf ich auch kündigte. So richtig trauerte ich dieser Firma nicht nach, weil es mich oft nervte, wenn Herr Petter, der selber so gut wie gar nicht LKW fahren konnte, immer meinte mir Ratschläge zum korrekten Lenken von LKWs geben zu müssen. An einen Vorfall kann ich mich noch lebhaft erinnern, weil er mich heute noch zum Schmunzeln bringt. Herr Petter hatte einige Zeit bevor ich kündigte, das dringende Bedürfnis mir zu zeigen, wie man „richtig" mit dem Anhänger zur Abladegosse fahren sollte.

Ungefähr 30 Meter neben dem LKW stand ich und bekam die Anordnung genau aufzupassen. Herr Petter fuhr demonstrativ nahe an die Gosse heran. Der Anhänger kam ganz schräg zur Abladestelle zum Stehen, so konnte er nicht abgekippt werden. Von meinem „Beobachtungsposten" aus musste ich nun zusehen, wie er vor und wieder zurück reversierte und das so lange, bis der Anhänger dann zu guter Letzt über die Schuttgosse kippte. Der gesamte Anhänger mitsamt der Ladung Bims landete unten in der Gosse, sogar die Anhängerdeichsel wurde abgerissen. Da konnte ich mir die Frage dann einfach nicht verkneifen, ob meine Lernstunde hiermit zu Ende wäre und ich glaube, ich fuhr mit einem Grinsen im Gesicht den ganzen Weg nach Hause. Von den Werksarbeitern hörte ich am nächsten Tag, dass ein großer Kran angefordert worden war, der den Anhänger aus der Gosse heben musste. Ich hatte diesen Anhänger bis zu meinem Austreten bei der Firma Petter nie mehr gesehen und auch nicht gehört, was damit geworden war. Die „Lehrstunde" für mich sorgte auch im Kollegenkreis später noch oft für Gelächter, wenn davon die Rede war.

Als Inlandfahrer bei Schwarz in Scharten

Nach Weihnachten suchte ich mir also wieder eine neue Arbeit, sie sollte gut bezahlt sein und mir auch gefallen. In der Firma Schwarz Transporte in Scharten fand ich diese und begann am 15.01.1978 als Inlandsfahrer. Herr Schwarz war in einer großen Firma beschäftigt und brachte durch seine Beziehungen Arbeit für das Transportunternehmen mit. Meine Arbeit bei der Firma Schwarz war es, Blechrollen von der VÖEST Linz in die Steiermark zu transportieren, sowie Harnstoff aus der Chemie Linz nach Schwechat in die Raffinerie zu bringen. Das mir übergebene Auto war fast neu, eine Sattelzugmaschine DB 1632 mit 120 000 km und einem ebenso fast neuen Aufleger. Bereits bei meinem Vorstellungsgespräch war ich positiv überrascht wie nett das Ehepaar Schwarz mir gegenüber war.

Jeden Tag fuhr ich eine Ladung in die Steiermark oder nach Schwechat, meistens leer zurück, weil ich noch am selben Tag wieder laden sollte. Der Verdienst war sehr gut, ich fühlte mich wohl und meinte, bei dieser Firma würde ich lange bleiben. Aber wie das Leben halt ist, es kommt meistens anders als man denkt.

Eines Tages im März - drei Monate nach meinem Beginn – wurde ich in das Büro gerufen. „Was wird denn nun sein", dachte ich mir. Ich war mir keiner Verfehlung bewusst, dennoch hatte ich ein unangenehmes Gefühl – irgendwie ahnte ich Schlimmes. Das kam auch so. Meine Chefitäten eröffneten mir, dass sie nach langem Hin und Her beschlossen hatten, mit dem Transportgewerbe aufzuhören und deshalb müssten sie mir leider kündigen. Die am LKW befindliche Ladung sollte ich morgen noch abliefern und dann mit dem leeren LKW auf den Hof kommen. Bis zum Ende des Monats würde ich mein Geld bekommen, so als wäre ich gefahren. Auf mein Nachfragen hin, weshalb so schnell das Transportgewebe zurückgelegt würde, wurde mir gesagt, dass unser LKW Parkplatz in Kürze verkauft werden würde. So war mein Dienstverhältnis bedauerlicherweise rascher zu Ende als erwartet. Der Rest des Monats wurde korrekt wie versprochen bezahlt, obwohl ich keinen einzigen Kilometer mehr gefahren war. Das fand ich sehr großzügig und wenn ich zurückdenke, ist mir heute noch leid um diese Firma.

Nun bin ich wieder bei Bürger

Nun hatte ich Zeit auch mal untertags ein Bier in „Koglers Imbiss" zu genießen. Eines Tages kam Peter, denn ich auch schon viele Jahre kannte, in die Imbissstube. Von ihm wusste ich, dass er Speditionskaufmann gelernt hatte. Er fragte mich, wo ich den nun beschäftigt wäre, denn er sei bei Bürger Willy und es herrschte Fahrermangel. Das traf sich gut. Wenn Bürger auf mich nicht mehr böse wäre, würde ich gerne noch einmal in dieser Firma arbeiten. Wir sprachen über die Arbeit und kamen dabei auch auf den „Superdisponenten" zu sprechen. Peter lachte und sagte der wäre schon lange nicht mehr in der Firma. Er hatte sogar drei altgediente Fahrer mit seiner unüberlegten Disposition soweit gebracht, dass sie kündigen wollten. Da sprach Herr Bürger dann doch ein Machtwort. Er wollte nicht noch weitere Fahrer verlieren, nach einem intensiven Gespräch mit seinen Fahrern hatte er den Disponenten schlussendlich entlassen. Das Ganze erfolgte nur vier Wochen nach meinem Weggang. Peter und ich fuhren gemeinsam nach Pucking. Herr Bürger freute sich, mich zu sehen, ich wurde sofort wieder eingestellt.

Am 3. April 1978 war mein zweiter „erster" Arbeitstag bei Bürger. Mitfahren durfte ich mit Albert, der ein ganz lieber, netter Kollege war. Mit ihm zu fahren war wirklich eine Freude. Da gab es kein Murren oder Schimpfen über andere. Er war ein freundlicher Mensch und hatte für alle Fahrer Verständnis. Der LKW in dem wir unterwegs waren, war ein Französischer Berliet Sattelzug mit 280 PS, erst ein halbes Jahr alt. Dieses Auto war wunderbar zu lenken, im Führerhaus waren angenehmerweise kaum Motorgeräusche zu hören. Herr Bürger hatte vor einiger Zeit drei Berliet von Eisner gekauft, und bekam damals dafür als Gegengeschäft den regelmäßigen Import von Saviem LKWs aus Caen in Nordfrankreich, bis zu drei LKW-Ladungen pro Woche.

Dieser „Brummi" war schon leer, also konnten wir sofort in die VÖEST laden fahren. Laut meinen damaligen Aufzeichnungen wurden 2 Rollen Blech für Plettenberg geladen. Anschließend wurden bei Bürger im Lager 3 Paletten Garne zugeladen. Auf dem Weg zur Grenze sollten wir bei der Firma Hawle in Frankenmarkt noch 4 Tonnen Stahl laden, der aber aus irgendwelchen, mir nicht bekannten Gründen dann doch nicht geladen wurde.

Von Frankenmarkt ging es nach Neuhaus/Schärding. Aber Oje!! Wir durften nicht über die Grenze weil die Rote Karte – Deutsche Transportgenehmigung – für den Huckepack Verkehr bestimmt war. Disponent Peter schickte uns von Neuhaus nach Salzburg/Walserberg. Sollte dieser Versuch dort auch fehlschlagen, dann sollten wir uns bei ihm melden. Aber in Salzburg war der Grenzübertritt problemlos möglich. Nach der Verzollung der Ware ging es ab nach Hagen zur Spedition Wahlmann.

So eine Huckepackkarte wurde von der Behörde für bestimmte LKWs ausgestellt, die von einem Huckepack Bahnhof ab mit der Eisenbahn fahren sollten. Der nächstgelegene Bahnhof für uns war zu dieser Zeit der Frachtenbahnhof in München. Gültig war diese Karte nur dann, wenn das Telex mit der Bestätigung über die gebuchte Bahnfahrt vorgelegt werden konnte. Auf der Roten Karte stand klein „Huckepack" vermerkt, ansonsten sah diese Karte genauso aus wie eine unbeschränkte. Wenn der Zollbeamte nicht genau schaute, wurde diese Karte häufig nicht als Huckepackkarte erkannt.

Während der Fahrt erzählte mir Albert was sich in dem einem Jahr meiner Abwesenheit in der Firma Bürger alles getan hatte. So erfuhr ich haarklein, dass nach meinem Weggang auch die anderen Fahrer offensichtlich dieselben Probleme mit diesem Disponenten bekommen hatten, wie damals ich auch. Altgediente Fahrer wollten die Firma verlassen, weil er sie über die Wochenenden fortschicken wollte. Da das nicht ausgemacht gewesen war, wollte keiner fahren und sie machten einen regelrechten Boykott. Herr Bürger zog die Konsequenzen und schickte diesen Disponenten auf der Stelle heim. Das war auch der Grund weshalb Peter als Disponent bei Bürger eingestellt wurde.

Sehr überrascht war ich auch von dem raschen Wachsen der Firma. Als ich den Dienst vor 14 Monaten quittierte, hatte Bürger einen Fuhrpark mit 11 LKWs. Nun waren es bereits 17 LKWs. Durch das rasche Wachstum waren allerdings Engpässe mit der Roten Karte für Deutschland, den Genehmigungen für Holland, vor allem aber auch für Belgien und Frankreich entstanden.

Am Dienstag um 8 Uhr haben wir in Plettenberg abgeladen, die nächste Abladestelle war in Hagen, um 12 Uhr konnten wir uns leer zurückmelden. Peter hatte noch keine Ladung für uns. Wir warteten bis 14 Uhr, dann erhielten wir den Ladeauftrag bei Hösch in Dortmund 20 Tonnen Sensenstahl für Leitenberger in Traun zu laden. Mit dieser Ladung ging es nach Österreich zurück. Nach dem Biebelrieder Kreuz bei der Autobahnausfahrt Rüdenhausen hielten wir beim neu errichteten LOMO Autohof an. Das war ein Rasthaus für Fernfahrer mit Dieseltankstelle und großem LKW-Abstellplatz. Das Rasthaus war in einem gemütlichen „Wirtshausstil" eingerichtet und hatte eine hervorragend gutbürgerliche Küche. Dieser Autohof wurde Treffpunkt und Kommunikationszentrum für fast alle Österreichischen und Italienischen Fernfahrer. Man konnte kostenlos den LKW abstellen um darin zu übernachten und erfreulicherweise auch kostenlos duschen. Hier wurde so manche Ruhezeit im Gespräch mit den Kollegen „abgesessen". Zur damaligen Zeit hatte ich schon viele Fahrer gekannt, aber durch das LOMO-Rasthaus wurde der Bekanntenkreis mindestens verdoppelt.

Am Mittwoch in der Früh um 7 Uhr wurde in Neuhaus bei der Spedition Grenzservice der Stahl verzollt und um die Mittagszeit in Traun abgeladen. Am Nachmittag so gegen 15 Uhr luden wir in der VÖEST Linz 2 Rollen Blech für Bilstein in Hohenlimburg. Anschließend war es noch erforderlich in Pucking die Plane zu reparieren, aber um 17 Uhr war Feierabend und ich konnte zu Hause bei der Familie übernachten.

Donnerstag sollten wir in der Chemie zuladen, was aber wegen der großen Gewichtsüberschreitung dann doch nicht möglich war. Also konnten wir gleich nach Hohenlimburg losstarten.

Am Freitag um 6 Uhr wurde bei Bilstein abgeladen und nach Siegen zum Laden gefahren. Nach der Beladung von 3 Rollen verzinktem Blech ging es nach Siershan zur Bau-Keramik, wo noch 8 Paletten Fliesen zugeladen wurden. Mit 26 Tonnen Gesamtladung fuhren wir dann um 16 Uhr nach Hause. Am nächsten Tag um 7 Uhr wurde für die Ware Coliverschluss gemacht, das hieß jede Blechrolle wurde einzeln verplombt. Um 10 Uhr wurden in Pucking die 8 Paletten Baukeramik abgeladen und dann konnte der LKW über das Wochenende abgestellt werden.

In der folgenden Woche fuhren Albert und ich noch mal gemeinsam eine Tour nach Holland und Belgien. Ab Mittwoch trat Albert seinen schon lange geplanten Urlaub an und ich fuhr alleine weiter in die VÖEST. Dort lud ich 2 Rollen Blech für Clairaux sur Aube in Frankreich. Um 18 Uhr fuhr ich Richtung Grenze ab, eröffnete in Schärding/Neuhaus ein T1 und konnte nach durchgefahrener Nacht in Clairaux vormittags abladen. Die Importverzollung erledigte der Empfänger. Nach der Entladung wurde ich von Peter nach Caen geschickt um zwei Saviem LKW zu laden. Von der Abladestelle bis Caen waren es noch einmal 750 Kilometer. Spät in der Nacht kam ich an und fiel todmüde ins Bett. Am nächsten Morgen konnte ich im Saviem Werk um 7 Uhr Frühstücken, anschließend wurde geladen. Die ganze Nacht zum Samstag fuhr ich durch, war dann um 9:30 Uhr in Pucking und stellte den LKW ab. Albert blieb insgesamt zwei Wochen im Urlaub und ich fuhr in dieser Zeit so viele Kilometer wie noch nie zuvor. Jede

Woche ging es zwei Mal nach Holland, die Retourladung erhielt ich jeweils in Belgien.

Der LKW, der immer defekt war

Albert kam am 13. Mai zurück, am Tag darauf bekam ich einen eigenen LKW zugewiesen, eine Daimler Benz 1626 Sattelzugmaschine und einen alten gebrauchten Sattel. Dieser LKW brachte mir nur „Sorgen" obwohl anfangs die Freude groß war, nun ein eigenes Gespann zu haben. Die Zugmaschine war erst 4 Jahre alt, in Bürgers Farben neu gespritzt. Aber jede Woche war irgendetwas anderes kaputt. Am meisten störte mich, dass in diesem Auto kein Vorhang für die Schlafkabine angebracht war. Wenn ich im Bett lag - was ja selten vorkam – fand ich es sehr unangenehm, dass mir jeder beim Schlafen zusehen konnte. Bei einer Tour nach Frankreich - während der Wartezeit auf die Verzollung - ging ich in Straßburg auf die Suche nach einem passenden Vorhang. Es sollte aber keiner sein der nur das Bett abdeckte, sondern auch die Seitenscheiben und die Frontscheibe. Die Verkäuferin, die auch gleichzeitig die Chefin des Geschäftes war, meinte, es wäre eine Seltenheit, dass ein Mann so bestimmt sagen könnte, welchen Vorhang er gerne hätte.

Fünf Meter von einem ganz dicken, grünen Vorhangstoff, der zur Farbe des LKWs passte, sollten es sein, erklärte ich der Verkäuferin und auch wofür dieser sei. Wir redeten über die Aufhängung und sie bot mir an, ein Ende des Vorhanges umzunähen, damit ich einen Draht durchziehen könnte. Das war ein tolles Service fand ich, nahm das Angebot an und ließ mir auch eine Rechnung für den Vorhang ausstellen. Meine Überzeugung war zwar sehr gering, dass Bürger mir diese Rechnung bezahlen würde, aber siehe da, ich hatte mich geirrt - ohne lange nachzufragen wurde mir der Vorhang bezahlt. Dann besorgte ich mir noch in einem Eisenwarengeschäft einen biegsamen dicken Draht und befestigte diesen im Führerhaus. Ich fädelte den Vorhang ein und schon hatte ich eine uneinsichtige Fahrerkabine. Zur damaligen Zeit war ich einer von ganz wenigen, die das hatten. Erst viel später wurden die neuen LKWs mit einem Vorhang serienmäßig ausgestattet.

Mein erster Unfall

Aber nun zu meinem schlimmsten, leider selbstverschuldeten Erlebnis mit diesem Auto. Am 30. Juni 1978 nach der Beladung in der VÖEST bei „Grobblech" - 22 Kisten tellergroße Gasflaschenböden - musste ich in Pucking in die Werkstätte, weil der Motor einfach nicht auf Touren zu bringen war. In dieser Angelegenheit war ich bestimmt schon fünf Mal in den letzten zwei Wochen dort. Es wurde immer wieder irgendetwas vom Mechaniker herumgebastelt, aber den eigentlichen Fehler hatte man in der Werkstätte nicht gefunden. Diesmal wurde das Schauglas ausgewechselt und ich wurde auf Tour geschickt. Ich hoffte nun, dass diesmal die Werkstätte der Sache auf den Grund gegangen war und startete in Richtung Grenze. Bereits in Grieskirchen war das Problem nicht auf die erforderliche Drehzahl zu kommen, wieder da. Mal lief der Motor rund, dann wieder nicht. So hielt ich in Zell an der Pram bei einem Gasthaus an und rief in der Firma an. Offensichtlich hatte ich einen ganz schlechten Zeitpunkt erwischt, die gesamte Firmenleitung war bei einer Feier der Österreich-Rundfahrt, welche auch von Bürger mitgesponsert wurde. Peter konnte mir nur sagen, er würde den Mechaniker informieren und zu mir schicken. Das war um ungefähr 15 Uhr. Also wartete ich auf den Mechaniker, der erst um 18:30 Uhr eintraf. Dieser – so schien es mir - hatte mit den Radfahrern ein wenig zu viel alkoholische „Erfrischungen" zu sich genommen. Außer dem Werkzeugkasten hatte er nur zwei Stück Schaugläser mitgenommen. Er schraubte das Glas welches er erst zu Mittag erneuert hatte wieder ab, ein neues drauf und startete den Motor. Der Motor lief zwar und der Mechaniker meinte Führerhaus abkippen und abfahren. Das wollte ich nun gar nicht, war ich doch überzeugt, dass ein neuerlicher Schauglasaustausch das Problem nicht beheben würde.

So schlug ich dem Mechaniker vor gemeinsam auf ein Bier zu gehen, während wir den Motor auf 1500 Umdrehungen weiterlaufen lassen würden. Nach dieser Zeit würden wir ja sehen, ob noch alles in Ordnung wäre. Die Aussicht schien verlockend zu sein und wir bestellten uns ein Bier und Essigwurst. Die Essigwurst war noch nicht serviert, als der Motor bereits anfing unrund zu laufen und nach kurzer Zeit stillstand. Das störte uns während des Essens zwar noch nicht, aber dennoch überlegte ich laut, ob nicht vielleicht der Deckel der Filterbefestigung die Ursache sein könnte.

Der Mechaniker fand das einen Versuch Wert und meinte, er würde nach Hause fahren und einen neuen Deckel holen. Mittlerweile war es allerdings beinahe 21 Uhr und schon fast dunkel. Um Mitternacht kam er mit einem neuen Filterdeckel wieder, dieser wurde ausgetauscht und dann gestartet. Siehe da, auch nach einer halben Stunde lief der Motor tadellos. Nun kippte ich das Führerhaus ab und räumte wieder ein. Natürlich hatte ich durch die ganze Aktion viel Zeit verloren und da ich nun so spät wegfuhr, wollte ich über den Walserberg fahren, weil man dort auch in der Nacht verzollen konnte und wie ich vermutete, meine Huckepackkarte nicht so genau kontrolliert werden würde. Also ging es wieder zurück Richtung Wels und dann auf die A1 nach Salzburg. Keine halbe Stunde war ich unterwegs, als sich nun leider eine große Müdigkeit bei mir einstellte. An sich nicht wirklich ein Wunder, nach nahezu 24 Stunden ohne Schlaf. Leider wurde die Schläfrigkeit immer ärger und ich konnte meine Augen kaum mehr offen halten.

Auf der neuen Autobahn A 25, kurz nach Wels fasste ich den Entschluss stehenzubleiben, auch wenn ich dadurch riskieren würde zu spät zur Abladestelle zu kommen. Ich spürte, ich konnte einfach nicht mehr. Rückblickend kann ich es mir nicht anders erklären - noch während ich den Vorsatz fasste, war es offensichtlich bereits zu spät – mich übermannte der gefürchtete „Sekundenschlaf". Der LKW geriet unkontrolliert von der Fahrbahn ab, ich überfuhr den Pannenstreifen und schon ging es hinab über eine 3 m hohe Böschung. Die Steher eines Wildzaunes schlugen an die Vorderfront des Führerhauses und weckten mich auf. „Um Gottes Willen", fuhr ich zu Tode erschrocken auf, „ich bin im Graben!" Durch eine Linkslenkung wollte ich den LKW wieder zurück auf die Straße bringen. Mit der Zugmaschine und dem halben Auflieger schaffte ich das auch, aber das letzte Drittel des Aufliegers blieb in der steilen Böschung ruckartig hängen. Ein entsetzlicher Knall und ich habe zugeschaut wie auf der rechten Seite die Ladung in den Graben hinunterfiel. 10 Kisten der Ladung waren auf der Ladefläche verblieben, aber die anderen 12 Kisten lagen auf einem großen Haufen neben dem Auflieger im Graben. Die Kisten waren alle zerborsten und die tellergroßen Bleche lagen im Umkreis von 30 Metern verstreut. Ein LKW-Fahrer, der auf der Gegenfahrbahn unterwegs war, hatte alles mitangesehen, blieb stehen und erkundigte sich ob ich seine Hilfe benötigen würde. Ich bat ihn nur die Polizei zu verständigen, verletzt sei ich nicht.

Nach einer halben Stunde kam die Polizei und nahm den Unfall schriftlich auf. Telefonisch versuchten die Beamten meinen Chef zu erreichen. Da dieser nicht abhob, bat ich die Polizei einen Kranwagen aus Marchtrenk anzufordern. Nach abgeschlossener

Unfallaufnahme ließ mich die Polizei auf den Kranwagen alleine warten, der dann um 3 Uhr früh auch eintraf. Der Aufleger war schnell wieder auf die Straße gehoben worden und ich fuhr mit dem LKW nach Pucking zurück. Dort legte ich mich in das Bett und wollte endlich schlafen, aber meine Selbstvorwürfe ließen mich nicht zur Ruhe kommen. Ständig dachte ich daran, was mein Chef zu mir sagen würde und warum ich bloß nicht früher auf meinen Körper gehört hatte und zum Schlafen stehengeblieben war.

Um 8 Uhr kamen Bürger und Peter zu meinem verunfallten LKW und fragten ganz entsetzt, was denn geschehen wäre. Beginnend von der ersten Tour bis zum Unfall schilderte ich alles ganz genau und gestand auch, dass ich einfach eingeschlafen wäre. Seine Reaktion war für mich äußerst überraschend, denn er meinte nur: „Gut dass ihnen nichts passiert ist. Wir werden leere Gitterboxen auf den Aufleger stellen und ein paar Leute sollen bei der Einsammlung der Bleche helfen." So wurde es dann auch gemacht. Der Blechhaufen war allerdings nicht so schnell beseitigt. Wir waren zu dritt bei der Einsammlung und brauchten von Donnerstag 9 Uhr bis Freitag 16 Uhr um alles wieder einzusammeln. Anschließend brachte ich die gesamte Ladung wieder in die VÖEST. Meinen LKW stellte ich in Pucking in die Werkstätte und brachte die Plane zum Reparieren zu Endt nach Linz. Am Montag half ich in der Werkstätte die Bordwände reparieren und an der Zugmaschine wurde ein neuer Scheinwerfer montiert. Ab Mittag war mein LKW wieder komplett repariert und einsatzfähig.

Dieser Vorfall hat mir sehr zu denken gegeben. Wie oft hatte ich schon gehört, dass ein LKW-Fahrer einen „Sekundenschlaf" nicht überlebt hatte oder nur schwer verletzt geborgen werden konnte und ich hatte das Glück, komplett unverletzt geblieben zu sein! Als alles wieder im Lot war, schwor ich mir daher, nie mehr nur über dem Lenkrad meine Ruhepause zu machen. Wenn ich künftig die Müdigkeit spüren würde, würde ich mich gleich nach hinten in das Bett legen und den Wecker stellen. Sollte ich tatsächlich trotz Wecker einmal verschlafen, dann hätte mein Körper diesen Schlaf einfach gebraucht. Aus – Schluss – Basta! Diesen Vorsatz hielt ich bis zur Pensionierung auch wirklich ein.

Zu dieser Zeit überraschte mich mein jüngster Bruder Edgar mit der Mitteilung, er würde auch gerne Fernfahren, aber es wäre schwierig als Anfänger einen Job zu bekommen. Obwohl ich das alleine fahren sehr genoss, fragte ich bei Bürger nach, ob er ihn einstellen würde, wenn ich bereit wäre ihn mitzunehmen. So kam es, dass ab 20. Juli 1978 mein jüngster Bruder Edgar als Zweitfahrer mit mir unterwegs war. Er kam, wie viele andere Fahrer auch, aus dem Nahverkehr. In seiner vorherigen Firma war er des Öfteren mit Betonteilen unterwegs gewesen, dabei lernte er von Grund auf einen LKW richtig zu bedienen und das Fahren war für ihn überhaupt kein Problem.

Eines Tages hatten wir den Auftrag nach Dänemark auf die Insel Fyn zu fahren. In der Stadt Odense sollte eine komplette Ladung Stalleinrichtungen für Österreich geholt werden. Unsere letzte Exportabladestelle war in Kassel, von dort ging es leer nach Dänemark. Das Wetter war wunderbar und wir hatten keinen Zeitdruck. Als wir in Hamburg in den Elbtunnel einfahren wollten, wurden plötzlich alle Fahrspuren auf Rot geschaltet. Vor uns waren einige PKWs. Als alles stand hörten wir wie von hinten die Polizei mit Folgetonhorn heranfuhr und genau neben unserem LKW stehen blieb. Ein Polizist stieg aus dem Auto und kam direkt auf mich zu. Er meinte wir wären zu hoch für den Tunnel, er müsste den Aufleger abmessen. Ich konnte mir nicht vorstellen dass das stimmte, weil der Aufleger nur eine Gesamthöhe von 3,80 m hatte. Der Polizist brachte eine Stange mit einem Querbalken um nachzumessen und war erstaunt als tatsächlich nur besagte 3,80 m angezeigt wurden. Die Plane wäre etwas locker und er meinte, dass diese geflattert hätte, wir sollten also etwas langsamer durch den Tunnel fahren, damit die Höhenkontrolle nicht ausgelöst würde. Der Polizist verabschiedete sich höflich, wir fuhren weiter durch den Tunnel.

Im Rückspiegel sah ich eine lange vierspurige Kolonne hinter uns, die sich nach und nach bei der Fahrt durch den 6 Kilometer langen Tunnel wieder auflöste. Auf der Grenze in Flensburg wechselten wir, Edgar lenkte und ich hatte die Karte in der Hand. Beim Grenzübertritt sahen wir zwar das große Schild, dass in Dänemark die LKWs nur 70 km/h fahren dürften, nahmen das nicht so ernst und meinten etwas blauäugig, eine geringfügige Übertretung würde schon keine Tragödie sein. Edgar fuhr wie wir es gewohnt waren, zwischen 85 und 90 km/h. 50 Kilometer nach der Grenze wurden wir von der Polizei gestoppt und erhielten mit der Begründung einer permanenten Geschwindigkeitsüberschreitung eine Strafe von umgerechnet ÖS 600,--, aufgebrummt, die sofort zu bezahlen war. Da der Polizist unsere Tachoscheiben gar nicht angesehen hatte, wunderten wir uns sehr, wieso er so genau wusste, wie schnell wir unterwegs gewesen waren. Nach dem Bezahlen der Strafe, fragte ich woher er denn unsere Geschwindigkeit so genau gewusst hatte. Er deutete auf den Hubschrauber, den wir wohl gesehen, uns aber nichts dabei gedacht hatten und erklärte uns, dass dieser Hubschrauber über uns ständig die Zeit gemessen hatte, die wir von einem bis zum nächsten Markierungspunkt brauchten. Ergebnis - wir hatten die Zeit unterschritten, also waren wir zu schnell. Nun ja, es war zwar teuer, aber wir hatten wieder etwas dazugelernt. Abends kamen wir in Odense an, konnten uns die ganze Nacht ausruhen und am nächsten Tag um 10 Uhr nach der Beladung ging es wieder nach Österreich zurück.

Nach dieser Tour mussten wir den Sattelzug ausräumen, bekamen einen Hängerzug zugewiesen. Ich war froh diesen reparaturanfälligen LKW losgeworden zu sein. Der LKW wurde verkauft und der Aufleger an einen anderen LKW angehängt.

Den übernommenen Hängerzug kannte ich bereits sehr gut, es war der Linienzug für Stuttgart den der Kollege Peter gefahren hatte. Peter hatte einen ganz neuen Steyrer 1628 bekommen. Mit diesem Lkw fuhren Edgar und ich einige Wochen gemeinsam, bis Herr Bürger entschied, Edgar müsste nun mit einem anderen LKW mitfahren.

Edgar fuhr ungefähr 3 Monate mit Gerhard, dann wurde ein Auto frei und er bekam diesen LKW als erstes eigenes Auto zugewiesen. Bei einer Tour nach Paris wurde das Differential defekt. Der Mechaniker fuhr nach Paris und reparierte dieses auf der Straße. Als Edgar nach Pucking kam, beschuldigte Bürger ihn, er wäre an dem defekten Differential schuld gewesen, was Edgar entschieden von sich wies. Bürger ordnete an, dass er auf einen alten ÖAF- Sattelzug wechseln sollte. Dieser Sattelzug war schon an die 15 Jahre alt, komplett ausgeschunden und die Bremsen waren am ganzen Zug defekt. Edgar verweigerte mit so einem desolaten Wagen 26 Tonnen Bleche nach Weiz in der Steiermark zu fahren und das Arbeitsverhältnis wurde aufgelöst. So beendete er nach einen halben Jahr bei Bürger seine Arbeit und wechselte zu Gartner wo es ihm wesentlich besser gefiel und er noch viele Jahre als Fahrer beschäftigt war. Er erzählte mir, er weine der alten Firma keine Träne nach, weil es ihm bei Gartner in Lambach sehr gut gefallen würde.

Mit meinem Hängerzug hatte ich jetzt auch so etwas wie eine Linie und die sah folgendermaßen aus: Montags in der VÖEST Schamott von Nunkirchen abladen, anschließend für Hamond in Belgien verzinkte Bleche in Paketen laden. Montagmittags konnte ich schon nach Belgien abfahren, Dienstag wurde in Hamond bei Inalfa abgeladen, von dort weiter nach Antwerpen in den Hafen Elektrobleche aus Japan laden und am Mittwoch in Pucking wieder abladen. Abends konnte ich zu Hause schlafen und am Donnerstag wurde wieder in der VÖEST für Stuttgart oder Saarbrücken geladen. Freitags wiederum abladen in Nunkirchen im Saarland und dann wieder Schamott für Linz laden. Diese „Linie" fuhr ich ungefähr zwei Monate lang.

Streik der Frächter in Österreich

Eines Tages im September 1978 kam ich - von Deutschland kommend - in Neuhaus/Schärding zur Grenze. Erstaunt sah ich, dass hier bereits ungewöhnlich viele LKWs im Zollhof und auch bereits vor diesem standen. Ein Kollege kam gerade von den Speditionen zum LKW zurück und sagte mir, dass die Innbrücke ab der Mitte gesperrt war. Diese Sperre hatte ein Fahrer der Firma Bürger verursachen, weil ab heute gestreikt werden sollte. Der Streik war wegen der ungerechten Preisgestaltung beim Dieseltreibstoff und wäre schon lange zuvor angekündigt worden. Dennoch wusste ich nicht wirklich Bescheid, worum es bei diesem Streik eigentlich ging. So ging ich zur Spedition bei der ich verzollen sollte, rief in meiner Firma an und bekam die Info, ich sollte warten, bis noch die letzten vier LKWs unserer Firma eintreffen würden, dann würden wir alle abgeholt.

Aus dem Zollgebäude war ein ziemlicher Tumult zu hören Die bayerischen Grenzpolizisten hätten am liebsten einen Bergepanzer auffahren und alle drei querstehenden LKWs abschleppen lassen wollen. Die LKWs wären dann bis zur Bezahlung der angefallenen Kosten beschlagnahmt worden. Nun standen aber alle LKWs auf der Innbrücke auf österreichischem Hoheitsgebiet und daher konnte dieses Vorhaben nicht durchgeführt werden. Den Beginn der Blockade wollte ich natürlich unbedingt auch sehen und ging zu Fuß auf der Innbrücke vor zu den querstehenden LKWs. Auf bayrischer Seite waren ungefähr 5 LKWs und auch einige PKWs am Einreisen nach Österreich gehindert.

Der vorderste LKW war tatsächlich ein LKW der Firma Bürger, gelenkt von Karl. Dahinter standen noch zwei, deren Firmenzugehörigkeit ich aber nicht mehr weiß. Als ich mit den Fahrern reden wollte, fand ich bei den LKWs niemanden vor. Deutsche Fahrer die auch dort standen, erzählten mir, dass mein Firmenkollege in einen PKW eingestiegen wäre und weggefahren wurde. Gegen Abend kam Herr Bürger nach Schärding und meine Kollegen und ich wurden von ihm zum Gasthaus Leitner in Andorf gefahren. Dort saßen alle die mit der Blockade zu tun hatten, es gab ein aufgeregtes Durcheinander und wir warteten gemeinsam auf weitere Weisungen.

Karl berichtete uns, welcher Gefahr er sich nach dem Querstellen des LKWs ausgesetzt hatte. Die Fahrer die von Bayern kamen, gingen auf ihn los und wollten ihn mit Eisenstangen und Hammer zum Beenden der Blockade zwingen. Wenn der „Flucht-PKW" in den Karl sofort einsteigen konnte, nicht vorher organisiert gewesen wäre, wäre das Absperren nicht möglich gewesen. Parallel dazu erfuhren wir, dass der Grenzübergang Achleithen ebenfalls bestreikt wurde. Laut Rundfunkmeldungen hörten wir, dass nach und nach immer mehr Grenzübergänge blockiert worden waren. Um 20 Uhr kam die Meldung, dass nun alle LKW-tauglichen Übergänge gesperrt waren, und zwar nicht nur in Oberösterreich sondern im gesamten Bundesgebiet.

Alle in diesem Gasthaus anwesenden Fahrer schauten gespannt in den Fernseher, als in der Sendung „Zeit im Bild" die Filme und Berichte von etlichen blockierten Grenzübergängen gesendet wurden. Erst spät in der Nacht brachen wir auf und wurden nach Pucking zurückgebracht. Herr Bürger sagte uns, sobald es auf der Grenze wieder weitergehen würde, würden wir wieder zurück zu den Fahrzeugen gebracht werden. Aber wer Interesse hätte, könnte auch mit ihm am nächsten Tag nach Achleithen mitfahren, dort würde es um 10 Uhr eine Besichtigung vor Ort und ein Treffen mit mehreren Frächtern geben. Mir genügten die Berichte in den Medien und ich blieb lieber bei der Familie zu Hause, aber viele Fahrer wollten „live" dabei sein. Ob diese Blockade Erfolg hatte, weiß ich heute nicht mehr. Das Ganze wurde wegen irgendeiner Steuer, die eingeführt werden sollte veranstaltet, aber immerhin dauerte die Sperre von Mittwoch zirka 14 Uhr bis am Freitagabend.

An eine Folge kann ich mich aber noch gut erinnern und zwar, dass danach die Firma Bürger bei jedem Grenzübertritt genauestens überprüft wurde. Diese Schikane dauerte mindestens zwei Monate lang.

Bis Anfang Oktober transportierte ich dann sehr viele Ladungen aus der VÖEST nach Holland und Belgien. Meine Importladungen von Antwerpen und Lüttich bestanden meist aus Blechen. Diese Bleche aus Lüttich, im Auftrag von Schachinger durchgeführt, wurden teils in Schwanenstadt bei Reisinger Kronen Korke abgeladen oder zu Schachinger in das Lager geliefert. Auch die Firma Vogl & Noot in der Steiermark bekam sehr viele Lieferungen.

Ab Anfang Oktober hatte ich wieder eine Ladung in die Steiermark zu Vogl & Noot, als Herr Bürger mich in sein Büro rief. „Herr Müller", sagte er zu mir, „nach der Entladung fahren sie leer nach Budapest zur Firma Masped. Das ist eine Test-Tour, die im Auftrag von Schenker Amsterdam durchgeführt wird. Wenn alles klappt, bekommen Sie diese Linie von Budapest – Amsterdam - Rotterdam." Zum Mitnehmen bekam ich noch etliche Werbegeschenke mit Bürger-Aufdruck, ungefähr 10 Europa Straßenkarten zum Aufhängen, 10 Regenschirme sowie 2 Pakete der begehrten Bic-Kugelschreiber, mit dem Auftrag die Werbepräsente der Geschäftsführung in Budapest zu übergeben. Ich versprach mein Bestes zu tun und startete.

Nach der Entladung fuhr ich nach Nickelsdorf wo ein Teil der Geschenke auch einen nicht geplanten Abnehmer fand. Entweder würde er einen Regenschirm und Kugelschreiber geschenkt bekommen oder ich hätte diese Geschenke zu verzollen, sagte der Zollbeamte der mich kontrollierte. Also gab ich ihm was er wollte und konnte daraufhin ungehindert nach Budapest fahren. In Budapest angekommen, ging ich in das Masped Büro und übergab mit den besten Grüßen von meinem Chef die restlichen Werbegeschenke der Firma Bürger.

Von den Straßenkarten durfte auch ich mir eine behalten. Diese Karte habe ich immer noch zu Hause. Sie besitzt für mich persönlich auch heute noch einen gewissen Wert, weil alle ehemaligen europäischen kommunistischen Staaten darauf eingezeichnet sind.

Am nächsten Morgen wurde der LKW bei Masped beladen und zur Mittagszeit konnte ich abgefertigt mit einem CARNET TIR starten. Von der Geschäftsleitung in Budapest wurde ich über die geplante Linie informiert. Montags sollte ich in Zukunft im Maspedlager abladen und wieder laden. Eventuell in Budapest einen oder zwei Einholer machen, am Mittwoch in Amsterdam und in Rotterdam bei Schenker abladen, dann wieder in Amsterdam und Umgebung für Ungarn laden und am Freitag früh nach Österreich zurückfahren. Wenn ich die vorgegebenen Zeiten genauestens einhalten könnte, würde die Firma Bürger den Auftrag für diese Linie erhalten.

Nun ging es nach Österreich zurück mit dem Gefühl, eine wunderschöne Linie bekommen zu haben. Am Samstag gegen Mittag war ich in Pucking und berichtete Herrn Bürger über den Verlauf dieser Tour. Er lobte mich, meinte aber: „Hoffen wir, dass die Ungarn genug Sammelgut haben werden, damit wir jede Woche nach Holland fahren können."

Montag um 8 Uhr war Abfahrt nach Holland. Am Dienstag wurde wie besprochen in Rotterdam, dann in Amsterdam bei Schenker abgeladen. Dort bekam ich den LKW wieder mit Sammelgut für Budapest angefüllt. Der Zollbeamte in Amsterdam bei der Firma Schenker stellte mir das mitgebrachte CARNET TIR aus und ungefähr um 15 Uhr ging es zurück nach Österreich. Am Mittwochabend um 20 Uhr war ich wieder zurück in Pucking und konnte die Nacht zu Hause verbringen. Donnerstag fuhr ich morgens um 7 Uhr weiter nach Budapest und war um 16 Uhr bei Masped zur Entladung gestellt. Freitags wurde entladen und wieder beladen und um 11 Uhr ging es mit dem fertigem CARNET TIR wieder zurück nach Pucking. Bei der wöchentlichen Abrechnung mit Herrn Bürger war ich sehr positiv überrascht. Mir gefiel diese Linie und auch die finanzielle Seite sah sehr gut aus.

Insgesamt fuhr ich diese Linie vier Mal, beim fünften Mal gab es leider nur für den halben Zug Sammelgut. Deswegen wurde von der Geschäftsleitung der Masped mit Bürger vereinbart, nur jede zweite Woche zu laden. Das fand ich sehr schade, aber was sollte man machen. Nur mit der halben Beladung nach Holland zu fahren, wäre leider unrentabel gewesen. Also wurden die Ladungen von Ungarn auf mehrere Fahrer von Bürger verteilt. Trotzdem fuhr ich noch viele lange Touren und fühlte mich sehr wohl als Fernfahrer bei Bürger.

So wie die folgende Woche beschrieben ist, verliefen die meisten Touren (von meinen Aufzeichnungen aus dieser Zeit abgeschrieben):

Montag: Bei Schachinger Teppiche aus Kromenie in Holland abgeladen, weiter nach Wels - bei Knorr den Rest der Ladung zugestellt. Anschließend in Pucking und in der Firma eine neue Achse auf dem Anhänger montiert.

Dienstag: Nach Beendigung der Reparatur in der Nettingsdorfer Papierfabrik für Paris geladen. Ausfuhrabgefertigt im Nettingsdorfer Werk durch Sammelausfuhr, nach Schärding/Neuhaus T1 eröffnen, anschließend nach Straßburg gefahren. Bei Mannheim ein paar Stunden im Bett geschlafen.

Mittwoch: In Straßburg bei Robert verzollt, mittags Weiterfahrt nach Paris. Gegen 23 Uhr in Paris eingetroffen, Übernachtung.

Donnerstag: 8 Uhr abgeladen, leer nach Caen zu Saviem, dort zwei LKWs als Ladung übernommen für Eisner Linz. Beginn der Retourfahrt um 16 Uhr, in Reims abgestellt, Übernachtung.

Freitag: 5 Uhr Weiterfahrt nach Hause. In Pucking um 21 Uhr abgestellt.

Natürlich wurde bei dieser Tour – wie bei allen anderen – „gezeichnet." Mein System war anscheinend gar nicht so schlecht, es gab nie Probleme.

So vergingen die Wochen und der Winter kam heran. Der Winter ist in Fernfahrerkreise, eine absolut *„überflüssige"* Jahreszeit. Eine Begebenheit, weshalb auch ich der Meinung war, möchte ich nun schildern.

Am 7. Dezember 1978, einem Donnerstag, hatte ich in Linz bei der Champignon-Zucht abgeladen und in der VÖEST Grobbleche geladen. Da sehr viele LKWs bei der Ladestelle „Grobblech" waren, wurde es diesmal sehr spät am Abend. Die Ladung war für MAN in Gustavsburg bestimmt, somit auf der Grenze zu verzollen. Da aber nur bis 20 Uhr verzollt werden konnte, sollte ich nach dem Feiertag am 8. Dezember, also am Samstag die Ladung verzollen und den LKW in Neuhaus auf der deutschen Seite bis Sonntagabend abstellen.

In der Nacht von Freitag auf Samstag fiel starker Regen, durch einen Kälteeinbruch zuvor war aber der Boden bereits gefroren und im Nu war alles mit einer dicken Eisschicht überzogen. Als ich um 7 Uhr in die Firma nach Pucking fahren wollte, war die Straße spiegelglatt und ich getraute mich nicht mit dem PKW von zu Hause wegzufahren. Man konnte nicht einen Schritt machen ohne auszurutschen, deshalb entschloss ich mich meinen Chef anzurufen und ihm mittzuteilen ich würde heute nicht nach Schärding fahren, weil mir das bei diesem Glatteis zu gefährlich wäre.

Dieser reagierte sehr erbost und sagte, das würde Folgen haben und ich sollte mich gefälligst nicht wie ein Anfänger benehmen. Natürlich hatte ich fast mit so einer Reaktion des Chefs gerechnet, dachte aber, wenn ich mit dem LKW-Zug im Graben liegen würde, könnte ich mir anhören, ob ich denn keine Augen im Kopf hätte und müsste mir Vorwürfe gefallen lassen, warum ich denn bei so einer vereisten Fahrbahn fahren würde. Noch während er seine Schimpftirade über mich losließ, hörte ich im Hintergrund das zweite Telefon läuten. Der Chef unterbrach sich schroff und nahm das zweite Gespräch entgegen. Ich hörte mit, wie er entsetzt in die andere Leitung hineinrief „Nein, das darf doch nicht wahr sein!" Dann hatte er kommentarlos unser Gespräch beendet. Aha, dachte ich bei mir, hat ihm also auch noch ein anderer Fahrer dasselbe gesagt. Aber nein, es sollte sich herausstellen, dass es viel schlimmer gewesen und ein enormer Schaden entstanden war.

Stunden später – als gegen Mittag kein Glatteis mehr war, fuhr ich nach Pucking, um meinen Wochenlohn abzuholen. Schon von weitem konnte man am Ortsbeginn von Hasenufer Blaulicht und einen Kranwagen sehen. Der Kranwagen hob gerade einen Aufleger aus einer zirka fünf Meter tiefen Böschung herauf. Nein, ich traute meinen Augen nicht, es war ein Bürgeraufleger. Natürlich hielt ich sofort an um zu erfahren was da passiert war. Der Chef war ebenfalls dort. Als er mich sah sagte er zu mir: "Herr Müller, Sie haben recht gehabt, das Fahren ist wirklich um 8 Uhr unmöglich gewesen. Gut dass sie nicht gefahren sind, sonst hätten wir vermutlich jetzt zwei kaputte LKWs". Das war Musik in meinen Ohren, gestand er mir damit doch zu, dass ich vorausschauend und nicht wie ein Anfänger gehandelt hatte.

Der Fahrer des verunglückten Fahrzeuges war bekannt durch sein Motto, das lautete: „Es muss gehen!" Er versuchte immer der Beste und der Schnellste zu sein, deshalb blieb er nicht stehen sondern wollte wie immer schnell, schnell nach Hause. Da war es für ihn natürlich besonders bitter, dass er nur zwei Kilometer vor der Firma, sozusagen fast vor der Haustüre „umschmiss" und den LKW mitsamt der Ladung über eine Böschung legte. Der Aufleger war ziemlich kaputt und die Zugmaschine war rechts etwas eingedrückt. Ich hatte noch sehr deutlich in Erinnerung, wie man sich fühlte wenn so ein Malheur passierte. Schließlich war es ja noch gar nicht lange her, da hatte ich selbst mit einem Graben Bekanntschaft gemacht und aus dieser Erfahrung heraus wusste ich: Wer den Schaden hat, braucht nicht für den Spott der Kollegen zu sorgen. Aber glücklicherweise würde auch das bald vorbei gehen und in ein, zwei Wochen würde niemand mehr davon reden.

Mittlerweile wurde das Mehrparteienhaus in Traun fertiggestellt und unsere neue Wohnung konnte mit Mitte Dezember bezogen werden. Meinen Urlaub hatte ich schon lange vorher angekündigt und bewilligt bekommen. Nun wollte ich am Montag den 11. Dezember 1978 zu Hause bleiben, um bei den Vorbereitungen für den Umzug mitzuhelfen. Herr Bürger hatte das offenbar verdrängt und meinte plötzlich, das würde nicht gehen, er hätte jetzt keine Urlaubsvertretung. Ich war empört und meinte, das wäre aber jetzt wirklich nicht meine Angelegenheit, von mir aus könnte das Auto auch stehen bleiben. Nach langem Drängen willigte ich ein, erst am Mittwoch den 13. Dezember nach der Tour die ich schon geladen hatte, in Urlaub zu gehen. Aber leider hatte Herr Bürger weiterhin kein Verständnis, dass auch für andere mal etwas unaufschiebbar sein könnte und ich meine Frau mit den beiden kleinen Kindern, damals ein und drei Jahre alt, in dieser Situation nicht alleine lassen wollte. Am Mittwochabend eskalierte unsere Auseinandersetzung wegen des Urlaubes. Ich sagte ihm klipp und klar, dass wegen meines Umzuges einfach jetzt keine weitere Verschiebung mehr möglich wäre. Letztendlich war ich so verärgert, dass ich sagte, dann sollte er machen was er wollte, ich würde in meinen angekündigten Urlaub zu Hause bleiben.

Dann sekkierte er mich noch wegen dem ausständigen Lohn, da müsste ich am Freitag oder Samstag kommen. Daraufhin sagte ich ihm, dass mit mir nach meiner Übersiedelung überhaupt nicht mehr zu rechnen sein würde. Auf einmal war dann doch ein Fahrer da, der mit meinem LKW weiterfuhr. So blieb ich zu Hause bis der Umzug erledigt war und suchte mir eine neue Arbeitsstelle. Meine Motivation bei Bürger weiterzufahren war auf null gesunken – so gut es mir auch einmal gefallen hatte, es gab auch Dinge außerhalb der Firma, die mir wichtig waren.

Einige Wochen später hörte ich von den anderen Fahrern, dass sie nun auch in den Irak fahren müssten. Das wäre dann gar nichts für mich gewesen, als junger Familienvater wollte ich zumindest das Wochenende zu Hause verbringen können, also wäre ich spätestens dann auf der Suche nach einer neuen Firma gewesen. Etwa drei Jahre nach meinem Weggehen, wurde die Firma Bürger von der Spedition Transdanubia übernommen.

Als Garagen- und Öltankzusteller unterwegs

Ab 27. Dezember 1979 waren nun meine Familie und ich in Traun zu Hause und wir fühlten uns sehr wohl in der neuen Wohnung. Im neuen Jahr würde ich mir eine Arbeitsstelle suchen, dachte ich mir und machte zuerst mal bis Mitte Jänner 1979 Urlaub. Zu Hause gab es derzeit genug zu tun. Viele Kartons waren noch zum Ausräumen und der Inhalt gehörte noch in die verschiedenen Schränke aufgeteilt.

Am 16. Jänner 1979 läutete es an unserer Wohnungstür. Als ich öffnete stand Frau Tuba vor der Tür, die Sekretärin des Betriebsleiters vom Betonwerk in Hörsching. Sie kam mit einer Botschaft von Herrn Kirchschlager, der nachfragen ließ, ob ich Zeit hätte in die Leitl Werke zu kommen, er würde mich dringend als Garagenausfahrer brauchen. Man hatte sich bei der Suche nach einem Fahrer an meine Arbeit bei der Firma Petter erinnert und gemeint, ich wäre der beste Nachfolger des Fahrers, der in Pension gegangen war. Das traf sich gut, also fuhr ich gleich am nächsten Tag zu Herrn Kirchschlager hörte mir sein Angebot an und vereinbarte meinen Dienstbeginn für den darauffolgenden Montag, das war der 20. Jänner 1979.

In dieser Firma wurde ausschließlich auf Stundenlohn gefahren. Jede Überstunde wurde versteuert und korrekt ausbezahlt. Jeden Monat bekam ich einen Gehaltszettel mit der exakten Angabe der Überstunden und gesetzlichen Diäten. So einen Gehaltszettel hatte ich bisher bei keiner einzigen Firma bekommen. Somit war es auch das erste Mal, dass ich wirklich inklusive aller Überstunden versichert war und auch die Einzahlung in die Pensionskasse erfolgte korrekt.

Die ersten zwei Wochen wurde ich von Sigi, mit dem ich Garagen ausliefern sollte, im Umgang mit dem Hydraulik-LKW eingeschult und half mit bei den jährlichen betriebsinternen Fuhrparkrevisionen. Im Februar begann dann die Zustellung der Garagen. Das war eine zum Teil sehr heikle Arbeit. Mit der Hydraulik konnte man eine 12 Tonnen schwere Garage auf einen halben Zentimeter genau hinstellen oder verrücken. Wir fuhren keine drei Wochen mit den Garagen, als Herr Kirchschlager mich bat, einmal mit dem Kranwagen mitzufahren, um das Ausbaggern sowie Einsetzen von Beton-Öltanks zu lernen. Ein Fahrer hatte sich entschlossen nur noch im Betonwerk zu arbeiten, deshalb war die Stelle frei geworden.

Er versprach mir einen höheren Stundenlohn und ich willigte natürlich ein. Auf diesem Fahrzeug – ein LKW mit einem überschweren Kranaufbau - saß der Kollege Ferry - ein Mann von ungefähr 59 Jahren – der mich anlernen sollte. Als ich mit ihm zum ersten Kunden fuhr meinte er: „Ich werde diese Woche mit dem LKW fahren und du wirst baggern." Mir war das natürlich egal, Ferry startete also den Kranwagen und fuhr aus dem Werk mit einem 6000-Liter-Tank.

Nach einem Kilometer schon war mir die Fahrweise von meinem neuen Kollegen nicht ganz geheuer – der Motor wurde bei fast jeder Kurve abgewürgt, weil Ferry keinen kleineren Gang einlegte. Auf meine Frage weshalb er nicht schalten würde, meinte er es sei ihm gesagt worden, der Motor wäre für niedertouriges Fahren gebaut und man würde auf diese Weise Sprit sparen. Nach einer halben Stunde konnte ich diesen Fahrstil nicht mehr ertragen und bat Ferry, mich hinter das Lenkrad zu lassen. Dieser willigte ohne weiteres ein und ich fuhr die restliche Strecke zum Kunden. Das Auto war ein MAN 2628 Dreiachser und hatte erst 40 000 km. Er ließ sich wunderbar schalten und fahren.

Als wir dann beim Kunden rückwärts mit einem seitlichen Abstand von jeweils nur 20 cm einfahren mussten und ich in einem Zug zurücksetzte, war er total erstaunt und meinte grinsend: „Na gut, dann brauch ich dir nur das Ausbaggern lernen, das Fahren kannst du ja!" Er setzte sich in den Kranstand, ich stellte mich daneben und so lernte ich, wofür welcher Hebel zuständig war. Nach einer Stunde haben wir die Positionen gewechselt und ich machte mich mit allem vertraut. Was beim Zuschauen sehr leicht aussah, war in Wirklichkeit gar nicht so einfach, nämlich auf Anhieb den richtigen Hebel zu betätigen. Die Baggerschaufel hatte ich zwar nie unversehens geöffnet, aber die Drehrichtung des Kranes führte anfangs häufig ein Eigenleben und so manches Mal ging es nicht in die gewünschte Richtung. Nach dem Einsetzen des Öltanks gelang mir beim Zuschütten die Kranführung aber gar nicht mal so schlecht. Insgesamt brauchten wir etwa zwei Stunden bis der Tank eingegraben war und dann fuhren wir in das Werk zurück. Da wir noch einen Kunden zu beliefern hatten, meinte Ferry: „Fahr du, bei dir geht das schneller als bei mir." Mit diesem Öltank mussten wir ins Mühlviertel. Dort gibt es sehr viel Granit und der Humusboden ist nicht gerade sehr dick. Es war sehr schwer zu baggern, aber mir gefiel es, stellte ich doch überrascht fest, dass mit dieser Baggerschaufel Felsbrocken bis zu einem Durchmesser von 1 m herausgebaggert werden konnten. Diese besondere Technik machte mir Spaß und in kürzester Zeit beherrschte ich sie auch ganz gut.

Ferry und ich hatten bereits gemeinsam ungefähr 10 Öltanks ausgefahren, als ihm ein schlimmes Malheur passierte. Es hatte geregnet und alles war rutschig, Ferry wollte auf den Bagger klettern, rutschte in halber Höhe aus, fiel auf den Boden und brach sich das Schlüsselbein. Da unsere Baustelle in Salzburg war, brachte ihn die Rettung in das dortige Unfallkrankenhaus. Es blieb mir nichts anderes übrig, als alles alleine zu bewerkstelligen. Am nächsten Tag wurde ich zu Herrn Kirchschlager gerufen und sollte über den Unfallhergang berichten. Er zeigte sich sehr zufrieden, weil ich die Baustelle alleine fertig gemacht hatte und wir nicht mehr hinfahren mussten.

Als Ersatz für Ferry wurde nun Sigi, der gerade keine Garagen zum Ausfahren hatte, mitgeschickt. Mit ihm war es eine ganz andere Arbeitsweise als mit Ferry. Sigi konnte LKW fahren und noch viel besser baggern. Es war eine Freude ihm beim Baggern zuzuschauen. Der Umgang mit den Hebeln schien bei ihm in Fleisch und Blut übergegangen zu sein. Als wir wieder in die Firma kamen, wunderten sich alle über unsere Schnelligkeit. Herr Kirchschlager bestimmte, dass wir von nun an immer zusammen fahren sollten. Das war der Startschuss für eine Zusammenarbeit wie ich sie bisher noch nicht erlebt hatte. In Summe gruben wir gemeinsam in der Woche um zwei Öltanks mehr ein als die Fahrer vor uns. Wir fuhren von Vorarlberg bis in das Burgenland und mussten auch ein bis zwei Mal in der Woche auswärts übernachten, meistens in Pensionen – hin und wieder aber auch gleich direkt beim jeweiligen Kunden. Die Arbeit gefiel uns beiden sehr gut und der Verdienst war ausgezeichnet.

1979 wurden die Firmen Garagen und Tank Bau Hörsching mit Haase Tank in Seewalchen fusioniert und wir mussten nun auch Haase Tanks einbauen. Aufgrund der Revolution im Iran wurden die Tankverkäufe leider immer weniger. Das Öl wurde teurer, so konnten Haase- und Leitl-Tanks zusammen gerade unsere Vollauslastung gewährleisten.

Bei der Firmenweihnachtsfeier im Dezember 1979 wurden wir von der Betriebsleitung vom Arbeiter zum Angestellten „befördert". Für damalige Zeiten war das außergewöhnlich und wir waren stolz, dass unsere Leistung in dieser Weise anerkannt wurde. Sigi und ich mussten uns gegenseitig keine Arbeit anschaffen, jeder wusste was er zu tun hatte. Wir setzten und baggerten in einer Woche bis zu 15 Öltanks unter die Erde.

Unser Kran auf dem LKW wurde jeden Tag beim Baggern voll belastet, welches natürlich negative Auswirkungen auf die Haltbarkeit hatte. Mitte 1980 fing es mit den ersten Funktionsproblemen an. Die Ölschläuche platzten, Hydraulikzylinder wurden undicht und alle Ölventile mussten ausgewechselt werden. Eines Tages wurde sogar während des Arbeitens der Drehturm aus der Verankerung gerissen und es wurde erforderlich, ihn zu verstärken. Somit war der LKW zwei Wochen in der Werkstatt und der Chef war über die neuerlichen, diesmal sehr hohen Reparaturkosten alles andere als glücklich. Nach wie vor ging die Tankverkaufsmenge immer weiter zurück. Im April ging ein Kollege in Pension, Sigi musste sein Garagenauto übernehmen und mir wurde ein neuer Kollege zugeteilt, den ich einschulen musste. Ab Oktober 1980 waren nur noch ungefähr fünf Tanks in der Woche auszuliefern.

Das war natürlich eine schlechte Zeit für uns Fahrer. Wenn nichts auszuliefern war, sollten wir uns selber im Betonwerk beschäftigen, womit war egal, man sollte uns nur nicht unnütz herumstehen sehen. So begann ich als gelernter Maler den LKW mit neuen Farbe zu versehen. Andy der zweite Fahrer erzeugte als gelernter Zimmermann kurze und lange Leitern für das Betonwerk. Gegen Ende des Jahres 1980 hatten wir so gut wie keine Tankauslieferung und alle Reparaturarbeiten waren beendet. Was mich am schlimmsten traf, war, das der Verdienst natürlich auch um mehr als ein Drittel weniger wurde. Es gab keine einzige Überstunde und logischerweise auch keine Tagesdiäten. In der Garagen- oder Tankproduktion war für uns Fahrer kein Arbeitsplatz frei, alle Stellen waren ja besetzt.

Schlussendlich blieb mir nichts anderes übrig und ich musste mich ab Februar 1981 mit dem Gedanken an einen Firmenwechsel auseinandersetzen. Dieser Gedanke wurde immer drängender, da auch der Kauf eines anderen PKWs für mich notwendig wurde, da der 10 Jahre alte PKW den ich damals fuhr, einer Überprüfung wahrscheinlich nicht mehr Stand halten würde können. Also begann ich in der Zeitung wieder nach einem Job zu suchen. Was ich eigentlich machen wollte, war mir noch nicht ganz klar. Meine Frau und ich wurden uns einig, dass es vermutlich doch am besten wäre, wieder Fernzufahren. Die neue Wohnung kostete im Monat fast so viel wie ich damals verdiente.

Bei der Überlegung in welcher Firma ich mich als Fahrer bewerben sollte, viel meine Wahl auf die Spedition Schneckenreither in Ansfelden. Dort wurde ich vom Prokurist sofort aufgenommen und der Beginn meiner Arbeit auf den 1. Juni 1981 fixiert.

Am 14. Mai 1981 kündigte ich bei Herrn Kirchschlager. Dieser bedauerte meine Kündigung, hatte aber Verständnis für mich.

Wieder im Auslandverkehr

Am 1. Juni 1981 um 6 Uhr früh wurde ich mit Kuno, dem ehemaligen Arbeitskollegen bei Bürger, mit einem Hängerzug in die VÖEST zur Beladung geschickt. Diese Ladung wurde in Ansfelden wieder abgeladen, anschließend fuhren wir nach Mauthausen in das Holzwerk Salfinger um für Zandam in Holland zu laden. Abends um 22 Uhr wurde in Schärding/Neuhaus ein T1 eröffnet und wir fuhren abwechselnd durch bis Holland, wo nach der Verzollung in Holland abgeladen wurde. Weiter ging es nach Hilden zur Spedition Ressele. Mit der neuen Teilladung - 3,5 Tonnen Sammelgut - ging es anschließend nach Neuss. Mit Stabstahl von Schmolz und Bikenbach wurde die Ladung komplettiert. Nach der Ruhezeit fuhr Kuno um 1:30 Uhr ab und ich übernahm bei der Raststation Fernthal das Lenkrad. Mittwoch um 14 Uhr waren wir in Ansfelden und ich konnte nach Hause fahren. Donnerstag um zirka 14 Uhr sollte ich mich wieder melden und würde dann erfahren, mit wem ich das nächste Mal mitfahren sollte.

Donnerstag um 18 Uhr stieg ich zu Franz in den LKW als Beifahrer für diese Tour. Dieser LKW war ein Volvo F 89 Intercooler mit 380 PS, zur damaligen Zeit einer der stärksten Lastwägen im Fernverkehr. Franz hatte Holz für Lübeck geladen. Diese Nacht wurde wieder durchgefahren. Vom Grenzübergang Achleithen bis zur LOMO Guxhagen fuhr ich, Franz dann bis Lübeck. Gegen Mittag wurde am Freitag in Lübeck abgeladen, anschließend fuhren wir leer nach Salzgitter zur Maxhütte und luden zwei Rollen Blech für Welser in Ybbsitz. Mit einem T1 traten wir die Fahrt nach Österreich an. Um Samstag um 6 Uhr in der Früh waren wir in Ansfelden, wuschen den LKW und um 8 Uhr begann auch für mich das Wochenende.

Das Springen von einem LKW zum anderen war nicht ganz nach meinem Geschmack, aber trotz zweier langer Touren konnte ich viel zu Hause sein, brauchte keine Wagenpflege zu machen und lernte durch das Mitfahren fast alle Fahrer näher kennen. Bis zum 15. Juni musste ich als „Springer" arbeiten, aber dann blieb ich fix auf einem Auto als zweiter Fahrer.

Dieses Auto wurde von Willy gefahren. Willy wohnte im selben Haus wie ich, nur einen Eingang weiter. Das war natürlich optimal für uns beide. Eine Woche fuhr Willy den Export laden und den Import abladen, die andere Woche war ich an der Reihe. Er war ein sehr guter Fahrer und wir vertrauten einander bereits nach kurzer Eingewöhnungszeit. Dann konnten wir ohne einen Gedanken zu verschwenden unbesorgt schlafen, während der andere fuhr. Obwohl wir Auslandsfahrer waren, sind wir in dieser Zeit durch das Wechseln der Wochenschichten viel zu Hause gewesen.

Wir transportierten sehr viel Schnittholz von diversen Sägewerken. Bei jeder Ladung musste die Plane ganz klein zusammengelegt werden. Diese Zusammenlege-Technik sah ich das erste Mal bei Schneckenreiter. Man schlug den rückwärtigen Teil der Plane auf das Dach, kletterte dann auf das Dach des Aufliegers und zog die Plane nach vorne. Dies geschah drei Mal, dann wurden die seitlichen Planenteile auf das Dach gelegt, der verbleibende Rest auf dem Dach wurde eingerollt und in den außenseitig montierten Korb gepackt. Im Aufleger war eine Couil-Mulde (Vertiefung für Blechrollen), in diese wurden alle Dachspiegel eingelegt und die Seitenlatten kamen nebeneinander auf den Boden des Aufliegers. Auf diese Seitenlatten wurden die Unterleghölzer gelegt. Dieses Abplanen war zu zweit in 15 Minuten erledigt. Alleine schaffte man das nur in etwa 30 Minuten, wenn kein zu starker Wind herrschte. Von Juni bis November transportierten wir fast jede Woche eine Ladung Holz. Mit diesem Holz fuhren wir zumeist nach Holland oder in den Norden von Deutschland. Die Importladungen waren zumeist in oder um Hamburg sowie im Ruhrgebiet und Salzgitter. Einige Speditionen waren fast immer mit dabei. Bei den Speditionen wurden hauptsächlich Rohre und Palettenware geladen, die zumeist in Ansfelden abgeladen wurden.

Bei der Heimfahrt von Salzgitter und Hamburg musste man über die „Kasseler Berge" fahren. Das sind sehr lange und teilweise steile Autobahnabschnitte. Diese Berge waren im Winter bei Schneefall besonders schnell von den LKWs blockiert. Die wenigsten Fahrer aus dem Norden hatten Ketten mit. Dazu kam die mangelnde Erfahrung für die Technik auf Schneefahrbahnen zu fahren und im Nu konnte es passieren, dass sich die LKWs querstellten. Eine dieser Nächte bei ganz starkem Schneefall möchte ich beschreiben.

Willy und ich hatten in Hamburg fünf Paletten zu je 500 kg Fliesen geladen und sollten in Salzgitter noch zwei Rollen Blech, je

Rolle zu 11 Tonnen, zuladen. Schon in Hamburg hörten wir, dass das Wetter umschlagen würde. Es wurde Schneefall angesagt und die Paletten wurden daher anstelle in der Mitte, ganz nach vorne verladen, damit das Gewicht auf die Zugmaschine verlegt wurde. Nach der Beladung in Salzgitter war ich an der Reihe zum Weiterfahren.

Ab Seesen begann es nun auch tatsächlich zu schneien - zuerst ganz leicht - dann aber, ab Göttingen immer dichter. Der Schnee blieb auf der Straße liegen und innerhalb kürzester Zeit waren alle Fahrbahnen mit zirka 10 bis 15 cm Neuschnee belegt. Genau jetzt fuhr ich auf die Kasseler Berge zu. Ich ahnte schon, dass diese mit querstehenden LKWs blockiert sein würden. Es kam wie befürchtet, ab der Autobahn-Ausfahrt Hann/Münden wo die Autobahn dreispurig wurde, stand bereits der gesamte Verkehr still. Im CB-Funk hörte man wie sich die Fahrer untereinander Ratschläge gaben, wie man am besten in dieser Schneemasse weiterkommen würde. Die meisten Fahrer sagten sich einfach gegenseitig gute Nacht, stellten sich auf eine Nacht auf der Autobahn ein und gingen wo sie gerade standen ins Bett.

Das gibt es doch nicht, dachten wir uns und ich schwenkte auf die dritte Spur aus. In dieser Spur war noch kein Auto gefahren, was mich sehr freute, weil unsere neuen Winterreifen und das Gewicht der Fliesenpaletten auf der Triebachse das Durchdrehen der Räder stark reduzierte. Die Differential-Sperre eingeschaltet, den ersten Gang eingelegt und das Standgas auf 1200 Umdrehungen fixiert, ging es los. Ohne zu rutschen ging es an den anderen LKWs vorbei, über den ersten langen Berg. Im CB-Funk hörten wir wie einige Fahrer über uns „Össis" fürchterlich schimpften, andere aber wieder die rätselten, wie wir Österreicher da überhaupt fahren könnten. Keiner, aber auch wirklich keiner, gab nur ganz wenig und vorsichtig Gas sondern fast alle, die den Versuch unternahmen weiterzufahren, standen mit einem viel zu hohen Gang auf Vollgas. Das konnte so nicht funktionieren, wie soll da das Profil der Winterreifen im Schnee greifen können? Etliche LKWs waren auch so knapp zusammengerutscht, dass sie sich einfach nicht mehr bewegen konnten. Wir fuhren zwar nur sehr gemächlich im Schritttempo bergauf, aber wir fuhren konstant ohne Unterbrechung auf der dritten Spur an allen vorbei.

Es war beinahe unheimlich - nach ungefähr 20 Kilometer war die Autobahn komplett leer, kein einziges Fahrzeug war unterwegs, nur wir beide fuhren langsam dahin. Im Radio hörten wir im Verkehrsfunk, dass hinter uns die Autobahn komplett gesperrt wurde, weil auch die Räumfahrzeuge im Stau steckengeblieben waren. Diese hatten nicht einmal Schneeketten montiert und wollten die Autobahn vom Schnee räumen. Aber so ist es nun mal, wenn man keine Erfahrung mit Schneefahrbahnen hat. Es gab nach einiger Zeit etliche PKW-Fahrer die es schafften weiterzufahren. Viele aber kamen nicht weit, weil 20 cm Schnee auf der Fahrbahn und zu hohe Geschwindigkeit eine Kombination ist, die sich absolut nicht verträgt. Auf einer Strecke von ungefähr 30 Kilometer sahen wir mindestens 30 PKWs in der Mittelleitschiene oder im rechten Fahrbahngraben auf der Seite liegen.

Als wir in Fulda ankamen, hatte es wieder zu schneien aufgehört und die Autobahn blieb schneefrei bis nach Hause. Solche Erlebnisse gab es in diesem Winter viele, aber auch dieser strenge Winter ging vorbei. Willy und ich fuhren unsere Touren wie ein „Uhrwerk" ab und hatten keinen einzigen Unfall oder Kleinschaden. Es war an und führ sich nicht schlecht zu zweit zu fahren, aber auch bei bester Freundschaft kam es mal zu Meinungsverschiedenheiten. Meist passierte das zwischen uns bei der Beladung. Willy meinte des Öfteren, wir machen es so, ich fand manchmal, anders wäre es besser und schon warf das die Frage auf, wer nun Recht hätte. Meistens ließ ich Willy laden, wie er wollte. Wenn es ganz und gar nicht nach meiner Überzeugung war, gab es Diskussionen – letzten Endes einigten wir uns dann doch auf seine Meinung, schließlich war ja er der Chef auf diesem Auto.

Aber eine Begebenheit die zwischen uns nicht bereinigt wurde, bedeutete für mich in weiterer Folge, dass ich die Firma verließ.

Bei der Firma Benteler in Norddeutschland trafen vier Autos von unserer Firma an der Ladestelle zusammen. Vier LKWs - das bedeutete dass acht Fahrer zusammenkamen. Es war schon Abend und wir konnten erst am nächsten Tag laden. Das gab natürlich ein allgemeines Hallo und die Frage – wohin könnten wir gemeinsam zum Abendessen gehen? In diesem Ort gab es verschiedene Möglichkeiten und zwar eine Pizzastube, einen Würstelstand, sowie ein Gasthaus oder eine Hendlbraterei. Bewusst hatte ich keine Meinung geäußert, weil ich nur Zweitfahrer war. Willy wollte auf eine Pizza gehen, aber die anderen Kollegen wollten in die Hendlbraterei gehen. Also spazierten wir in die Hendlbraterei und jeder von uns genehmigte sich ein halbes Huhn und einige Biere. Wir unterhielten uns prächtig bis ungefähr 22 Uhr, dann gingen wir wieder zurück zu den LKWs.

Im LKW angekommen, nörgelte Willy und meinte, dass immer ich den Ton angeben müsste. Vorerst wusste ich gar nicht, was er damit meinte. Er sagte, er hätte so gerne eine Pizza gegessen, aber da wäre ich ja wieder einmal dagegen gewesen. Es nützte nichts, dass ich ihn daran erinnerte, dass die anderen Fahrer für die Hendlbraterei waren und mir das halt auch lieber war - er hätte ja auf eine Pizza gehen können.

Er ließ sich aber einfach nicht beruhigen und nörgelte noch eine ganze Stunde lang. Auch nach der Aufforderung endlich zu schlafen und doch einmal ruhig zu sein, hörte er nicht auf. Dann gab ein Wort das andere und wir waren im Nu mitten im größten

Streit. Beleidigt meinte er schließlich, er würde zu Hause mitteilen, dass er mich nicht mehr als Zweitfahrer mitnehmen würde.

Als wir am Ende der Woche in Ansfelden waren, ging er sofort zum Chef während ich noch abladen musste und dann auch meinen Wochenlohn holen ging. Der Chef sagte zu mir, dass er leider einen Fahrer zu viel habe, und er müsste mich kündigen. Ich wies ihn darauf hin, wenn es denn wirklich so wäre, dürfte er ein halbes Jahr lang keinen anderer Fahrer mehr aufnehmen und verlangte eine schriftliche Begründung meiner Kündigung. Mit dieser Reaktion hatte er wohl nicht gerechnet und verweigerte mir die schriftliche Begründung. Aber da wollte ich ohnedies schon nicht mehr in dieser Firma bleiben, weil das Vertrauensverhältnis so ja nicht mehr gegeben war. Er sagte mir dann im weiteren Gespräch, ein Grund wäre auch die Diskussion mit Willy in dessen LKW.

Natürlich kam mir da auch mein Sturkopf in die Quere, aber ich wollte mich nun einmal nicht verbiegen und mich auch in meiner Pausenzeit den Wünschen des ersten Fahrers unterordnen. So war es nun wieder einmal so weit, mir eine neue Arbeit suchen zu müssen. Das hatte insofern auch etwas Gutes, da ich obwohl mir die Arbeit gut gefallen hatte und ich Willy auch als verlässlichen Fahrer geschätzt hatte – nie wirklich glücklich war, als zweiter Fahrer auf einem LKW unterwegs sein zu müssen. Dennoch habe ich auch heute noch den überwiegenden Teil der Zeit bei dieser Firma in sehr angenehmer Erinnerung. Nun, für mich war sie zu Ende. Willy bekam einen anderen Fahrer zugewiesen und wie ich von den Ex-Kollegen später hörte, war er auch mit diesem nicht zufrieden.

Es verging kein halbes Jahr, als ich unterwegs von Fahrern erzählt bekam, dass der LKW von Willy in einen furchtbaren Unfall verwickelt gewesen war. Der zweite Fahrer Herr Martin, hatte einen freien Tag, während Willy abgeladen und geladen hatte. Diesen freien Tag nutzte der zweite Fahrer für seine privaten Erledigungen und nahm sich keine Zeit vor Einsatzbeginn noch die erforderlichen Stunden zu schlafen. Bei der Fahrt nach Holland wurde Herr Martin vom Schlaf übermannt und fuhr ungebremst mit gewaltiger Wucht auf einen anderen LKW hinten auf. Die Folgen waren entsetzlich, Herr Martin war auf der Stelle tot und Willy lag schwerstens verletzt im Krankenhaus. Wochenlang wusste man nicht, ob er den Unfall überleben würde. Nachdem er das Allerschlimmste überstanden hatte und transportfähig war, wurde er vom deutschen Krankenhaus in ein Krankenhaus nach Linz überstellt.

Da fand ich unseren Streit nun absolut nebensächlich. Er tat mir wirklich sehr leid, vor allem weil er, was das Fahren betraf, immer absolut gewissenhaft und umsichtig gewesen war. Also machte ich mich kurzerhand auf und besuchte ihn im Krankenhaus. Er hatte sich sehr gefreut mich zu sehen und erzählte mir genauestens wie das Unglück geschah. Wir sprachen auch über unser „Verhältnis", ich nahm seine Entschuldigung gerne an und habe das Krankenhaus mit dem guten Gefühl verlassen, wieder einen Freund und Nachbarn zu haben wie vorher.

Aber zurück zu meiner Beendigung des Dienstverhältnisses. Zu der damaligen Zeit hatte ich ein „Stammlokal" unweit meiner Wohnung. In diesem Lokal verkehrten auch etliche Transportunternehmer, mit denen ich oft am Stammtisch zusammensaß. Mit einem davon, Herrn Kreiler führte ich des Öfteren einen Dialog über das Fahren im Fernverkehr und wir waren uns sehr gutgesonnen.

Als Auslandfahrer bei Kreiler

Von der Firma in der ich gekündigt wurde, fuhr ich ohne Umwege direkt in die „Martina" – so nannten wir das Lokal. Ich hatte das dringende Bedürfnis, meinen Frust über den Verlust meiner Arbeitsstelle mit einem Bier hinunterzuspülen.

Herr Kreiler fragte mich wieso ich so aufgekratzt wäre. Ich erzählte ihm alles und seine Antwort war – das würde sich doch bestens treffen, er hätte gerade einen Fahrer entlassen und einer würde zwei Wochen lang in Urlaub gehen. „Ab Montag könntest du bei mir zwei Wochen Urlaubsvertretung machen und danach könntest du den Hängerzug des entlassenen Fahrers übernehmen". Über die Bezahlung sind wir uns auch einig und fixierten gleich am Wirtshaustisch alles Nötige. So fuhr ich drei Stunden nach meiner Entlassung bei der vorherigen Firma mit einer neuen Arbeitsstelle nach Hause. Bei Kreiler gab es keinen Druck auf die Fahrer und es gab immer nur eine Tour pro Woche.

Anhand meiner Aufzeichnungen möchte ich die ersten zwei Wochen der Urlaubsvertretung bei Kreiler niederschreiben. Es gab keine einzige Nacht in der ich durchfahren musste. Als ich bis abends gefahren war, begann um spätestens 22 Uhr die Nachtruhe. Die gesetzlich vorgeschriebene Ruhezeit von acht Stunden wurden immer eingehalten und nach vier Stunden Fahrzeit eine halbe Stunde Pause eingelegt. Nie hatte ich in dieser Zeit mit der BAG in Deutschland oder mit der Polizei wegen Überschreitung der Ruhezeitverordnung Probleme.

Montag: Arbeitsbeginn 2. August 1982, 6 Uhr. Einräumen der Privatsachen in den LKW, anschießend Zustellfahrt zur Firma Lisec in Amstetten. Nach dem Abladen weiter nach Mühlhofen bei St. Pölten um Alufolie zu laden. Weiterfahrt nach Linz, in der

VÖEST 2 Rollen Blech auf Holzschlitten geladen. Gegen 18 Uhr stellte ich in Traun bei Kreiler ab und fuhr nach Hause gefahren.

Dienstag: 5 Uhr Abfahrt von Traun, in Schärding Neuhaus ein T1 eröffnet, weitergefahren bis Karlsruhe. Um 17 Uhr Beginn der Ruhezeit.

Mittwoch: 5 Uhr Abfahrt nach Straßburg, bei Robert die Einfuhrverzollung gemacht bis 10 Uhr. Weiterfahrt auf der Französischen Bundesstraße mit der Bezeichnung N4 (Autobahn ist sehr teuer, deswegen auf der gut ausgebauten Nationalstraße) bis Troyes. Ruhezeit acht Stunden.

Donnerstag: Weiterfahrt nach St. Nazire - direkt am Atlantik – zur Abladestelle. Nach dem Abladen der Blechrollen Weiterfahrt Richtung Paris. In Le Mans wieder Ruhezeit gemacht.

Freitag: 4 Uhr früh Abfahrt nach Paris zur Abladestelle. Von dort nach Amiens in die Normandie, zu Mittag bei Unilever Waschmittel geladen für die Spedition Bischoff in Wien. Nach Empfang der Transportpapiere und des T1, abgefahren. Bis nach Aachen gefahren, Nachtruhe.

Samstag: 4 Uhr Rückfahrt von Aachen nach Traun. Beim Grenzübergang Neuhaus Fahrzeit überschritten. Weiterfahrt riskiert und ohne angehalten zu werden um 15 Uhr in Traun eingetroffen.

Das war meine erste Woche bei Kreiler und es gab keinen Stress. Diese Tour war 3100 Kilometer lang und machte mir viel Spaß.

Am darauffolgenden Montag, dem 7. August lud ich in Wien bei Spedition Bischoff ab und fuhr dann leer nach Gratkorn zur Papierfabrik Leykam. Dort wurde erst am Mittwoch in der Früh verladen und im Anschluss daran fuhr ich gleich über Salzburg/ Walserberg nach Belgien. Donnerstagvormittag lud ich in Brüssel bei zwei Kunden ab, fuhr weiter nach Antwerpen in den Hafen und lud dort Aluminiumbarren sowie Kupferdraht für Graz. Um ungefähr 15 Uhr war ich startklar zur Rückfahrt nach Österreich und fuhr bis Frankfurt, wo ich dann zur Ruhezeit stehenblieb. Freitag um 6 Uhr ging es weiter nach Hause. Um 18 Uhr stellte ich den LKW nach dem Waschen ab und räumte meine Privatsachen aus.

Am darauffolgenden Tag übergab mir Herr Kreiler den LKW-Hänger Zug MAN 16304 mit der Bemerkung: „So wie der LKW aussieht, war auch der Fahrer." Einigermaßen entsetzt welch große Menge Unrat in diesem Auto gelagert war, blieb ich gleich dort und reinigte von 7 bis 13 Uhr den LKW innen und außen gründlich. Dann brachte ich die Vorhänge mit nach Hause zum Waschen und Bügeln. Am Sonntag wurden sie sauber und mit dem damals sehr beliebten, wunderbaren „grünen Apfelduft" versehen aufgehängt. Dafür bekam ich von Pepp oder Sepp wie wir ihn alle damals nannten ÖS 300,-- extra. Er war genauso begeistert wie ich, dass das Auto nun wieder sauber war und so gut duftete. Mein Bettzeug und meine privaten Sachen wurden nun eingeräumt und somit konnte es am Montag losgehen.

Kreiler hatte sehr viel Eigengeschäft im Export. Das Hauptgeschäft waren Transporte für die Glashütten in Voitsberg und Bärnbach in der Steiermark sowie in Nagelberg, ganz oben im Waldviertel direkt an der Tschechischen Grenze. Für die Firma Friedwagner in Traun – einem Getränkegrosshandel - importierten wir Bier aus Deutschland und brachten auch die Römerquelle nach Oberösterreich für die Märkte und Lagerhäuser.

Nach dem Entladen - zumeist im Großraum Wien - fuhren sechs LKWs von Kreiler nach Voitsberg oder Bärnbach. In Voitsberg wurden hauptsächlich Industriegläser für die Gastronomie erzeugt und in Bärnbach Accessoires aus Glas, teilweise auch mundgeblasen. Für diese Ladungen gab es immer mehrere Abladestellen. Das war für Kreiler auch der Grund, warum wir nur einmal in der Woche im Export gefahren waren. Bei der Durchsicht meiner Aufzeichnungen waren vier Abladestellen das Mindeste, die wechselweise in Deutschland, Belgien und Frankreich waren. In Frankreich und Belgien waren zumeist die Seehäfen für den Übersee-Transport angefahren worden. Mir persönlich war eine Frankreichtour am liebsten, wie zum Beispiel nach Le Havre. Montags wurde geladen und mittwochs an zwei Schiffsanlegestellen abgeladen, anschließend fuhr ich zumeist nach Amiens um Waschpulver für Bischoff in Wien zu laden.

Da waren gut an die 3200 Kilometer zu fahren. Das Besondere daran aber war, dass ich jede Nacht schlafen konnte. Es brauchte nicht unter Druck gefahren werden, wie bei Bürger und Schneckenreither. So machte mir das Arbeiten richtig Spaß und ich erinnere mich gerne an diese Zeit bei Kreiler. Bei solchen Touren ging mir immer wieder der Satz durch den Kopf: „Das Fernfahren ist für mich doch der schönste Beruf." Die Freude war besonders groß, wenn die Tour nach Brest, das ganz oben in Frankreich an der Atlantikküste liegt, ging. Die Leerfahrt von Brest nach Amiens war für sich schon fast eine Tagesreise, dann noch eine komplette Retourladung – ja, das war Fernfahren für mich, da lachte mir das Herz!

Das Einzige, was meine Freude damals ein wenig beeinträchtig hat, war der notwendige Ölwechsel und das Reinigen der Zentrifuge alle 10.000 Kilometer. Wenn man dreimal in Frankreich war, musste am Samstag nach der dritten Tour unbedingt Öl gewechselt und abgeschmiert werden. Das war eine Arbeit, die nicht extra bezahlt wurde und man musste etwas umständlich mit einem Liegebrett unter den LKW kriechen, weil es keine Schmiergrube gab. Besonders schlimm war es im Winter. Aber ja - es konnte nicht alles perfekt sein.

Dieser MAN 16304 war zwar ein altes, aber robustes Auto und hatte keinerlei Probleme verursacht. Ein einziges Mal wurde an einem Freitag in Deutschland die Lichtmaschine kaputt. Von meinem Chef erhielt ich die Telefonnummer der nächstgelegenen Werkstatt, die mir versicherte umgehend zu kommen, sobald die angeforderte Bankgarantie meiner Firma eingetroffen wäre. Das war erst am Montag möglich und so musste ich in der Stadt Marl stehend, das Wochenende verbringen. Das war im Oktober 1982, im November darauf war genau dasselbe noch einmal. Ich befand mich gerade in Saargemünd in Frankreich, als die Lichtmaschine wieder defekt wurde. Die Reparatur betrug diesmal 1628 Französische Franken. Da ich damals ein begeisterter Sammler von Bordeaux-Weinen war und bei dieser Tour in Frankreich vorhatte, einige besondere Flaschen zu kaufen, hatte ich zufällig so viel Geld mit.

Die Werkstätte in Frankreich konnte ich daher sofort mit meinem eigenen Geld bezahlen und musste daher nicht auf eine Überweisung warten und konnte ohne erhebliche Zeitverzögerung weiterfahren. Was mich allerdings sehr verwunderte war, dass weder die Werkstätte noch Kreiler den nochmaligen Austausch der Lichtmaschine hinterfragten. Meine Vermutung war folgende: Wenn etwas, das gerade ausgewechselt wurde in kürzester Zeit schon wieder defekt ist, könnte ein anderer Fehler in der elektrischen Anlage vielleicht Schuld am Kaputtwerden der Lichtmaschine sein. Kreiler meinte aber nur, es wäre halt kein neues Auto mehr. Später sollte sich herausstellen, dass meine Vermutung doch nicht so falsch gewesen war.

Eine Tour, die Christian – ein Firmenkollege – und ich ganz dick in den Aufzeichnungen angestrichen hatten, war die letzte Arbeitswoche im Jahr 1982. Alle LKWs standen bereits zu Hause auf dem Firmenparkplatz und alle Fahrer hatten frei. Da ich noch keinen Urlaubsanspruch hatte, hieß es bei mir „Freizeit auf Bereitschaft". Christian hatte seinen Urlaub schon verbraucht und war ebenfalls in Bereitschaft. Am Dienstagabend, den 28. Dezember verständigte Kreiler uns beide, dass wir am Mittwoch in der

VÖEST Grobbleche für Plochingen bei Stuttgart zu laden hätten. Dieses musste unbedingt sein, weil die Empfängerfirma in Plochingen den Monatsabschluss vor dem neuen Jahr machen musste und die Lieferung daher noch unbedingt im alten Jahr brauchte.

So fuhren wir nicht gerade begeistert in die VÖEST und dann nach Plochingen. Am Donnerstag in der Früh wurde abgeladen und ab 8 Uhr warteten wir auf die Rückladeinformation. Kreiler hatte aber noch keine Ladungen und vertröstete uns auf Nachmittag. Christian wurde bereits ungeduldig und rief jede Stunde an, aber auch das brachte nichts. Der Chef trieb so schnell keine Retourladung auf. Mittlerweile waren Christian und ich uns einig geworden. Würde bis 18 Uhr keine Ladung aufgetrieben, würden wir einfach leer nach Hause fahren. Um 17 Uhr hatte unser Chef doch noch eine Ladung gefunden, aber weit weg von unserer Abladestelle in Plochingen. Wir mussten nach Dorsten zu Hüls Chemie im Ruhrgebiet um je 23 Tonnen Plastikgranulat zu laden. Christian stritt am Telefon mit Herrn Kreiler und meinte, so eine weite Strecke zur Ladestelle zu fahren, das wäre doch wirklich nicht okay. Wenn wir von Plochingen leer nach Hause fahren würden, wäre das doch auch nicht viel weiter. Aber es nützte nichts, wir mussten nach Dorsten fahren.

Um ein Uhr nachts trafen wir endlich in Dorsten ein und legten uns schlafen. Geladen wurde dann am Silvestermorgen, das war am Freitag. Nach der Übernahme des T1 fuhren wir um 9 Uhr ab in Richtung Heimat. Wie sollten wir das nun schaffen? Von Dorsten bis nach Traun war mit einer reinen Fahrzeit von mindestens 12 Stunden zu rechnen, wir durften aber nur 8 Stunden fahren. Wenn wir nach dem Gesetz gefahren wären, wären wir also frühestens am 2. Jänner des nächsten Jahres zu Hause angekommen, am 1. Jänner war ja immer schon Fahrverbot. Christian entschied: „Was immer auch kommt, wir fahren durch!" Er meinte auf der Grenze würde er alle bayrischen Polizisten kennen und außerdem würde es doch heute sicher Amnestie für solch arme Fahrer wie uns geben. Gesagt getan, bis auf einen einzigen, unvermeidlichen Tankstopp fuhren wir bis Neuhaus/Schärding durch und schafften es um 21 Uhr an der Grenze zu stehen. Die bayrische Polizei kontrollierte uns nicht! Wir erhielten die Stempel mit der Bemerkung: „Jetzt aber schnell nach Hause, sonst überseht ihr ja noch das Feuerwerk!" Um 22:30 Uhr stellte ich den LKW in Traun ab, fuhr nach Hause und konnte so doch noch auf ein gutes neues Jahr mit meiner Frau anstoßen!

Wie ich später von meinen Kollegen hörte, hatten Christian und Kreiler in der Firma noch eine harte Auseinandersetzung wegen dieser Dorsten Tour. Das Verhältnis zueinander war daraufhin äußerst gespannt, bis Christian in der 1. Februarwoche die Konsequenzen zog und kündigte.

Anfangs habe ich mich zwar auch darüber geärgert, aber bereits am 1. Jänner war der Ärger auch schon wieder vorbei. Im neuen Jahr machte ich noch zwei Touren mit meinem MAN 16304. Bei der 3. Tour fing plötzlich beim LKW während der Fahrt der Batteriekasten zu brennen an. Mit Hilfe eines anderen LKW-Fahrers konnten wir den Brand schnell löschen, aber an ein Weiterfahren war nicht mehr zu denken. Ein Firmenkollege kam und die Ladung wurde auf dessen LKW umgeladen. „Meinen" LKW sah ich nicht mehr und ich weiß auch nicht, was Kreiler damit machte.

Da Christian die Firma verlassen hatte, wurde mir am 19. Februar 1983 sein LKW zugewiesen, eine MAN 19320 Sattelzugmaschine, Bj. 1980 mit 271.056 km. Der Aufleger war bereits 6 Jahre alt, aber noch ganz gut erhalten. Diesmal hatte ich mit der Reinigung kaum Arbeit, Christian war ja ein Fahrer wie ich, der sich sagte: „Mein Führerhaus ist mein Wohnzimmer." Was mir ganz besonders gut gefiel war die neue Standheizung. Im Hängerzug hatte ich zwar auch eine Standheizung, aber jetzt hatte ich eine mit eingebautem Thermostat.

Nun hatte ich nicht mehr so viele Abladestellen von der Glashütte, weil um vier Paletten weniger Platz auf diesem Sattel war. Wenn ich in Voitsberg geladen hatte, waren es meistens Maßkrüge für Bayern. Es gab wohl keine Brauerei in Bayern bei der ich nicht gewesen war um Krüge zuzustellen. Am meisten Arbeit hatte ich im Frühjahr vor den Wiesen- und Sommernachtsfesten.

Die Importe bestanden zumeist aus Sammelgut für die Spedition LKW Walter und waren für Wr. Neudorf bestimmt. Der LKW, den ich bekommen hatte, wurde im Juni für drei Wochen abgestellt und komplett neu gespritzt. In dieser Zeit war ich jede Woche mit einem anderen LKW als Urlaubsvertretung unterwegs. Nach der Renovierung stand mein LKW wie neu da. Auf den Aufleger kam eine neue Plane drauf und sogar die Siebdruckplatten am Boden wurden erneuert.

Nun fuhr ich mit dem schönen LKW in ganz Europa umher und war eigentlich dabei recht zufrieden. Im September begann die Bierzeltsaison wieder und da war ich natürlich auch wieder „live" dabei - nicht beim Feiern, sondern beim Zustellen der Bierkrüge. Jede Woche hatte ich fünf oder sechs Brauereien in Bayern anzufahren. Die „Meisterleistung" vollbrachte ich in der 3. Septemberwoche, als ich von Dienstagmittag bis Donnerstag 9 Uhr in München beginnend bis Bayreuth an 12 Brauereien auslieferte, wobei in manchen Brauereien die Krüge händisch abgeladen wurden. Das waren Kartons mit je 4 Krügen pro Karton. Einige Brauereien bekamen 40 Kartons, einige 150 Kartons und alle musste ich selber abladen und genau zählen, weil nur 2 Kartons überzählig waren.

Viele Kundschaften glaubten ich wäre so fleißig beim Abladen, weil es mir Spaß machen würde. Der eigentliche Grund aber war, dass ich so die Kontrolle behalten konnte, dass wirklich nur die exakte Menge die Ladefläche verlassen würde. Das Helfen beim Abladen war für mich in der Regel sogar noch sehr ertragreich. Bei fast allen Brauereien bekam ich mindestens 10 Flaschen Bier geschenkt. Mein Palettenkasten am Aufleger war freitags immer mit den verschiedensten Biersorten voll.

Eines Tages im Mai 1985 sollte ich nach Linz zur Überprüfung des LKWs und des Auflegers. Schon eine Weile zuvor war mir aufgefallen, dass die Bremsen des Auflegers ungleich bremsten und baldmöglichst ein neuer Bremsbelag montiert werden sollte. Der Chef meinte aber, wir sollten zuerst die Überprüfung abwarten, dann würde man ja sehen, welche Achse neu belegt werden müsste. Es kam wie erwartet, der Aufleger wurde wegen der schlechten Bremsleistung beanstandet und sollte innerhalb einer Frist von 14 Tagen repariert werden. Kreiler wollte das nicht akzeptieren und ließ mich nicht in die Werkstätte fahren. Nach der ersten Woche sagte ich, dass ich nach dem Ablauf der Frist keinen einzigen Kilometer mehr fahren würde. Was ich nicht ahnen konnte, war, dass dies schon vorher aus einem weit schlimmeren Grund wahr werden würde.

Mein zweiter Unfall mit einem LKW Zug

Am Montag fuhr ich um sechs Uhr früh vom Firmenstandort weg nach Haiger/Burbach in Deutschland. Am Freitag hatte ich eine komplette Ladung Gläser von Stölzle Oberglas aus Bärnbach in der Steiermark geladen. Die Fahrt verlief ohne Zwischenfälle bis zur Autobahnausfahrt Wallersee. In Wallersee traf ich auf das Ende eines Staus, der wegen einer Großbaustelle bis Salzburg Nord reichte und gerade dabei war, sich nach einigen kurzen Stopps langsam aufzulösen. Da begann es plötzlich zu regnen und die Straße wurde wie immer nach einer längeren Trockenperiode sehr rutschig.

Gerade als ich dachte, dass nun endlich wieder etwas zügiger gefahren werden konnte, mussten plötzlich alle Fahrzeuge scharf abbremsen. Etliche PKWs konnten nicht mehr rechtzeitig stehen bleiben und fuhren auf den vorderen Verkehrsteilnehmer auf. Im Nu gab es eine Massenkarambolage, in die zirka 20 Autos verwickelt waren. Natürlich musste auch ich eine Vollbremsung hinlegen, um nicht in die verunfallten Autos zu fahren. Leider kamen aber jetzt die Folgen der abgefahrenen Bremsbeläge meines Zuges zum Tragen. Trotz Vollbremsung sah ich mit Schrecken, dass ich unmöglich rechtzeitig vor dem PKW-„Knäuel" zum Stehen kommen könnte, wenn ich nicht nach rechts über den Pannenstreifen ausweichen würde. Die Wucht des Aufpralles hätte fürchterliche Folgen für die PKWs vor mir und ich fürchtete, es würde Tote und viele Verletzte geben. Als einzige Ausweichmöglichkeit, sah ich rechts den Straßengraben und hörte sofort auf zu bremsen, um wieder lenken zu können, dreißig Meter vor den PKWs lenkte ich den LKW Richtung Straßengraben.

Nun musste ich mich voll und ganz auf meinen Absturz in einen tiefen Graben konzentrieren. Dieser Graben war mit armdicken Bäumen bepflanzt. Als ich über das Straßenbankett hinausschoss und mich schon im Geiste gegen den dicken Baum, auf den ich frontal zufuhr, aufprallen sah, bremste ich noch einmal und der Sattelzug winkelte sich wie durch ein Wunder zu einer Eins ab. Durch die weiche Erde stoppte der LKW sofort. Mit weichen Knien, aber unendlich froh, dass ich nicht verletzt wurde und auch keinen Fremdschaden verursacht hatte, stieg ich aus dem LKW. Beim LKW wurde auf der rechten Seite die Schlafkabine eingedrückt, auch Stoßstange und der rechte Einstieg waren beschädigt. Das waren aber alles Kleinigkeiten, gegenüber dem was passiert wäre, wenn ich auf die verunfallten PKWs aufgefahren wäre. Etliche PKW-Lenker hatten mein Ausweichmanöver mitbekommen und eilten zum LKW in der Meinung, mich verletzt aus dem Auto bergen zu müssen. Zum Glück war das nicht der Fall und auch bei den verunglückten PKWs blieb es bei Leichtverletzten, die von der Rettung noch am Unfallort versorgt werden konnten.

Ein hinter mir stehender LKW zog mich aus dem Straßengraben wieder zurück auf die Autobahn. Die Polizei nahm von allen Unfallbeteiligten die Daten auf und dann konnte ich mit meinem beschädigten LKW bei Salzburg Nord die Autobahn verlassen. Bei einer Baustellenzufahrt parkte ich und ging die 300 m zum Gasthaus „Grüner Wald" um mit Kreiler zu telefonieren. Meine Schilderung über den Unfall und die Folgen verschlugen dem Chef kurzfristig die Sprache. Er schickte dann seinen Sohn Gernot, der gegen 15 Uhr kam, sich kurz zu mir in den LKW setzte und sich alles genau erzählen ließ. Dann sattelte er meinen Aufleger an und ich fuhr mit der Zugmaschine alleine nach Hause. Zu Hause angekommen, erwartete ich, dass Kreiler den beschädigten LKW besichtigen und mir sagen würde, wann ich in die Werkstatt fahren sollte. Aber nein, der Chef war im Gasthaus und hatte nichts Besseres zu tun, als allen seinen Kollegen von meinem Unfall zu berichten.

Am Dienstag um 7 Uhr früh war ich wieder in der Firma. Der Chef meinte, diese Delle im Führerhaus würde schnell ausgeklopft und eine neue Stoßstange könnte ich ja selber montieren, dann könnte ich am Mittwoch schon wieder auf Tour gehen. Die defekten Bremsen - der eigentliche Grund des Unfalles - würden hergerichtet, wenn ein wenig mehr Zeit wäre. Das konnte ich nun überhaupt nicht verstehen und bestand auf eine sofortige Reparatur der Bremsen. Mit diesen Bremsen wollte ich keinen Meter mehr fahren. Kreiler wollte diese aber jetzt nicht reparieren lassen, sondern mich unbedingt am Mittwoch wieder auf Tour schicken. Das war mir zu gefährlich. Ich sagte ihm klipp und klar, dass ich dann lieber kündigen würde und fuhr nach Hause. Dass ich als Fahrer keine Arbeit bekommen könnte machte mir keine Sorgen, als Fahrer gab es immer wieder eine freie Stelle.

Na ja, das war`s mit meiner Arbeit in dieser Firma. Privat traf ich meinen ehemaligen Chef immer wieder in unserem gemeinsamen Lokal. Wir konnten uns nach wie vor gut miteinander unterhalten, er erzählte mir auch weiterhin viel, aber über die unschöne Auflösung des Arbeitsverhältnisses wurde niemals gesprochen.

Bei Hofmann & Neffe in St. Florian

Meinen verbleibenden Resturlaub von 10 Tagen verbrachte ich bis zum 26. Mai zu Hause. Während dieser Zeit suchte ich in aller Ruhe eine neue Firma. Meine Wunschfirma war Hofmann & Neffe in St. Florian. Dort fuhr ich zuerst hin und wurde sowohl von Senior- wie auch Juniorchef über meine Fahrpraxis befragt und anschließend sofort eingestellt. Als Neuer musste ich auch hier zuerst einmal einige Zeit als Springer und Urlaubsvertreter tätig sein. Das machte mir in diesem Fall gar nichts aus, zählte diese Firma doch in Fernfahrerkreisen als eine der besten Transportfirmen. Meine Freude war sehr groß in diese Firma aufgenommen worden zu sein und ich war schon sehr gespannt auf den ersten Arbeitstag.

Da war er nun, der 28. Mai 1985 - mein erster Arbeitstag bei Hofmann & Neffe in St. Florian. Diesen Tag verbrachte ich allerdings erst mal nur in der Werkstatt. Als ich den Werkstattleiter begrüßte, stellten wir beide überrascht fest, dass wir schon miteinander die Schulbank gedrückt hatten. Er erzählte mir einiges von der Firma und erklärte mir auch so manchen betriebsinternen Ablauf. Nebenbei stellte er mich auch den gerade anwesenden Fahrern vor. Die meisten Fahrer kannten mich schon von der VÖEST oder von den Rasthäusern auf der Strecke. Viele der neuen Kollegen wünschten mir auch alles Gute. Am Abend kurz vor dem nach Hause gehen, wurde ich in die Disposition gerufen. Ich wurde gebeten noch auf einen Kollegen namens Kern zu warten, der ungefähr in einer Stunde eintreffen sollte und mit dessen LKW ich die nächsten 14 Tage als Urlaubvertretung unterwegs sein würde.

Als Kern mit dem leeren LKW ankam, übergab er mir diesen und räumte seine Privatsachen aus. Dieser DB-Sattelzug 1632 hatte schon ungefähr zehn Jahre im Fernverkehr gedient. Am nächsten Tag fuhr ich damit in die VÖEST und lud für Metz in Frankreich. Die Retourladung in Dudelange in Luxemburg wurde mir auch gleich mitgegeben. Die Abladefirma sowie die Verzollung war für mich nichts Neues, weil das eine Ladung im Auftrag von Schachinger gewesen war, die ich auch bei Bürger schon des Öfteren gefahren hatte. Dienstag um 6 Uhr war ich bei der Ladestelle und um 9 Uhr ging es ab nach Frankreich. Nach der Verzollung am Mittwoch in der Früh wurde in Metz abgeladen und weiter nach Dudelange in Luxemburg gefahren, wo ich noch laden konnte. Mit einem T1 ausgestattet ging es zurück nach Österreich. Über die Grenze Waldwiese fuhr ich nach Deutschland in das Saarland ein und hatte keine Probleme wegen des Gewichtes von 26.000 kg, weil dort glücklicherweise keine Waage vorhanden war. Donnerstagnachmittag war wieder in der Firma in St. Florian und der LKW wurde dort abgestellt. Freitag lud ich in Mauthausen bei ABC Waldner ab, fuhr in der VÖEST laden und dann in die Firma, um die erforderlichen Papiere abzuholen. Anschließend fuhr ich, ebenso wie sieben weiteren Kollegen, nach Schärding/Neuhaus, weil wir unsere LKWs über die Grenze stellen sollten. Nach der Verzollung haben wir unsere LKWs in Neuhaus auf der alten Grenze abgestellt.

Das wurde häufig so gemacht. Vor dem Wochenend-Fahrverbot wurden die LKWs über die Grenze gestellt, weil dann bereits am Sonntagabend ab 22 Uhr wieder gefahren werden durfte. Die Fahrer warteten zusammen und wurden von einem Firmenbus von Neuhaus nach St. Florian gebracht. Sonntags um 20 Uhr wurden wir wieder gemeinsam mit dem Firmenbus an die Grenze zu unseren LKWs gebracht.

Die zweite Woche verging ähnlich wie die erste Woche, mir gefiel die Arbeit und besonders nett fand ich die Arbeitskollegen. Am Freitag in der zweiten Woche wurde der LKW genauso über die Grenze gestellt, nur das ich zuvor in St. Florian mein Bettzeug in einen anderen LKW einräumte, mit dem ich Urlaubsvertretung zu machen hatte. Der nächste LKW mit dem ich nun fuhr war ein MAN 19321 und auch der war nicht mehr ganz neu. Mit diesem MAN fuhr ich vier Wochen, weil der Fahrer auf Kur war. Es waren fast immer dieselben Kundschaften. Das fand ich sehr angenehm, weil ich dann nicht jedes Mal aufs Neue suchen musste.

Zur damaligen Zeit fuhr ich ausschließlich nach Frankreich, in Dudelange wurde jedes Mal retourgeladen. Donnerstagabend war ich immer zu Hause, am Freitag musste ich abladen und laden, dann den LKW über die Grenze stellen und dann begann das Wochenende - zumeist um 17 Uhr.

Nach diesen vier Wochen musste ich mit einem ziemlich alten Hängerzug DB 1626 Dreiachser Motorwagen – mit einem Zweiachsen-Anhänger - fahren. Der Fahrer dieses LKWs ging drei Wochen in Urlaub, erklärte mir noch so einige „Macken" seines Autos und ich räumte meine Privatsachen ein. Mit diesem LKW war das Blechfahren fast nur auf Paketbleche beschränkt, was eigentlich gut war, weil es keine Couilmulde gab. Dafür waren einige Speditionen beim Import fällig. Wer diesen Job bei den Speditionen kennt, weiß genau was das bedeutete. Untertags Ware einholen, abends an der Rampe laden, in der Nacht fahren um morgens bei der Empfängerspedition zu sein. Zum Glück war das in diesen drei Wochen nur zweimal so der Fall. Am Freitag nach der Urlaubsvertretung glaubte ich den LKW ausräumen zu müssen, aber dem war nicht so.

Der Juniorchef kam zu mir und meinte: „Herr Müller, Sie fahren mit diesem Auto weiter bis auf Widerruf. Herr G. bekommt demnächst ein neues Auto und ich denke dieser alte LKW ist bei Ihnen in guten Händen." Er erwähnte auch, dass ich wahrscheinlich nur einige Monate mit diesem Hängerzug fahren würde, weil ich einen luftgefederten Sattelzug bekommen sollte. Natürlich war ich froh ein fixes Auto zu haben und bemühte mich diesen sauber zu halten. Deshalb war ich am nächsten Tag einem Samstag in der Firma, wusch den LKW ganz besonders gründlich mit der Hand und montierte die Vorhänge zum Waschen ab.

Am Montag wurde wieder in der VÖEST für Maisch in Gaggenau geladen, die Retourladung am Dienstag bekam ich in Frankreich in Ebange und bestand aus Blechpaketen für Petri in Wien. Nach der Beladung im Stahlwerk hatte ich keine Fahrzeit mehr und ging schlafen, direkt neben dem Werk auf einem großen LKW-Parkplatz, wo ich auch am nächsten Tag noch stehenblieb. In Deutschland war an diesem Tag Fahrverbot und bis zur Grenze waren nur knapp 40 Kilometer zu fahren.

In der Früh bei der Morgentoilette rief jemand aus einem nebenstehenden LKW: „Guten Morgen, Hans, auch schon munter?" Die Stimme war mir doch bekannt - es war Kurt, mein Firmenkollege, der ein paar Autos weiter vorne parkte. Auch er hatte schon geladen und musste ebenso wie ich wegen des Feiertages stehen bleiben. Das war eine tolle Überraschung, so hatte ich jemand zum Reden und wir gingen gemeinsam frühstücken. Wir hatten so viel zu erzählen, dass wir nach dem Frühstück gleich sitzenblieben bis zum Mittagessen. Wie üblich wurde natürlich nur von der „Fahrerei" gesprochen. Kurt kannte ich privat ja schön länger, seinen Sohn brachte ich damals innerhalb einer halben Stunde als Fahrer zu Bürger.

Hauptthema waren natürlich die Firma und meine neuen Kollegen, was alles so in der Firma lief. Negativ aufgefallen war mir eigentlich noch niemand. Das war auch kaum möglich, ich war ja noch viel zu kurz in der Firma. Wir saßen etliche Stunden beisammen und hatten wohl ein bisschen zu tief in das Glas geschaut. Um 14 Uhr ging ich ins Bett um für die Abfahrt um 22 Uhr fit zu sein.

Nun war es fast 22 Uhr und ich wollte abfahren, als ich sah dass bei Kurt die Vorhänge noch zu waren. In der Meinung, er hätte verschlafen klopfte ich an die Autotür. Ein wirsches: „Verschwinde - ich fahre wann ich will", war die Antwort. „Oje, da war es wohl bei ihm um einiges später geworden", dachte ich und machte mich alleine auf den Weg. Als ich am Freitag wieder am Firmengelände war, rief mich der Chef zu sich ins Büro. Er fragte vorwurfsvoll, weshalb ich denn überhaupt in dieser Firma fahren würde, wenn ich über die Firma überall schlecht reden würde. Mir stockte der Atem, was sollte das denn? Ich hatte nie schlecht über die Firma bei anderen Fahrern oder gar bei den Kunden gesprochen, nein im Gegenteil. Auch beteuerte ich, dass ich sehr froh war, hier arbeiten zu dürfen und mir keiner Schuld bewusst wäre. Gleichzeitig bat ich meinen Chef um eine Gegenüberstellung. Wer immer es auch war, sollte das vor mir wiederholen.

Schlussendlich versicherte mir mein Vorgesetzter, dass er mir glauben würde und trug mir auf, am besten alles zu vergessen. Natürlich grübelte ich nach, wer so eine Gemeinheit verbreitet haben könnte. Nachdem ich bis jetzt keinerlei Probleme mit anderen Fahrern gehabt hatte, auch kaum Gelegenheit für längere

Gespräche gewesen war, lag der Verdacht für mich sehr nahe, dass es nur Kurt gewesen sein könnte und ich brannte darauf, ihn zur Rede zu stellen. Zwei Wochen lang traf ich Kurt nicht, aber in der dritten Woche kam er in die LOMO in Rüdenhausen zu uns an den Tisch, wo außer mir noch fünf Fahrer von Hofmann & Neffe saßen. Die anderen Fahrer wussten schon über diese Situation Bescheid und waren gespannt, was Kurt für eine Ausrede parat hatte. Er war bei den anderen bereits als großer „Dampfplauderer" bekannt.

Nun fragte ich ihn vor allen anderen laut und direkt, weshalb er mich beim Chef schlecht machen wollte. Auch sagte ich ihm, dass dieser sich nicht hinters Licht führen ließ und mir geglaubt hatte. Er fing an zu stottern und stritt alles ab, bis einer der Fahrer am Tisch sagte; „Kurt, mir hast du aber auch dasselbe erzählt." Da redete er sich dann heraus, dass er vielleicht nicht mehr ganz nüchtern gewesen wäre, sollte er es tatsächlich gesagt haben, würde es ihm leidtun. Verärgert warf ich ihm dann vor, dass es *mir* leidtun würde, seinen Sohn zu Bürger gebracht zu haben, wenn das der Dank dafür wäre. Das war nun offensichtlich auch eine Neuigkeit für die anderen Fahrer, weil Kurt immer mit seiner guten Beziehung zu Bürger angegeben hatte. Die Verlogenheit und Falschheit wurde von allen Fahrern stark kritisiert. Kurt hatte es plötzlich sehr eilig und musste dringend weiterfahren. Das Verhältnis von Kurt und mir blieb bis zu seiner Pensionierung kühl, aber zumindest nicht gehässig.

Ansonsten fühlte ich mich bei der Firma Hofmann & Neffe sehr wohl und hatte mit allen Kollegen ein sehr gutes Verhältnis.

Im September kam ein ganz neuer MAN Sattelzug 19361 mit einem 360 PS Motor und etwas modifiziertem Fahrerhaus. An einem Samstagvormittag kam der Chef zu mir und informierte mich, dass ich ab Montag mit dem neuen MAN 19361 fahren sollte. Hermann – für den dieses Auto bestimmt gewesen wäre - hatte sich zu Hause an der Hobelmaschine so schwer verletzt, dass er für mindestens acht Wochen ausfallen würde. Also räumte ich meine Privatsachen aus meinem Hängerzug aus und in den fabrikneuen MAN ein. Mein Hängerzug wurde von nun an nur noch im Inlandsverkehr eingesetzt.

Montags wurde auf einen neuen Aufleger die Plane montiert, ich sattelte ihn an meiner Zugmaschine an und fuhr in die VÖEST laden, dann weiter nach Wien zu Petri. Von Wien musste ich leer nach Krems, um Formrohre für Yutz in Frankreich zu laden.

Wer einmal in einem LKW gesessen ist, der weiß welch enormer Unterschied zwischen einem neuen und einem alten LKW sein kann. Der alte Hängerzug hatte einen Saugmotor mit 260 PS und der neue war mit einem Turbomotor mit 360 PS ausgestattet. Die Berge konnten so schnell gemeistert werden, dass es pure Freude war. Ein Beispiel, um das zu verdeutlichen: Mit 38 Tonnen Gesamtgewicht fuhr ich mit dem 260 PS Hängerzug einen langen Berg wie bei St. Valentin mit maximal 35 km/h hoch, mit dem neuen MAN nahm ich den Berg mit immerhin 55 km/h bei gleichem Gewicht. Ich war hellauf begeistert, mit so einem Auto zu fahren - dazu kam noch, dass man mit einem Sattelzug schönere Ladungen bekam. Die Speditionen wurden nur alle zwei Monate einmal angefahren. Mit dem neuen Sattel, der eine tiefe Couilmulde hatte, wurden hauptsächlich Blechrollen und Formrohre aus Krems geladen. Diese zwei Monate vergingen wie im Flug und so sehr ich es für Hermann gönnte, dass er nun wieder gesund war, mir war sehr leid, von diesem Auto Abschied nehmen zu müssen. Mir wurde nun wieder der Hängerzug, der bis dahin im Inland unterwegs war, zugeteilt und es war alles wieder beim Alten.

Beim Durchstöbern meiner Aufzeichnungen, blieb mein Blick bei einem Datum hängen: Freitag, 11. Jänner 1985 – ein Unfall. Was war passiert?

Ein LKW von Hoffmann & Neffe fuhr bei starkem Schneetreiben nach Wien zur Firma Estag. An diesem Tag war ich gerade unterwegs nach Ybbsitz zur Firma Welser abladen. Auf der Straße lagen ungefähr 20 cm Schnee und es war größte Vorsicht bei diesen Witterungsverhältnissen geboten. Auf der B121, in Höhe der Ortschaft Sonntagberg, kamen mir drei LKWs der Firma Bene Büromöbel entgegen. Diese fuhren mit weit überhöhter Geschwindigkeit in geringem Abstand von nur ungefähr 20 Metern hintereinander in Richtung Autobahn. Kopfschüttelnd dachte ich mir noch, wie leichtsinnig diese Fahrer unterwegs waren. Wenn der Vorderste, egal aus welchem Grund bremsen müsste, würden die nachfolgenden zwei nicht rechtzeitig anhalten können.

Meine Befürchtungen sollten sich in Kürze bewahrheiten. Schon bei der Rückfahrt von Ybbsitz nach St. Florian hörte ich im Verkehrsfunk, dass die Westautobahn ab Altlengbach in Niederösterreich in Richtung Wien wegen einer Massenkarambolage gesperrt worden war. In St. Florian angekommen, erfuhr ich, dass diese Sperre von einem unserer LKWs der einen Unfall gehabt hatte, verursacht worden war. Ich musste dann noch in die VÖEST fahren um für die Firma Sulo in Herford zu laden, wurde aber gebeten, so rasch als irgend möglich wieder in die Firma zurückzukommen. Der Werkstattleiter hatte in der Zwischenzeit alles für eine Abschleppung notwendige vorbereitet und um etwa 13 Uhr fuhren wir beide mit einem Motorwagen nach Altlengbach zur Unfallstelle.

Was wir bei der Ankunft sahen, erinnerte mich stark an den Eisunfall mit fünf Toten in Deutschland. 23 PKWs waren zusammengefahren und 8 LKWs standen quer, verbeult und zertrümmert auf der Autobahn. Die Polizei war noch immer mit der Unfallaufnahme beschäftigt. Wir mussten noch ungefähr zwei Stunden warten, bis wir zu unserem verunfallten LKW vorfahren konnten. Ganz vorne in der Schlange der verunfallten Autos entdeckte ich auch die drei Firmenautos von Bene, die mir in Sonntagberg entgegen gekommen waren. Alle drei LKWs waren nur noch Schrott. Die Büromöbel lagen zum Teil auf der Straße verstreut und vermischt mit den Ladungen, die von anderen verunfallten LKWs auf die Fahrbahn gerutscht waren. Die PKWs waren teilweise ineinander verkeilt und auf beiden Seiten der Autobahn verstreut.

Als wir ganz vorne bei unserem LKW waren, erzählte uns ein Polizist wie dieser Unfall zustande gekommen war. Unser Firmenkollege sah plötzlich auf seiner Spur einen liegengebliebenen PKW stehen und bremste sofort den LKW ab. Aufgrund der rutschigen Fahrverhältnisse brach bei diesem Manöver der Anhänger nach links auf die Überholspur aus. Beim Versuch, durch Gegenlenken den Anhänger wieder in die Spur zu bringen, geriet auch den Motorwagen ins Schleudern und war nicht mehr unter Kontrolle zu bringen. Der ganze Hängerzug drehte sich einige Male um die eigene Achse und verlor dabei seine geladenen Formrohre, die auf eine Länge von zirka 100 Meter auf die Fahrbahn geschleudert wurden. Die nachfolgenden LKWs und PKWs konnten ebenfalls nicht anhalten und krachten in den LKW. Unser Fahrer wurde bei dem Unfall aus dem Führerhaus geschleudert und kam unter den Motorwagen zu liegen. So wurde er zum Glück nicht überfahren, sondern hatte lediglich Prellungen und erlitt Verätzungen durch den auslaufenden Diesel, der ihm in die Augen spritzte.

Bei den nachfolgenden Fahrzeugen gab es glücklicherweise keine Toten, allerdings drei Schwerverletzte. Etliche leichtverletzte Personen, bei denen keine Einlieferung in das Krankenhaus erforderlich war, wurden gleich an Ort und Stelle versorgt. Der Werkstattleiter und ich hängten den Hängerzug an den mitgebrachten Motorwagen an und schleppten den ganzen Zug nach St. Florian in die Firma. In der Zwischenzeit hatte der Chef bereits 20 Fahrer zur Bergung der Formrohre organisiert und am Samstag fuhren wir mit dem Firmenbus und einigen LKWs nach Altlengbach.

Es war ein sehr kalter Wintertag mit viel Schnee und Temperaturen um die − 8°C. Da dachte ich, eine Pause mit heißem Tee würde uns bestimmt gut tun. Kurzerhand packte ich meinen Gaskocher, Teebeutel, einen 20 Liter Wasserkanister und eine Flasche Rum ein und nahm dies mit. Im Firmenbus ließ ich die Heizung laufen, wem kalt wurde, der setzte sich zum Aufwärmen kurz hinein und bekam von mir einen heißen Tee. Das wurde sehr erfreut von meinen Kollegen angenommen, auch der Chef war sehr angetan von meinem „Teekocheinsatz". Er freute sich auch darüber, dass meine Kollegen und ich ohne Murren bei der Bergung der Formrohre halfen. Mit dem Verstauen der Rohre auf den zwei mitgebrachten LKWs wurden wir gegen Mittag fertig und alle waren froh, wieder nach Hause fahren zu können.

In der Firma angekommen, hat sich der Chef nochmals für meinen Einsatz als „Teekocher" bedankt. Wir blieben alle noch einige Zeit zusammen im Gefolgschaftsraum, um über diesen Tag zu reden. Es war ein schönes Gefühl der Gemeinschaft entstanden und ich fühlte mich gut integriert. Unser verunfallter Kollege konnte nach fünf Tagen wieder aus dem Krankenhaus entlassen werden. Die Firmenleitung sorgte sich sehr um ihn, es gab keinerlei Vorwürfe. Auch das war für mich ein Zeichen, dass ich in einer sehr guten Firma tätig war.

Viele Wochen mit dem alten Hängerzug folgten, in denen nichts Bemerkenswertes vorgefallen war. Eine Woche ähnelte der anderen. Einen ungewöhnlichen Fall möchte ich aber doch erzählen, hat er doch mit dem allseits bekannten Norikum-Skandal zu tun.

Laut meinem Tagebuch musste ich am 29. April 1985 in die VÖEST fahren und mich in der Vergüterei melden. In der Abteilung Vergüterei führte man mich zum Obermeister um ihm zu sagen, dass ich hier wäre, um für Hirtenberg zu laden. Dieser wusste Bescheid und legte mir einen Zettel zur Unterschrift vor. In diesem stand, dass ich niemandem erzählen dürfte, was ich hier im Werk sehen würde. Das war für österreichische Begriffe nun wirklich ein sehr unübliches Vorgehen und ich war darüber einigermaßen verwundert.

Dann stieg der Meister in meinen LKW und wir fuhren gemeinsam zu einer verschlossenen Halle. Das Rolltor wurde per Funk von ihm geöffnet und er wies mich an bis zum zweiten, geschlossenen Tor vorzufahren. Als ich vor diesem stand, schloss er das erste Tor und wartete bis es auch wirklich ganz zu war, erst dann wurde das zweite Tor geöffnet. Auf meine Frage weshalb erst das Einfahrtstor geschlossen sein musste, erklärte er mir, niemand dürfte sehen welche Werkstücke hier erzeugt würden. Dann erhielt ich die Anordnung, den LKW aufzumachen, mich aber auf gar keinen Fall vom LKW zu entfernen. Natürlich befolgte ich diese Weisung, war nun aber schon sehr gespannt, welch streng geheime Ladung ich denn da bekommen würde. Ein Stapler brachte zwei Paletten mit Aufsätzen und stellte diese gleich auf den LKW. Neugierig stieg ich auf die Ladefläche, um die Ware anzusehen.

Was ich nun sah, das überraschte mich allerdings schon sehr! Es waren Kanonengeschosse mit an der Spitze nach innen abgerundeten Hohlkehlen und der Aufschrift - IRAN – PHOSPHOR. Ich glaubte meinen Augen nicht zu trauen als ich das sah, wusste ich doch aus den Medien, dass an kriegführende Staaten keine Kriegswaffen geliefert werden dürften. Der LKW wurde komplett beladen und ich bekam meine Lieferpapiere, auf denen stand, dass ich Messingteile für Hirtenberg geladen hätte. Der Obermeister fragte mich nun wann ich in Hirtenberg sein würde, er müsste mich avisieren. „Morgen früh um 7 Uhr", war meine Antwort.

„Nein, das geht nicht", bestimmte er, „sie fahren jetzt sofort zur Patronenfabrik und aus Sicherheitsgründen bleiben sie auch bis Hirtenberg nicht stehen!" Das kam mir dann doch schon sehr dubios vor. Dass es da wirklich nicht mit rechten Dingen zuging, konnte man ja später im Norikum-Prozess zur Genüge mitverfolgen. Später hörte ich auch, dass ich ja bei weitem nicht der einzige LKW mit solchen Lieferungen war.

Die Presse: 20.04.2010: „Vor 20 Jahren lief der Prozess gegen 18 Voest-Manager. Die Anklage lautete auf Neutralitätsgefährdung, die Causa hatte alle Ingredienzen einer guten Agentenstory. Der Akt umfasste unglaubliche 300.000 Seiten."

Am einem Montag im Herbst bekam ich einen anderen Sattelzug einen DB 1632 Bj. 1978 mit einem Kilometerstand von 953.930 zugewiesen. Mein alter Hängerzug kam nun endgültig in das Inland. Dieses Fahrzeug war die versprochene luftgefederte Zugmaschine. Ab nun war das mein LKW mit einem fixen Aufleger. Wenn ich mal mit einem anderen Sattel ab- oder aufladen musste, bekam ich nachher wieder meinen Sattel. Zur damaligen Zeit war es so, dass jeder Fahrer für einen fixen Sattel zuständig war.

Ab November 1985 wurde das geändert und es fühlte sich keiner für den Sattel der angehängt war verantwortlich. Ich persönlich war ein Gegner dieser Praxis weil es Fahrer gab, die die Voreilung der Auflegerbremse verstellten. Wenn man dann eine andere Zugmaschine ansattelte, bremste der Aufleger entweder zu früh oder zu spät. Ganz zu schweigen, dass sich manche drückten vor dem Schmieren oder einem notwendigen Reifenwechsel bei abgefahrenem Profil drückten. Häufig fehlten die Seitenlatten oder die Dachspiegel waren verbogen, die Bordwände klemmten und wenn grobe Kratzer in den Bordwänden waren, war es natürlich keiner. Die Planen waren oft so undicht und zerrissen, dass man vor dem Laden erst in die Werkstatt fahren musste. Aber das war nur meine

Meinung als Fahrer, unser Auslandsdisponent hatte da eine andere Sicht der Dinge.

Was sich einigermaßen in Grenzen hielt war das „Über-die-Grenze-stellen". Dafür waren in jeder zweiten Woche zwei Touren zu fahren. Das war mir aber sowieso viel lieber, als am Sonntag wegfahren zu müssen. Mit meinem doch schon etwas älteren LKW hatte ich Freude weil es in Ausnahmefällen möglich war, die Ruhezeit auch einmal zu „zeichnen", was ich bei den anderen nicht konnte. Meine hauptsächlich angefahrenen Firmen waren: VÖEST Linz, VÖEST Krems, Neuber Guntramsdorf, Hösch Hagen, Hösch Dortmund, Krupp Duisburg, Maisch Gaggenau, Petri Wien, Blume Stuttgart, Panalpina Wien und Stuttgart, sowie Bosch Wien und Stuttgart. In der Woche wurden im Durchschnitt an die 3.500 Kilometer gefahren.

Am 2. Februar 1986 sah ich beim Wegfahren in St. Florian, dass in Kürze der Kilometerzähler wieder bei null anfangen würde, das hieß, mein LKW würde dann die 1.000.000 km-Grenze überschreiten. „Für sein Alter läuft er noch ganz gut", dachte ich mir. Kurz vor der Grenze in Schärding war es soweit - der Tacho zeigte lauter Nullen an.

Als ich gerade bei der Ausfahrt Limburg in Hessen war, der Kilometerstand zeigte 700 an, bremste der Motor plötzlich ganz stark ab, ich wurde in eine weiße Wolke gehüllt und der Motor stand still. Durch Treten der Kupplung konnte ich den ganzen Sattelzug gerade noch auf den Pannenstreifen ganz rechts ausrollen lassen. Der Motor war kaputt – er hatte einen Kolbenverreiber. Ein Deutscher Kollege der hinter mir nachgefahren war, blieb stehen und nahm mich die 2 Kilometer bis zum Rasthaus Limburg mit. Nach einem Telefonat mit der Firmenleitung wurde mir gesagt, ich sollte einen Abschleppwagen bestellen um den LKW in das Rasthaus zu schleppen, mich am nächsten Tag um ungefähr 10 Uhr wieder melden, dann würde ich genaue Anweisungen über das weitere Vorgehen bekommen. Die Abschleppfirma war in zwei Stunden da, zog mich auf den Parkplatz des Rasthauses Limburg und ich machte hier „Zwangspause".

Am nächsten Tag teilte mir die Disposition mit, es würde ein Kollege mit einer Zugmaschine ohne Sattel kommen und wir würden dann zu zweit in Oberhausen meine Ladung abliefern. Sobald wir wieder beim defekten LKW zurück wären, sollten wir einen Kran bestellen und von diesem den LKW auf den Sattel heben lassen. Herr Keller wäre bereits um 4 Uhr früh weggefahren und würde um die Mittagszeit eintreffen. Das war Planung und Information, wie ich es mir vorstellte! Der Kollege traf pünktlich ein. Wir fuhren gleich weiter zur Firma nach Oberhausen und konnten später sogar noch den Aufleger abladen. Anschließend ging es sofort wieder zum LKW nach Limburg zurück und ich konnte in meinem LKW Bett schlafen. Morgens rief ich als erstes die Abschleppfirma an und diese kam eine Stunde später. Der LKW wurde aufgeladen und um 11 Uhr ging es wieder nach Hause.

Am Montag zeitig in der Früh wurde der LKW in die Werkstätte in St. Florian gebracht und sofort mit dem Ausbau des Motors begonnen. Eigentlich sollte ich als „Handlanger" dabei sein, aber um 9 Uhr musste ich mit einem anderen LKW nach Deutschland fahren, weil der zuständige Fahrer überraschend krank geworden war. Als ich am Mittwoch von dieser Tour zurückkam, half ich wieder in der Werkstatt bis der Ersatzmotor eingebaut war. Ab Mittwoch den 16. Februar um 16 Uhr war mein LKW wieder voll einsatzfähig.

Auch in den nächsten Wochen hatte sich an den Touren nicht viel geändert, aber das Umsatteln und Vorladen für Kollegen wurde immer mehr. Das war ein ganz heikles Thema unter den Fahrern, weil einige wirklich Nutznießer davon waren. Wer sich unterwegs viel Zeit ließ und spät in St. Florian eintraf, brauchte weniger häufig für die anderen vorladen. Wir hatten da unsere „Spezialisten", die sich die Zeit so einteilten, dass sie so knapp in die Firma kamen, dass sie nur Umsatteln brauchten, um gerade mit der Fahrzeit über die Grenze zu kommen. Zum Wochenende hin waren diese Fahrer aber meistens die ersten die am Samstag auf dem Firmenhof abstellten.

Ein Jahr lang funktionierte das ganz gut, aber dann fingen einige Fahrer an zu murren und sich zu weigern, solche Sonderladungen für andere zu machen. Daraufhin wurde vom Chef eine Fahrerversammlung einberufen. Nach einigen Diskussionen gestand dieser den Fahrern einen gewissen Betrag für diese Mehrarbeit zu. Es war zwar nicht viel, aber zumindest eine kleine Anerkennung. Für das Erste waren damit die Gemüter beruhigt. Einen Tag mit solchen Zusatzarbeiten, nämlich den 22. Mai möchte ich hier näher beschreiben.

Die Ladung – ein Import von Deutschland - wurde in Wels bei Interplastik teilabgeladen. Eine Rolle Blech wurde noch auf dem Sattel L 39.066 in der Firma abgehängt und Aufleger L 38.460 leer angehängt. In der VÖEST wurde für Maisch Gaggenau geladen, in der Firma wurde dieser Aufleger wieder abgehängt und der Aufleger L 39.844 aufgesattelt und bei Leitenberger in Traun abgeladen. Dieser leere Sattel wurde in St. Florian nachher wieder abgehängt und Sattel L 39.570 leer angehängt um am Freitag in der VÖEST zu laden. Aber ich konnte noch immer nicht Feierabend machen, weil genau in dieser Woche der Ölwechsel und das Abschmieren fällig waren. Somit hatte ich von 9 Uhr bis zum Ende des Service um 19 Uhr zum Grundlohn noch 60 Schillinge dazuverdient. Das war nicht gerade umwerfend, wäre ich in dieselben Zeit im Ausland unterwegs gewesen hätte ich mindestens das Achtfache verdient.

Das Geschäft wurde immer mehr, aber die Kapazitäten wurden nur ganz langsam erhöht. Zu diesem Problem kam noch dazu, dass die Menge der Deutschlandgenehmigungen bei Weitem nicht ausreichten. Es mussten deshalb immer mehr LKWs in Wels auf die Bahn um nach Mainz oder von München nach Köln zu fahren. Jede Fahrt mit der Bahn brachte eine halbe Deutschlandgenehmigung. Das hieß, wenn 10 LKWs mit der Bahn fuhren, bekamen die Firmen fünf ganze rote Karten für Deutschland. Zum Teil konnte ich das ja verstehen, weil ich sah wie die Firma in den letzten Jahren gewachsen war. Häufig aber kam es vor, dass die Bahnfahrten nicht gerecht verteilt wurden oder werden konnten. Das wirkte sich auf das Einkommen des betroffenen Fahrers negativ aus, weil ja bei einer Zugfahrt nichts verdient wurde.

Eine Fahrt mit der Eisenbahn war zudem alles andere als erholsam für die Fahrer und verlief folgendermaßen: Arbeitsbeginn um 4 Uhr morgens in der VOEST um für die Hütte Krems zu laden, dort abladen und Formrohre laden. In dieser Zeit konnte man bestenfalls ein oder zwei Wurstsemmeln essen und einen Automatenkaffee trinken. Nach dem Warten auf die Papiere, was meist so um die zwei Stunden dauerte, wurde nach St. Florian zurückgefahren. Dort musste man die Papiere abgeben, noch rasch den LKW betanken und so schnell wie möglich nach Wels zum Huckepack-Bahnhof fahren, weil man um spätestens 17 Uhr vor Ort sein musste. Schaffte man das nicht, wurde der reservierte Platz auf dem Zug an einen anderen vergeben. Um 18 Uhr konnte das Auffahren der LKWs auf die Waggons beginnen.

Der Fahrer musste dann selbst mit bahneigenen Unterlegkeilen den LKW sichern und anschließend mit seinem Bettzeug unter dem Arm in den Fahrerwaggon gehen. Diese Waggons waren uralt und rochen furchtbar nach altem Schweiß. Häufig kam es vor, dass man erst in der Firma erfuhr, dass man Huckepack fahren müsste, da blieb keine Zeit mehr um sich etwas zu Essen zu kaufen. In Bahnhofsnähe befand sich damals nirgends ein Kiosk oder ein Geschäft, wo man sich noch rasch etwas hätte kaufen können und sobald der LKW verladen war, konnte man ja nicht mehr wegfahren. Wer also nicht zufällig eine Reserveration im LKW mitgehabt hatte, musste sich bis zur Ankunft am nächsten Tag in Mainz gedulden - und hungern.

An heißen Sommertagen, wenn man verschwitzt einstieg, konnte man sich nicht oder zumindest nicht gründlich waschen. Im Zugabteil war zwar ein Waschbecken in der Toilette angebracht, so wie es jeder von den normalen Zugsfahrten kennt. Aber für 20 Personen war das gar nichts. Auch geschah es des Öfteren, dass sich gar kein Wasser im Tank befand. Im Winter fiel oft die Heizung aus oder sie wurde erst während der Fahrt eingeschaltet. Da kam es nicht selten vor, dass man bei Minusgraden in den Waggon einsteigen musste und es bis weit nach Mitternacht dauerte, bis es einigermaßen warm wurde.

Um ungefähr 5 Uhr früh kam man in Mainz/Bischofsheim an. Nach Abfahrt vom Waggon und nach der Verzollung konnte man meistens ab 8 Uhr die Fahrt zum Kunden antreten. Auch jetzt gab es nirgendwo eine Gelegenheit sich zu Waschen. Das Frühstück fiel aus, weit und breit gab es nichts als Geleise. Des Öfteren waren mehrere Abladestellen anzufahren und retourladen musste man natürlich auch. Meistens waren wir im Ruhrgebiet oder im Siegerland retourladen, von dort waren es dann noch 3 Stunden Fahrzeit bis Mainz. Hatte man in der Nacht im Eisenbahnwaggon kaum ein Auge zugemacht, hieß es nun den ganzen Tag schnell Abladen, zur Ladestelle zu fahren und zu hoffen, dass es überall schnell gehen würde, um 18 Uhr spätestens musste man wieder in Mainz sein, wenn man mitgenommen werden wollte. Das war den ganzen Tag über Stress, den ich so zuvor nie gekannt hatte.

Anfangs war es nur einmal pro Monat, aber ab März 1987 war es schon zwei bis vier Mal im Monat. Wenn extrem viel Arbeit war und die roten Karten zur Neige gingen, mussten wir auch von München nach Köln auf der Bahn fahren. Das war derselbe Zeitdruck, hier kam auch noch die Anfahrtsstrecke auf der Straße bis

München dazu. Wenn man erst um 13 Uhr in St. Florian abfahren konnte, wurde das Ganze ein Wettlauf mit der Zeit. Immer hoffte man, dass es in Schärding auf der Grenze schnell gehen würde, bei der Fahrt nach München kein Unfall und somit kein Stau wäre. Endlich in München angekommen, konnte man noch immer nicht sicher sein, dass man es schaffte. Der Bahnhof in München lag ziemlich im Zentrum und bis dorthin musste man vom Stadtrand bis zum Bahnhof nochmals mit einer Stunde Fahrzeit rechnen. Da konnten etliche auf „rot" geschaltete Ampeln schon an den Nerven zerren. Doch nicht nur der Zeitdruck machte allen zu schaffen, sondern auch dass die Fahrt mit der Bahn ein ganz erheblicher finanzieller Verlust für die Fahrer war.

Jeder hatte da seine eigene Methode zu versuchen, diesem ungeliebten Bahnfahren zu entgehen. Einige Fahrer wurden davon überhaupt verschont, weil sie nur im süddeutschen Raum unterwegs waren. Meiner Erfahrung nach war die beste Methode zu sagen, dass man mit der Bahn fahren wollte. Seltsamerweise bekam man zu 90 Prozent als Antwort – dass das heute nicht mehr gehen würde, es wäre kein Platz mehr frei. Dies machte ich sehr oft, erstaunlicherweise häufig mit Erfolg.

Die Firma wurde immer grösser, aber auch die Probleme mit den Fahrern. Es gab neu eingestellte Fahrer die sich an gar keine gesetzlichen Regeln hielten, die kurvten Tag und Nacht, also nahezu rund um die Uhr. Meist hielten sich diese Fahrer nicht lange. Wenn sie aber nach einem halben Jahr die Firma wieder verließen, hatten sie Zeiten vorgegeben, die Fahrer, die sich wenn möglich an die gesetzlichen Vorschriften hielten, einfach nicht erfüllen konnten. Oft hieß es dann: „Na, das geht schon, weil *der* hat das doch auch hingekriegt!" Trotzdem achtete ich nur in absoluten „Notfällen" nicht auf das Gesetz und auch nur dann, wenn ich ausdrücklich von der Disposition eine Anweisung bekommen hatte. Dadurch hatte ich glücklicherweise mit der Disposition kaum Differenzen.

Im Juli 1987 bekam ich einen fabrikneuen Daimler Benz 1935 mit einer Computerschaltung. Das bewies, dass ich auch in der Firmenleitung als verlässlicher Fahrer angesehen wurde. Es gab mindestens 25 Fahrer die auch mit so einem alten Auto unterwegs waren wie mein luftgefederter DB, manche davon waren bereits an die 10 Jahre und mehr in der Firma. Auch sie hofften auf diesen neuen Daimler und ich hatte ihn bekommen und war gerade mal 2 Jahre in der Firma. Dass ich stolz war, brauche ich wohl nicht extra zu betonen - ich vermutete darin eine Belohnung, weil ich bis dahin noch keine Arbeit verweigert hatte. Die Arbeit blieb wie sie war, nur mit dem neuen Auto machte sie mehr Spaß.

Mitten in einer Massenkarambolage

Der Winter mit seinen Kapriolen sorgte jedes Jahr für Aufregung – sogar dann noch, als man gar nicht mehr damit rechnete, da kalendermäßig schon beinahe Frühling war. An einem Dienstag, dem 1. März 1988, schlug völlig überraschend das Wetter noch einmal um und es gab ein ganz starkes Schneetreiben. Die Sicht betrug maximal 50 Meter und die Straße wurde rasch sehr glatt. Ich war gerade auf der A6 in Richtung Nürnberg unterwegs. Für mich war nur wichtig auf Sicht zu fahren, mit meinem nicht einmal einem Jahr alten Auto einen Unfall zu haben war das Letzte, was ich brauchen konnte.

So war ich mit maximal 65 km/h unterwegs und wurde dabei von etlichen LKWs überholt, wobei mir signalisiert wurde, dass ich wohl schlafen würde. Trotzdem fuhr ich nicht schneller, die Sicherheit war mir wichtiger.

Kurz vor der Ausfahrt Dorfgütingen war es dann passiert. Ein Autobus kam ins Schleudern und stellte sich quer über alle Fahrspuren und den Pannenstreifen. Etliche PKWs konnten nicht mehr rechtzeitig stehenbleiben und krachten in den Autobus hinein. Die LKWs denen ich gerade vor 5 Minuten noch zu langsam war, stellten sich ebenfalls quer und krachten in die PKWs, insgesamt verkeilten sich 4 LKWs. Das ganze sah ich selbst wegen des Schneesturms erst im letzten Moment und bremste was ich konnte. Nun kam das ABS-System des LKWs erstmals voll zum Einsatz. Aufgrund meiner geringen Geschwindigkeit schaffte ich es gerade noch fünf Meter vor dem Unfall zum Stehen zu kommen. Aber hinter mir ging jetzt auch die „Hölle" los. Ein anderer LKW der gerade angesetzt hatte, mich zu überholen, fuhr mit der Zugmaschine in die Mittel-Leitschiene, um mir nicht aufzufahren. Der Aufleger stellte sich dann auch quer und blockierte hinter mir die Fahrspuren. In diesen Aufleger krachten wieder etliche LKWs und auch PKWs. Ich war in der Mitte des Unfalls und hatte unbeschreibliches Glück – wie durch ein Wunder hatte ich keinen einzigen Kratzer am LKW abbekommen. Dasselbe passierte mir noch ein Mal. Davon aber später...

Erleichtert stieg ich aus und ging zu den LKWs und PKWs vor mir, um zu sehen, ob es Verletzte gab und ob ich helfen könnte. Zwei PKW-Fahrer hatten sich den Kopf etwas härter angeschlagen, aber sonst war glücklicherweise niemand verletzt. Bei einem LKW-Fahrer angekommen, der mir gedeutet hatte doch schneller zu fahren, konnte ich mir die Frage nicht verkneifen, ob das nun besser wäre oder ob nicht doch langsamer fahren mehr angebracht gewesen wäre. Derjenige, der zuvor am ungeduldigsten gewesen war, war offenbar sehr erschüttert, denn er weinte wie ein kleines Kind und wiederholte ständig: „Wäre ich doch langsamer gewesen."

Es dauerte von 15:30 bis 18:45 Uhr bis die Autobahn soweit frei wurde, dass wir weiterfahren konnten. Aber für heute hatte ich genug. Es schneite immer noch stark und ich fuhr in Dorfgütingen ab und kehrte im Gasthof Hofmann in Mittelstetten ein.

Laut Verkehrsmeldungen im Radio war das nachträglich gesehen die sicherlich beste Entscheidung, weil bei Nürnberg die Autobahn nochmals nach einer Massenkarambolage für geschlagene 8 Stunden gesperrt worden war. Durch das Stehenbleiben hatte ich also nicht einmal einen Zeitverlust, ich hatte mich in Ruhe duschen können und konnte mich nach einem sehr guten Essen auch ordentlich ausschlafen. Da ich damit auch meine Ruhezeit schon einhielt, hatte ich am nächsten Tag wieder die volle Fahrzeit und brauchte mich vor einer Kontrolle nicht fürchten. Rückblickend gesehen, konnte ich froh sein, dass ich die Nerven behalten und mich von den anderen Verkehrsteilnehmern nicht antreiben lassen hatte.

Winterlich Fahrbedingungen war etliche Wochen zuvor auch einer jungen Frau zum Verhängnis geworden.

Nach einer Pause im Rasthaus Jura fuhr ich am späten Vormittag weiter auf der A3 von Nürnberg nach Passau. Es war ein sehr kalter Tag mit − 11°C, starker Wind trieb den Schneefall beinahe waagrecht über die Autobahn. Leider sahen die PKW-Lenker, wie es leider häufig vorkam, nicht unbedingt eine Veranlassung die Geschwindigkeit ihrer Fahrzeuge ein wenig zu drosseln. Kurz nach dem Rasthaus führte die Autobahn über eine langgezogene, hohe Brücke deren Verlauf nach rechts ging. Erfahrungsgemäß wusste ich, dass es auf einer Brücke allein schon wegen der Eisbildung gefährlich wäre. Meine Befürchtung aber war, dass die Rechtskurve zum Problem werden könnte, als die PKWs so schnell an mir vorbeizogen.

Von weitem nahm ich auch bald einige Schleudervorgänge der schnellen PKWs wahr und nahm das Gas noch mehr zurück. Glücklicherweise schafften es einige aber, ihr Auto heil und ohne irgendwo anzufahren anzuhalten. Manchen gelang das leider nicht mehr und sie krachten in die Leitschienen, wobei die Autos ziemlich demoliert wurden. Gerade als ich den LKW komplett abbremste um an der Unfallstelle zu stoppen, zog ein VW Käfer mit ungefähr 70 km/h an mir vorbei. Einige Meter nach meinem LKW geriet auch dieser Wagen ins Schleudern, schlitterte von einer Brückenseite zur anderen, sich dabei immer um die eigene Achse drehend und wurde nach 50 Metern komplett demoliert von der Leitschiene gestoppt. Mittlerweile stellte ich meinen LKW am Pannenstreifen ab und lief rasch zu diesem VW Käfer, dessen rückwärtige Hälfte auf die Überholspur hinausragte, um zu sehen ob der Fahrer verletzt wäre. Auf dem Fahrersitz saß blutüberströmt eine junge Frau von ungefähr 20 Jahren, die entsetzlich weinte. Das Blut tropfte unentwegt vom Kopf auf ihr Kleid. Die Verletzte hatte sich eine böse Platzwunde auf der Stirn zugezogen und vermutlich einen Schock.

Da es draußen extrem kalt war, die Fahrerin nicht eingeklemmt und auch ansonsten keine Verletzungen gehabt hatte, bot ich ihr an, in den warmen LKW zu steigen. Auf dem Beifahrersitz schluchzte sie unentwegt, dass sie das Auto von Papa zu Schrott gefahren hätte. Während ich ihr einen Verband anlegte, versuchte ich sie zu trösten und meinte, dass ihr Papa wegen des Autos bestimmt nicht böse sein würde, sondern heilfroh, dass dieser Unfall nicht schlimmer ausgegangen war. Die bereits von Autofahrern auf der gegenüberliegenden Fahrbahn verständigte Rettung und Polizei trafen nach ungefähr einer halben Stunde ein. Der Rettungsfahrer kontrollierte den Verband, bezeichnete ihn als „fachgerecht" und nahm die junge Frau aber sicherheitshalber zu einer genaueren Untersuchung mit. Die Polizei nahm meine Personalien als Zeuge auf, dann fuhr ich wieder weiter Richtung Passau.

Wochen später gab mir meine Frau zu Haus eine sehr nette Karte die für mich gekommen war. Sie stammte von dem Vater der jungen Frau. Die Eltern bedankten sich für meinen fürsorglichen und beherzten Einsatz und luden mich ein sie zu besuchen, sollte ich einmal wieder in diese Gegend kommen. Die Zeit für einen Besuch hatte ich zwar nie, aber über die Karte freute ich mich sehr.

Die Firma Hofmann & Neffe konnte nach wie vor expandieren. Allerdings wurde auch streng darauf geachtet, die Kosten so gering wie möglich zu halten. Das vorrangigste Ziel wurde uns Fahrern erklärt, wäre so wenig Diesel zu verbrauchen als unbedingt nötig. Um dies auch umsetzen zu können, würden nun Schulungen gemacht an denen jeder Fahrer teilzunehmen hatte. Die erste Gruppe bestand aus 20 Fahrern von denen auch ich einer war. Wir trafen uns am Samstag, den 2. Juli, in der Mercedes-Pappas-Niederlassung in Linz, wo die Schulung durchgeführt wurde. Vormittags war theoretischer Unterricht und nachmittags praktische Fahr- und Schaltschulung. Über diese Fahrerschulung habe ich heute noch eine Videokassette, bei der man die Fahrstrecke sieht und die Schaltvorgänge hören kann.

Gefahren wurde mit meinem LKW, weil in diesem ein Dieselmessgerät installiert war. Bei 7 Fahrern, die eine Strecke von je 70 Kilometer gefahren waren, wurde ein Dieselverbrauch von 42 Litern am Computer angezeigt. Ob ich einen Vorteil hatte, dass mit meinem LKW gefahren wurde, weiß ich nicht - ich verbrauchte auf derselben Strecke 36 Liter. Der Testfahrer von der Firma Papas, der bei jedem mitfuhr, war von meiner Fahrweise begeistert, und meinte da könnte sogar er noch etwas lernen.

Der Unterschied lag vermutlich darin, dass ich bei den unteren Gängen die Halbgänge übersprang und den Motor bis 800 Umdrehungen herunterließ, um mit dem Drehmoment die Kraft des Motors arbeiten zu lassen und nicht mit einer hohen Drehzahl gefahren war.

Nach dieser Schulung ging der Alltag weiter wie immer. Es gab keine besonderen Vorkommnisse. Die Firma war mittlerweile bereits auf 120 LKWs angewachsen. Leider nahmen aber auch die fast „entgeltfreien Fahrten" rapide zu, ebenso die Bahnfahrten von Wels und München. Ich habe Aufzeichnungen aus denen ersichtlich ist, dass ich im Jahr 1989 über Wochen nur Aufleger abladen oder vorladen musste und nur im Inland fuhr. Wenn ich einmal in das Ausland fuhr, dann mit Sicherheit sonntags mit der Bahn nach Mainz.

So gut mir auch das Betriebsklima gefiel, es wuchs dennoch auch meine Unzufriedenheit mit der Arbeit die mir aufgetragen wurde und der daraus resultierende niedrige Verdienst. Das allgemeine Verhältnis zwischen Chefetagen und der Belegschaft verschlechterte sich zunehmend. Die Belegschaft wollte sich nun mehr gewerkschaftlich organisieren, um mehr Druck ausüben zu können, was aber für das erste misslang. Ein Fahrer, der die Gewerkschaft im Betrieb organisieren wollte, wurde entlassen und die anderen Kollegen wussten nicht so recht, wie sie sich nun verhalten sollten.

Bei diesen Versuchen sich zu organisieren spaltete sich die Belegschaft in drei Teile. Die einen wollten zur Gewerkschaft, die anderen wollten nichts davon hören und der dritten Gruppe war alles egal, weil sie ja sowieso vorhatten, nicht lange in der Firma zu bleiben. Diese Unzufriedenheit hatte zur Folge dass es im Jahr 1989 keine Weihnachtsfeier mehr gab.

Daraufhin organisierten die selbst ernannten „Betriebsräte" eine eigene „Feier" die aber meiner Meinung nach keine Feier war, sondern ein Aufruf zur Rebellion. Es vergingen die Wochen und auch ich wurde zunehmend durch die allgemeine Unzufriedenheit angesteckt.

Meine Kinder waren mittlerweile in das Teenageralter gekommen und beide gingen in höhere Schulen. In dieser Zeit erhöhten sich auch die Wohnungskosten, weil keine Wohnbeihilfe mehr genehmigt wurde. Mein Verdienst reichte gerade noch aus, um alles zu bezahlen. So ging ich im Mai 1990 zum Chef. Meine Absicht war, mehr Geld zu verlangen oder die fast kostenlosen Arbeiten nicht mehr machen zu müssen, um wieder wie früher zwei Touren pro Woche in das Ausland fahren zu können. Ich hoffte sehr, dass dies möglich sein könnte, weil ich ja gerne in der Firma bleiben würde.

Der Chef meinte dazu, dass er diesen Wunsch ja unterstützen würde, aber das aus Fairnessgründen nicht könnte. Spätestens in zwei Monaten würden die anderen Fahrer dasselbe fordern. So fing ich an zu überlegen, wie lange ich noch bei dieser Firma fahren würde können.

Im Mai 1990 war ich wieder einmal in der „Martina" und dort war auch Peter der ehemalige Disponent von Bürger, der nun seit etlichen Jahren bei Maier in Wels als Disponent und Versicherungsbeauftragter tätig war. Wir unterhielten uns über die Arbeit, ich erzählte ihm von meinen vielen Bahnfahrten und dem kostenlosen Auf- und Abladen der Aufleger.

Er bot mir an, doch zu Maier zu kommen – er würde die Silozüge disponieren. In Kürze würde ein neuer Silozug angekauft, den würde er mir geben. Er lockte mich damit, dass ich da sicher keine Bahnfahrten und auch keine kostenlosen Auf- und Abladungen zu machen hätte. Die Bezahlung wäre ansonsten gleich wie bei meiner derzeitigen Firma. Das hörte sich für mich sehr gut an, aber ob es denn wirklich so wäre? Nach kurzem Überlegen und einer weiteren Bahnfahrt entschloss ich mich, doch zu Maier zu wechseln und ging zu Herrn Danninger um zu kündigen. Er meinte es täte ihm leid, aber mich mit unerfüllbaren Versprechungen halten zu wollen, das könnte er nicht. Er wünschte mir alles Gute und ich verließ die Firma Hofmann & Neffe am 12. Juni 1990.

Bei einem Unternehmen in Wels

Am 15. Juni 1990 war dann für mich bei Maier der erste Arbeitstag. Ich sollte mit einem Silofahrer mitfahren, der aber etwas später ankam als geplant. Somit hatte ich Zeit mir die Firma und alles was sich hier so tat ein wenig anzusehen. Leider war schon der allererste Eindruck für mich alles andere als positiv. Hier ging es sehr unpersönlich zu, alles schnell, schnell und der Umgangston war nicht kollegial, sondern ziemlich barsch. Bereits jetzt keimte in mir der Gedanke auf: „Oje, Hans, ob du da nicht einen Fehler gemacht hast, hoffentlich bereust du das nicht!"

Gegen Mittag kam Herr Jung mit dem Silo, ich stieg zu und wir fuhren zur Grenze nach Suben. Nach der Verzollung fuhren wir nach Lengerich ins Ruhrgebiet und leerten den LKW. Anschließend ging es nach Krefeld, um für Neusiedler Papier in Ulmerfeld zu laden. Nach der Ruhezeit um 2 Uhr früh startete ich den LKW und fuhr bis zum Rasthaus Jura. Von dort telefonierte ich mit der Firma und erhielt den Bescheid in Wels würde am Abend ein anderer Fahrer auf mich warten. Ich sollte in Wels aussteigen, nach Hause fahren und um 21 Uhr wieder kommen. Beim Nachhause fahren dachte ich mir, dieser Firmenwechsel war doch wirklich das „Allerdümmste", was ich bisher gemacht hatte. Aber nun ja, es war nun einmal geschehen, so musste ich wohl oder übel die Folgen tragen.

Um 21 Uhr war ich also wieder in Wels und stieg in einen Planensattel ein. Der Fahrer, Herr Jäger, war ein ruhiger und angenehmer Typ. Wir fuhren nach Quickborn mit Daplen und anschließend leer nach Hamburg in den Hafen, um Bananen zu laden. Leider waren wir etwas zu früh da, das Schiff war noch nicht gelöscht. So mussten wir bis zum nächsten Tag warten. Wir fuhren nach Georgs Werder in den Autohof und von dort mit der Schnellbahn in das Stadtzentrum von Hamburg, besichtigten die Landungsbrücken und machten eine Hafenrundfahrt.

Am nächsten Tag um 10 Uhr waren wir fertig beladen und starteten nach Hause. Unterwegs meldete sich Jäger bei der Disposition, diese beorderte uns nach Wels. Dort sollte ich aussteigen und am nächsten Tag ein fixes Auto übernehmen. Jetzt bekam ich den versprochenen Silo, na - dann war ich vielleicht doch etwas voreilig, dachte ich mir.

Dem war aber nicht so, ich übernahm am 27.Juni 1990 einen geladenen Planenzug, um mit diesem nach Peine zu fahren und die geladenen Papierrollen abzuladen. In Peine machte ich nach der Entladung den LKW sauber und fuhr dann nach Ende der Ruhezeit weiter nach Schüttdorf zu Spedition Fiege. Da hatte ich mir etwas angefangen, eine Spedition nach der anderen. Ich war sehr ärgerlich und haderte mit mir selber – für diese Arbeit hätte ich keinen Firmenwechsel gebraucht.

Bei der Beladung in Deutschland waren drei Kunden anzufahren und in Österreich zwei Speditionen und zwei Direktzusteller. Am Montag nach der Entladung sprach ich mit Peter wegen der vielen Entladestellen. Dieser versicherte mir, dass dieses bestimmt nur vorübergehend wäre. Er würde die Disposition anweisen mir, wenn möglich, Komplettladungen zu geben. Vorhanden wären diese ja zur Genüge, es läge nur an der Einteilung. Im Übrigen, so meinte Peter, wären es ja ohnehin höchstens zwei bis drei Wochen und dann bekäme ich ja meinen Silozug.

Das ich nur noch Komplettladungen bekommen würde, hatte ich nicht zu hoffen gewagt, aber es war tatsächlich so. Jede Woche fuhr ich zwei Mal nach Norddeutschland oder von Schwechat und Kremsmünster nach Ostende in Belgien. Das hatte mich wieder einigermaßen versöhnt und ich wurde von den Disponenten gelobt, weil ich - wie sie selber sagten - pünktlich wäre, wie eine Uhr. Sagte ich, um 14 Uhr beim Kunden, so war ich exakt um diese Zeit dort. Über diese Eigenheit staunt meine Frau heute noch manchmal. Wenn ich irgendwo unterwegs wegfahre und eine Uhrzeit angebe wann ich zu Hause eintreffe, meint sie oft: „Nach dir könnte man wirklich die Uhr stellen". Wahrscheinlich ist es einfach eine Erfahrungssache, im Laufe der Zeit eine Fahrstrecke richtig einschätzen zu können.

Seit meinem Gespräch mit Peter waren nun mittlerweile fünf Wochen vergangen und weit und breit war kein neuer Silo zu sehen. Schon glaubte ich nicht mehr an ein neues Auto. Wollte ich nachfragen, war Peter nicht zu erreichen. Manchmal geisterten Gedanken durch meinen Kopf, mit der Fahrerei komplett aufzuhören und irgendeine gutbezahlte Arbeit zu suchen.

Im Juli musste ich in Schwechat bei der Boreales laden und glaubte meinen Ohren nicht richtig zu trauen, als es hieß in Wien auf die Bahn nach Regensburg. Es waren fast keine Genehmigungen mehr vorhanden und ich würde in Zukunft des Öfteren mit der Bahn fahren müssen. Natürlich musste ich mich fügen und fuhr zum Wiener Südbahnhof. Nach der Entladung konnte ich Peter endlich telefonisch erreichen und wollte wissen, was denn nun mit dem neuen Silozug wäre.

Er entschuldigte sich bei mir, dass ich ihn so lange nicht erreicht hätte und meinte, wir sollten das dann zu Hause besprechen. Das empfand ich beinahe schon als Bestätigung, dass es mit dem versprochenen Silozug nun anscheinend nichts werden würde. Zu Hause erklärte er mir, dass wie schon erwartet, kein neuer Silozug gekauft worden war sondern sogar im Gegenteil, die vorhandenen Silozüge verkauft werden müssten. Das Geschäft lief leider nicht so wie erhofft. Das war nun wirklich „harter Tobak" für mich.

Es war Mittwoch und ich hatte noch nicht entschieden was ich machen würde, also kündigte ich vorläufig noch nicht. Aber dieser Wunsch wurde immer stärker, als ich erfahren hatte, dass ich sowohl Export als auch Import mit der Bahn durchführen müsste. Während der Bahnfahrt nach Mainz, nahm ich *mich* selbst sehr kritisch ins Gebet und machte mir viele Vorwürfe. Wie hatte ich nur so dumm sein können? So blauäugig auf ein paar Versprechen hereinzufallen und so voreilig die Firma zu wechseln? Es gibt doch keine Firma, in der immer alles hundertprozentig perfekt ist.

Frustriert über mich selbst und in weiterer Folge über die Fahrerei, wollte ich am liebsten etwas ganz anderes machen, aber was? Ich dachte an meine Frau die froh wäre, wenn ich auch mal jeden Tag zu Hause wäre und für meine zwei Kinder im Teenageralter wäre es bestimmt auch kein Nachteil.

Die ganze Fahrt nach Mainz konnte ich nicht schlafen, aber der berühmte Geistesblitz kam nicht und ich kam zu keiner Entscheidung. Meine Retourladung waren Papierhülsen für die Firma Tann Papier in Traun und deswegen stellte ich den geladenen LKW nach der Ankunft direkt am Werksgelände der Firma ab. Der Pförtner war ein gesprächiger Mann und wir kamen unter anderem auch auf das Fernfahren zu sprechen. Ich gestand ihm, wenn ich irgendwie könnte, würde ich sofort damit aufhören, um jeden

Tag zu Hause sein zu können. Daraufhin meinte er: „Wenn du das wirklich willst, wir suchen immer Leute, ich bin sicher, auch du würdest bei uns einen Arbeitsplatz finden. Die Leute bei uns verdienen sehr gut, allerdings darf es dir nichts ausmachen in Dreier-Schichten zu arbeiten. Das war eine Perspektive, die ich noch nie in Betracht gezogen hatte. Ich ging von der Firma Tann zu Fuß nach Hause und redete mit meiner Frau über diese nun neue Situation. Wenn der Verdienst ausreiche und ich mit dem „Schichteln" klar kommen würde, wäre das natürlich super.

Montags nach der Entladung ging ich mit einer schriftlichen Bewerbung in das Personalbüro und wurde zum Betriebsleiter geschickt. Dort wurde mir meine voraussichtliche Arbeit gezeigt und ich konnte mir durchaus vorstellen, das zu erlernen. Ich würde in die Abteilung kommen, in welcher die Mundstücke der Zigaretten perforiert wurden. Über den Stundenlohn und die Schichtzulage war ich äußerst angenehm überrascht. Wenn dies so stimmen würde, wäre die Auszahlung am Monatsende gar nicht so weit entfernt vom Monatsverdienst eines durchschnittlichen Fernfahrerlohnes.

Der 5. August wurde als Arbeitsbeginn vereinbart und ich fuhr mit dem LKW in die Firma nach Wels zurück mit der Gewissheit, eine Bahnfahrt oder Speditionsfahrt würde ich nicht mehr machen. Genau so war es, ich sollte wiederum in Nettingsdorf laden und ab Wels auf der Bahn nach Mainz fahren. Dankend lehnte ich ab, räumte meine Privatsachen aus dem LKW, übergab den LKW dem Werkstattmeister, brachte meine Kündigung ins Büro und verabschiedete mich bei Maier für immer. Beim Hinausgehen war ich mir sicher, auch das Kapitel „Fernfahren" für immer abgeschlossen zu haben und hier das letzte Mal auf einem LKW gesessen zu sein. Beinahe auf den Monat genau hatte ich mein Berufsleben nun 20 Jahre lang auf der Straße zugebracht. Irgendwie fühlte ich mich befreit und freute mich nun auf einen ganz neuen Abschnitt in meinem Arbeitsleben.

Als Schichtarbeiter bei Tann Papier in Traun

So begann ich im August bei Tann als Elektro-Perforierer. Die Einschulung dauerte 10 Tage. Natürlich war alles neu und ungewohnt, aber die erforderlichen Handgriffe lernte ich bald und es kam mir nicht allzu kompliziert vor. Dann wurden mir drei Maschinen zugewiesen.

Vom Fernfahren war ich es gewohnt, stundenlang mit mir alleine zu sein. Was mir nun mehr zu schaffen machte als die Tätigkeit an sich war, dass man ununterbrochen mit anderen Personen und vor allem mit den unterschiedlichsten Charakteren zusammenarbeiten musste. Bald merkte ich, dass es in einer Schicht von 16 Personen mindestens drei rivalisierende Gruppen gab - eine Gruppe arbeitete gegen die andere. Es wurde ständig versucht, die jeweils andere Gruppe schlecht zu machen und natürlich brachte nur die „eigene" Gruppe das beste Ergebnis in der Schicht. Der Verdienst war wie versprochen, aber glücklich wurde ich in dieser Firma nicht. Körperlich machten mir die drei Schichten nichts aus, aber der Zwist innerhalb der Belegschaft wühlte mich gewaltig auf. Als Fahrer kannte ich so etwas gar nicht, man war ja die meiste Zeit alleine, da konnten sich solche Gruppen gar nicht erst bilden.

Hin und wieder besuchte ich meinen alten Schulkollegen, den Werkstattleiter der Firma Hoffmann & Neffe. So traf ich auch immer wieder auf frühere Kollegen und war dadurch ständig am Laufenden was sich so abspielte. Es entging mir auch nicht, dass ab 1993 die Bahnfahrten wieder weniger wurden. War ich auch bei meiner Arbeit bei Tann Papier nicht ganz glücklich, für die Familie war es sehr gut, vor allem für die Kinder.

Im Schichtbetrieb flackerte zwischendurch immer wieder einmal der Wunsch auf nach der Ruhe in einem LKW auf, besonders wenn es unter den Arbeitskollegen wieder einmal heftig zuging oder ich deren Späßchen nicht nachvollziehen konnte und als Spielverderber galt. Aber auch bei dieser Firma gab es Schwankungen in der Auftragslage. Als die Aufträge bei Tann Papier für längere Zeit zurückgingen, dadurch die Überstunden drastisch gekürzt wurden, was sich natürlich negativ auf den Verdienst auswirkte, nahm ich das als Anlass im Mai 1994 bei der Firma Tann Papier zu kündigen und suchte mir – sag niemals nie – wieder eine Stelle als LKW-Fahrer.

Nun bin ich wieder LKW Fahrer

Mein Arbeitsplatz war nun wieder auf der Straße. In ganz Österreich und fallweise auch in Deutschland fuhr ich als Inlandsfahrer für Kafender in Marchtrenk. Der Umstand, die Arbeitskollegen bei Tann Papier nicht mehr streiten hören zu müssen, machte mich damals richtig glücklich.

Die Arbeit bei Kafender bestand darin, für den Tunnelbau die Eisenkonstruktionen zuzustellen. In ganz Österreich waren Tunnelprojekte in Bau und es gab genug Arbeit für uns. Die Firma Kafender hatte nur drei LKWs, aber Aufträge über Aufträge. Unter anderem waren wir bei der Firma Pfanner der Hausspediteur und die Fahrten von Enns nach Lauterach wurden meistens von mir gemacht. Es gab Wochen in denen ich fünfmal von der Ennser Produktionsstätte nach Lauterach in die Zentrale fuhr. Es waren immer nur Fahrten von Lager zu Lager, immer komplett ab- und aufladen. Die Ruhezeit konnte ich immer einhalten und das viele Fahren gefiel mir ganz besonders gut. Ab September war das Transportieren der Getränke etwas weniger und ich musste wieder mit den Tunnelkonstruktionen von Pasching aus liefern fahren.

Im Winter war das allerdings ein ziemlich harter Job, ging es da doch fast ausschließlich in gebirgige Regionen. Die gesamten zwanzig Jahre zuvor musste ich nicht so viele Ketten montieren, wie dort in einem Monat. Aber - Winter ist Winter - trotzdem war es eine schöne Arbeit mit einem gut ausgestatteten, geräumigen LKW. Es gab kein Sattelwechseln und der Service wurde in der VOLVO Werkstadt in Pucking erledigt.

Im Mai 1995 war ich wieder einmal bei der Firma Hofmann & Neffe und ich erfuhr so nebenbei, dass einer der Fahrer ganz schwer erkrankt war. Dieser Fahrer hatte eine Linie zu fahren, die mir immer schon gut gefallen hatte. Nun lag es an mir mich zu überwinden. Da trotz meiner damaligen Kündigung Herr Danninger nicht schlecht auf mich zu sprechen war, sprach ich ihn auf eine eventuelle Vertretung oder Nachbesetzung an. Er meinte, ich sollte zum Disponenten gehen. Von seiner Seite würde es wegen einer nochmaligen Einstellung keinerlei Einwände geben. Er meinte auch, dass dies auch der Herr Disponent so sehen würde. Am Montag ging ich also ins Büro und dieser sagte mir den Reifen-LKW zu, solange der Fahrer krank wäre.

Anschließend fuhr ich zu Kafender um zu kündigen. Er zeigte für meine Kündigung viel Verständnis und meinte, insgeheim hätte er sowieso gerechnet, dass ich früher oder später zu H&N zurückkehren würde. Wegen der Kündigungsfrist fuhr ich dann noch eine Woche für diese Firma.

Zurück bei Hofmann & Neffe in St. Florian

Nun war ich also „wieder zu Hause" und begann am 15. Mai 1995 zum zweiten Mal bei Hofmann & Neffe. In der Werkstätte wurde ich mit großem Hallo begrüßt. Ich freute mich, etliche von den früheren Arbeitskollegen wieder zu sehen, aber es gab natürlich auch sehr viele neue, mir noch unbekannte Gesichter. Zuerst einmal fuhr ich mit dem Ersatzfahrer mit nach Traiskirchen zur Semperit, wurde von ihm dort in der Disposition als Vertretungsfahrer von Toni vorgestellt. Ich übernahm nun den LKW MAN 16421 Bj. 1994 bestehend aus einem Dreiachser-Motorwagen und einem Zweiachser-Tandemanhänger. Der ganze Zug war komplett luftgefedert und hatte ein Dachgestell, das 50 cm mittels Kurbel zur problemlosen Beladung der 310 cm hohen Gestelle angehoben werden konnte. Dieser Zug war ausschließlich für den Transport von Semperit-Reifen bestimmt.

Als ich die Linie übernahm, wurde wie folgt gefahren:

Montags um 5 Uhr war Abfahrt mit dem geladenen LKW von St. Florian nach Kandel, das 30 Kilometer nach Karlsruhe ist, in das Continental Lager. Dieses Lager war für die Belieferung des LKW-Mercedeswerkes in Wörth zuständig. Nach der Ankunft in Kandel wurde um 14 Uhr entladen, was zirka ½ Stunde dauerte. Anschließend wurden leere Gittergestelle aufgeladen, in denen die Reifen transportiert wurden. Nach der Beladung der zusammengelegten und gestapelten Gestelle fuhr ich nach Saargemünd in Frankreich in das dortige Continental-Reifen-Werk gleich nach der Grenze. Dort wurde der LKW noch am selben Tag mit PKW Reifen beladen, und ein T2 ausgestellt. Dann konnte ich vor dem Werk gleich die Ruhezeit machen. Als Ruhezeit waren immer 9 Stunden vorgesehen und am nächsten Tag in der Früh um 4 Uhr war Abfahrt retour nach Österreich.

Dienstags war ich den ganzen Tag unterwegs und traf gegen 16 Uhr in St. Florian ein. Dort wurde der LKW abgestellt und ich fuhr anschließend mit dem PKW nach Hause.

Mittwoch startete ich um 3 Uhr früh, fuhr nach Traiskirchen zur Entladung der PKW Reifen aus Saargemünd. Meine Ladung der LKW Reifen für Kandel war schon vorbereitet und wurde mit einem Stapler in den LKW befördert. Um die Mittagszeit war ich zurück in St. Florian zum Tanken. Dann fuhr ich nach Kandel weiter, wo ich um ungefähr 22 Uhr eintraf und Ruhezeit machte.

Donnerstag wurde ab 7 Uhr abgeladen, Leerpaletten aufgeladen und ab ging es nach Saargemünd. Im dortigen Conti–Werk wurden wieder PKW Reifen aufgeladen und anschließend vor dem Werk Ruhezeit gehalten.

Freitags fuhr ich um 4 Uhr früh los, ohne Stress, gemütlich nach St. Florian. Der LKW wurde in der firmeneigenen Waschanlage gewaschen, aufgetankt und auf dem Firmenparkplatz in der Reihe abgestellt. Nun war Wochenende bis Montag um 3 Uhr früh.

Das war genau das, was ich immer schon gerne haben wollte. Es gab Monate lang keine Abweichungen in der Arbeit. Mit der Disposition in meiner Firma hatte ich überhaupt nichts zu tun, alles wurde direkt zwischen den Disponenten der Semperit und mir ausgemacht.

Als ich im Mai diese Linie übernommen hatte, sagten mir die anderen Fahrer, dass sie das nie machen wollen würden, weil man doch bei dieser Linie Tag und Nacht fahren müsste, um zeitgerecht anzukommen. Offensichtlich hatte Toni, um von vornherein keinen Neid aufkommen zu lassen und nicht Gefahr zu laufen, dass auch ein anderer diese Fahrten machen wollte, die Kollegen das glauben lassen. In Wirklichkeit konnte man die Ruhezeiten ohne weiteres einhalten und wenn man sich die Zeit gut einteilte, auch weitestgehend stressfrei fahren.

In der Firma war unter den Fahrern längst schon wieder Ruhe eingekehrt, weil die gewerkschaftlichen Organisationen mittlerweile abgeschossen waren. Ein anderer Fahrer hatte das Ruder im Betriebsrat übernommen und dieser konnte mit Herrn Danninger auf Augenhöhe reden. Es gab nun wieder Weihnachtsfeiern mit der Geschäftsführung und die besten Fahrer wurden bei dieser Feier sogar prämiert. In diesem Jahr war auch ich bei der Weihnachtsfeier einer von den prämierten Fahrern, weil ich absolut unfallfrei gefahren war, das hieß – keinen Eigenschaden und keinen Fremdschaden gehabt hatte. Dazu kam noch, dass ich von allen LKWs die meisten Kilometer gefahren war. Als Belohnung wurde mir damals eine Stereoanlage für zu Hause übergeben.

Darüber hatte ich mich sehr gefreut, ich fühlte mich bei H&N sehr wohl und es gab nichts worüber ich hätte klagen können.

Unsere Tochter hatte mittlerweile die Schule für Grafik und Design erfolgreich abgeschlossen und wollte nun in diesem Beruf Fuß fassen. Da sie nicht sofort eine Stelle fand, nahm sie vorübergehend einen Aushilfsjob an, der ihr aber nicht besonders gefiel. Damals eine Stelle als Werbegrafikerin zu bekommen, war extrem schwierig, da mindestens 50 – 60 Bewerbungen und mehr auf eine ausgeschriebene Stelle kamen. Auch war der Job in einem Copy Shop war nicht gerade das, was sie sich erträumt hatte. Nun kam sie auf die Idee, dass vielleicht noch zusätzlich eine Ausbildung als Bürokauffrau sehr nützlich sein könnte und war auf der Suche nach einer Lehrstelle – aber wo auf die Schnelle eine hernehmen?

Das erzählte ich so nebenbei, als mich Herr Danninger in dieser Zeit einmal nach meinen Kindern fragte. Im Büro von Herrn Danninger saß damals gerade auch sein Schwiegervater Herr

Hanzl. Er griff ohne etwas zu sagen, zum Telefon. Ich hatte keine Ahnung mit wem er telefonierte, aber nach dem Auflegen des Hörers, sagte er zu mir: „Wenn ihre Tochter Interesse hat Speditionskauffrau zu lernen, soll sie morgen zur Spedition Schachinger kommen und sich dort bei Herrn G. melden!" Das war am 17. April 1996 und am 21. April 1996 war der erste Arbeitstag unserer Tochter als Speditions-Lehrling. Nach Abschluss dieser Lehre und etlichen Arbeitsjahren in einer Spedition, wechselte sie in eine große Firma, wo sie nun für die Transportabwicklung zuständig ist und sich sehr wohl fühlt. So kommt es manchmal anders als man denkt und ihr grafisches Talent findet in Hobbies ihren Ausdruck.

Herr Hanzl, von dem ich am Anfang meiner Fernfahrertätigkeit bei Schachinger abgelehnt wurde weil ich ihm zu jung war, hatte so durch seinen prompten Anruf meiner Tochter im Nu eine Lehrstelle verschafft, worüber auch ich mich sehr freute.

Die Prüfung zum Berufskraftfahrer

Ab 1987 gab es die Möglichkeit, freiwillig eine Lehrabschlussprüfung als Berufskraftfahrer zu machen. Nachdem ich nun schon so lange auf der Straße unterwegs war, fand ich es an der Zeit, diesen Abschluss auch zu machen, und ich meldete mich im Mai 1996 bei einer Selbststudium-Gruppe für die Berufskraftfahrerprüfung an. Die vortragenden Personen waren ehemalige Fahrer von Schachinger in Hörsching. Wir trafen uns jede Woche am Samstag und am Sonntag von 8 Uhr bis 17 Uhr in einem Gasthaus in Pucking. Dieser Lehrgang dauerte zehn Wochen.

Wir hatten alle wichtigen Gesetze sowie ein praxisbezogenes Wirtschaftsrechnen zu lernen. Wenn ich glaubte, da würde es nicht allzu viel Neues geben, so war das ein großer Irrtum. Es gab eine ganze Menge an Stoff und dazu kam, dass wir auch das „Lernen" wieder lernen mussten. Für uns alle, die den Abschluss der Berufskraftfahrerprüfung machen wollten, war das durchaus eine große Herausforderung. Während der Woche auf den Straßen von Europa unterwegs zu sein und Samstags und Sonntags voll geistig mitzuarbeiten, sich den neuen Lernstoff einzuprägen und das bisher Gelernte nicht gleich wieder zu vergessen, brachte viele Teilnehmer beinahe an ihre persönlichen Grenzen, zumal unsere Vortragenden ganz besonders intensiv und detailliert den Stoff mit uns durchgingen. Für mich selbst hatte ich mir ein Lernsystem zugelegt, dass mir nach den zehn Wochen den Erfolg bestätigte. Jeden Tag nach dem Unterricht, sprach ich alle behandelten Themen auf eine Tonbandkassette. Während den Fahrten hörte ich mir anstelle von Musik immer wieder die besprochene Kassette an. Am Ende der Arbeitswoche konnte ich den gelernten Text auswendig. Dadurch fiel mir das Ganze nicht gar so schwer.

Als der Tag der Prüfung war, konnte ich fast alles von dem vorgetragenen Stoff auswendig und hatte daher ein gutes Gefühl. Zuerst mussten wir die schriftliche Prüfung bestehen, dann eine Woche später wurde unser Wissen mündlich abgefragt. Am Prüfungstag im WIFI trafen wir auch Prüflinge vom BFI in Linz. Einige traten schon zum dritten Mal zur Prüfung an. Wir waren insgesamt 19 Prüflinge, davon waren 12 Personen aus unserem Selbststudium-Kurs. Wie gut wir bei diesem Lehrgang auf die Prüfung vorbereitet wurden, zeigte das Ergebnis am Ende des Tages. Von den 7 Personen die nicht von unserer Gruppe zur Prüfung angetreten waren, bestanden nur zwei Personen. Aus unserer Gruppe hingegen bestanden alle 12 Personen, 4 davon sogar mit Auszeichnung. Laut Prüfer hatte ich eine Rechenaufgabe nur zur Hälfte richtig und damit die Auszeichnung leider knapp verfehlt, ich freute mich aber trotzdem. Wir bekamen alle eine Bestätigung über die bestandene Prüfung und waren froh, den Wochenendstress wieder hinter uns zu haben.

Diese Prüfung war für mich von großer Bedeutung, nun war ich Berufskraftfahrer und nicht nur Hilfsarbeiter mit Führerschein. Für eine eventuelle Arbeitslosigkeit oder Invalidität war dies rechtlich gesehen eine bessere Position. Als positiver Nebeneffekt kam noch eine Lohnerhöhung von 30 Groschen pro Stunde dazu.

Meine Reifenlinie fuhr ich mit dem Hängerzug bis Mai 1998, als bei einer Fahrt nach Wien über die Außenring-Autobahn der Motor bei 850.000 km einen Kolbenverreiber hatte. Dieser wurde in eineinhalb Tagen wieder repariert und ich fuhr meine Linie weiter. Ab einem Kilometerstand von 1.000.000 ging es dann leider mit den kleinen Gebrechen los. Fast jede Woche war irgendetwas defekt und eine sofortige Reparatur erforderlich. Es ging sich aber immer gerade so aus, dass es noch vor der Abfahrt nach Kandel repariert werden konnte. Aber das kostete Zeit und ich wurde dabei um meine Ruhezeit gebracht, weil ich ja am nächsten Tag mit den Reifen in Kandel sein musste.

Der neue Reifenzug

Da es mit den Reparaturen nicht besser wurde und ich ständig in der Werkstatt stand, beschloss ich eines Tages im April 1999 mit Herrn Danninger darüber zu sprechen. Am besten wäre natürlich aufgrund der bereits gefahrenen Kilometer ein neues Auto gewesen. Dabei dachte ich natürlich nur an den Motorwagen, den Anhänger hätte ich ja selbst neu spritzen und mit zwei neuen seitlichen Schiebeplanen versehen können. Herr Danninger fragte mich eine Woche später, ob es denn ein Hängerzug sein müsste oder ob für die Reifentransporte ein Sattel auch genügen würde.

Meiner Meinung nach wäre ein Sattel auch groß genug gewesen, es hätten zwar zwei Reifengestelle weniger Platz gehabt, aber der Anhänger war sowieso nie ganz voll gewesen.

Eine Woche später überraschte mich Herr Danninger mit der Mitteilung, er hätte für mich ein neues Auto gekauft, eine Sattel-Zugmaschine Steyr 19 410 mit Luftfederung und Hochdach. Der Aufleger wäre auch schon bei Schwarzmüller bestellt, informierte er mich und würde voraussichtlich in 2 Monaten fertig werden. Dann würde es vorbei sein, mit dem ständigen in-der-Werkstatt-stehen.

Darüber freute ich mich natürlich sehr und konnte es kaum erwarten bis er da war. Nach einem Monat traf die neue Zugmaschine ein und wurde in eine Lagerhalle gestellt. Es gab etliche Fahrer die meinen neuen LKW gerne gehabt hätten und keiner konnte verstehen, weshalb diese Zugmaschine so lange in der Lagerhalle herumstand. Nach drei Wochen begann ich den LKW mit wunderschönen blauen Vorhängen mit weißen Borten auszustatten, den meine liebe Schwester Kathi für mich nähte. Die Werkstätte baute mir ein neues CB–Funkgerät ein, der Werkzeugkasten wurde von mir wasserdicht gemacht, damit ich auch Lebensmittel und Gaskocher darin unterbringen konnte. So vorbereitet blieb der LKW nochmals drei Wochen in der Lagerhalle stehen.

Nach weiteren zwei Wochen ging ich zu Herrn Danninger und fragte, ob das Hubdach des Auflegers mit Öldruck oder mit einer Kurbel ausgestattet werden würde. Mir war aufgefallen, dass bei den anderen Auflegern die Seitensteher in einer Schiene liefen. Diese Schiene war 20 cm hoch, dadurch müsste aber das Dach um mindestens 60 cm angehoben werden, um die Reifenpaletten verladen zu können. Herr Danninger wusste das auch nicht so genau, meinte aber: „Das Beste wäre wohl, wenn wir zu Schwarzmüller fahren und uns dies vor Ort anschauen würden."

Zurück von Traiskirchen, fuhren der Chef und ich also am nächsten Tag nach Hanzing bei Schärding um die Konstruktion und den Baufortschritt des Auflegers zu besichtigen. Der Aufleger war gerade halb fertig, nur das Dach musste noch gemacht werden. Die Rücksprache mit dem technischen Leiter ergab, dass das Dach wie derzeit geplant zu niedrig geworden wäre. Herr Danninger hatte mir daraufhin freie Hand gelassen, mit dem Techniker die erforderliche Ausführung abzuklären. So konnte ich mit den Erbauern meines Auflegers jedes kleinste Detail absprechen. Darüber war ich sehr froh, denn diese sagten mir ganz klar, wären wir jetzt nicht gekommen, wäre der Aufleger nach der Auslieferung nicht für die Reifengestelle geeignet gewesen. Das Dach wäre nach dem Anheben um 30 cm zu niedrig geworden. So waren wir bei der Heimfahrt erleichtert, uns alles vor Ort angesehen zu haben. Wochen später bedankte sich der Verkäufer von Schwarzmüller noch einmal persönlich bei mir für meine exakten Angaben und die Mithilfe.

Der Aufleger wurde 14 Tage später vom Werkstattleiter abgeholt und am darauffolgenden Tag mitsamt der Zugmaschine angemeldet. Die leeren, gestapelten Paletten wurden vom Hängerzug in den neuen Aufleger in St. Florian umgeladen und ich fuhr nach Traiskirchen. Dort angekommen, traf ich auf etliche Fahrer die auch Reifengestelle und Linie fuhren. Sie bestaunten meinen schönen neuen Zug und freuten sich mit mir.

Es war wirklich eine Freude mit diesem wunderschönen Reifenzug zu fahren und ich war fest davon überzeugt, dass dieser LKW sowieso der Schönste des ganzen Fuhrparks der Firma Hofmann & Neffe war. Ich fand, das Auto war einfach perfekt für mich! So machte mir meine Arbeit Freude und ich setzte meinen ganzen Ehrgeiz daran, alles zur vollsten Zufriedenheit meiner Firma und der Disposition von Semperit zu erledigen.

Doch diese Freude wurde nach kurzer Zeit arg getrübt. Wie in den Zeitungen zu lesen war, wurde in Rumänien ein neues Continental-Reifenwerk gebaut. Dieses Reifenwerk sollte die Produktion von Semperit Traiskirchen übernehmen und alle Abnehmer in Europa beliefern. Anfangs glaubten alle in der Semperit an einen Werbeslogan der Continental AG. Sie konnten sich nicht vorstellen, dass ein Werk, das über 70 Jahre erfolgreich produziert hatte, einfach zugesperrt werden sollte. Semperit war und ist auch heute noch für hochwertigste Reifen bekannt, nein - so ein Werk stellt man sicher nicht einfach ab!

Doch welch ein Irrtum, der Preisdruck wurde dermaßen hoch, dass ein neues Werk in einem Niedriglohnland offensichtlich unerlässlich war. Zugegeben, die Mitarbeiter hatten ein überdurchschnittlich hohes Lohnniveau und Sonderzahlungen, die sich selten ein Betrieb leisten konnte. Die Belegschaftsvertreter waren aber nach wie vor der Meinung, ihren Leuten würden diese Privilegien zustehen, wurde von ihnen doch beste Qualität erzeugt. Anfang des Jahres 2000 wurde vorerst einmal die Produktion einiger Reifen-Dimensionen nach Rumänien verlegt. Dabei wurde aber auch klar, dass nicht nur das Werk in Traiskirchen betroffen war, sondern auch die Conti Produktion in Saargemünd. Dies hatte zur Folge, dass ich nur mehr eine Ladung pro Woche von dort für Semperit importieren konnte. Von nun an musste ich daher auch die anderen Niederlassungen wie Ulm, Stuttgart, Feldbach am Neckar und Neu Ulm anfahren.

Eines Tages im Juli 2000 fuhr ich von Neu Ulm mit einer Ladung zusammengelegter Reifengestelle nach Traiskirchen. Es war ein trüber Tag nach einer langen Schönwetterperiode. Kurz vor Adelsfurt in Bayern begann es ganz stark zu regnen. Aus Erfahrung wusste ich, dass nach längerem Sonnenschein die Straße rutschig und schmierig werden würde, wenn es darauf regnete. Die Abgase und das von den Kraftfahrzeugen in kleinen Mengen verlorene Öl wirken sich in den ersten Stunden bei Regen wie Schmierseife auf der Straße aus. Also drosselte ich das Tempo von 90 km/h auf höchstens 80 km/h, womit ich den nachfolgenden LKWs bereits zu langsam war und diese überholten mich reihenweise. Manche zeigten mir sogar den Mittelfinger, andere deuteten mir an, ich sollte doch schlafen gehen wenn ich müde wäre. Es gab sogar welche, die in so einem verkehrswidrigen Tempo an mir vorbeizogen, dass ich nur noch staunen konnte. Nicht lange und es kam wie es kommen musste...

Keine 10 Kilometer legte ich in diesem Starkregen zurück, als ich in einem leicht abfallenden Straßenstück schon die Warnblinklichter aufleuchten sah. Mein erster Blick fiel in den Rückspiegel und ich sah, dass mich gerade ein LKW zügig überholte und das Tempo nicht verringerte. Anscheinend hatte dieser Fahrer, durch irgendetwas abgelenkt, noch gar nicht bemerkt, dass sich nicht weit vor uns bereits ein Stau gebildet hatte. Der überholende LKW raste auf einen schon beinahe stehenden LKW zu. In mir verkrampfte sich alles - wenn der nicht zum Stehen kommen würde... Also machte ich eine Vollbremsung, um dem an mir vorbeifahrenden LKW eine Ausweichlücke zu lassen, falls er nach rechts fahren wollen würde, um einen Auffahrunfall zu vermeiden. Der Gedanke war noch nicht einmal zu Ende gedacht, zog der überholende LKW nach rechts auf meine Fahrspur und fuhr über den Pannenstreifen in den angrenzenden Wald hinein. Dabei fällte er drei schenkeldicke Fichten und blieb nach ungefähr zwanzig Metern im Wald stehen. Für ihn war das sicher das geringere Übel, ein Aufprall auf den stehenden vorderen LKW mit dieser Geschwindigkeit hätte mit Sicherheit seinen Tod bedeutet.

Nun stand ich fünf Meter vor dem Unfall auf der Normalspur und konnte im Rückspiegel sehen wie binnen Sekunden die nachkommenden Fahrzeuge ineinander fuhren. Hinter mir waren drei LKWs und acht PKWs ineinander verkeilt. Nach vorne sah ich nicht viel, weil zwei ineinander verkeilte LKWs die Sicht versperrten. Als die Gefahr von den nachkommenden Fahrzeugen vorbei schien, sprang ich aus meinem LKW und rannte zu dem Fahrzeug im Wald. Dieser Lastwagen wurde auf der Fahrerseite bis zur Mitte des Fahrerhauses um mindestens einen Meter von den Bäumen eingedrückt. Der Fahrer jammerte und schrie laut vor Schmerzen. Es ging mir durch Mark und Bein, aber es war unmöglich ihn aus dem Fahrerhaus zu ziehen, weil seine Beine von den Knien abwärts eingeklemmt waren. Ohne schweres Bergegerät von der Feuerwehr konnte man den Fahrer nicht bergen und in das Spital bringen. Nach ungefähr 20 Minuten war der Notarzt da und verabreichte dem armen Mann eine schmerzstillende Spritze. Nun kam auch die Feuerwehr mit den Bergegeräten heran. Dennoch dauerte es mindestens eine halbe Stunde, bis der verletzte Fahrer auf der Krankenliege lag.

Als die Wirkung der Spritze eingesetzt hatte, sah mich der Fahrer mit tränenüberströmten Gesicht an und sagte zu mir: „Es tut mir leid, dass ich dich geschnitten habe, aber ich wollte nicht auffahren sonst wäre ich jetzt vermutlich tot." Ich gab ihm zu verstehen, dass ich auch nicht anders gehandelt hätte. Im Grunde genommen hatten wir beide nur instinktiv reagiert, da war keine Zeit mehr um zu überlegen. Auch beim Notarzt bedankte er sich für die schmerzstillende Spritze und meinte im ersten Schock, dass er nun mit dem Fernfahren aufhören würde.

Nachdem dieser Fahrer nun in guten Händen war, wollte ich das ganze Ausmaß des Unfalles sehen und ging nach vorne. Bei den zwei LKWs vor mir war glücklicherweise nur Blechschaden entstanden und kein Verletzter zu beklagen. Sechs PKW-Fahrer hatte es zum Teil aber schlimm erwischt und sie mussten schwer verletzt versorgt werden. Der eigentliche Unfallverursacher war ein Baustellenfahrzeug mit Anhänger und einer Ladung aus Betonteilen. Wie mir ein Unfallbeteiligter erschüttert erzählte, hatte dieser wegen eines anderen LKWs bremsen mussten und kam dabei ins Schleudern. Das Baustellenfahrzeug drehte sich um die eigene Achse und der Fahrer wurde aus dem Fahrzeug geschleudert. Sein eigener Lastwagen überrollte ihn und er wurde schwerstens verletzt. Nach einiger Zeit traf der Notarzt ein, dieser konnte aber nicht mehr helfen, weil der Fahrer in der Zwischenzeit schon verstorben war.

Es dauerte natürlich bis alle Verletzten abtransportiert worden waren. Erst dann begann die Polizei von ganz vorne bis nach hinten die Personalien und defekten Fahrzeuge aufzunehmen. So ging ich wieder zu meinem LKW zurück und zählte dabei die verunfallten Fahrzeuge. Allein bis zu meinem LKW zurück waren es 12 Fahrzeuge und nach meinem LKW nochmals 11 Fahrzeuge. Erst da wurde mir so richtig zu bewusst, dass ich in der Mitte stand, ohne dass mein LKW beschädigt oder ich auch nur einen einzigen Kratzer abbekommen hatte. Nein, das konnte ich nicht mehr mit dem Begriff „Glück gehabt" beschreiben. Zum dritten Mal inmitten einer Massenkarambolage ohne den geringsten Schaden, das konnte doch nur eine Führung meines Schöpfers sein. Noch heute bin ich aus tiefstem Herzen dankbar dafür. Nach ungefähr fünf Stunden war die Autobahn von den Unfallfahrzeugen so weit geräumt, dass wir wieder weiterfahren konnten.

Das Geschäft mit den Reifen war zu meinem großen Bedauern weiter rückläufig. Die Belieferung nach Kandel für das Mercedes Werk in Wörth am Rhein wurde zwar noch durchgeführt, aber auch dahin wurden die Ladungen weniger. In Neu Ulm wurde ein Lager für Daimler Benz und Iveco in Ulm eingerichtet. Dieses Werk montierte die Reifen auf die LKW-Felgen und lieferte mittels Spediteur die bereits montagefertigen Reifen direkt an die Kunden. Ab Jahresmitte kam ich gar nicht mehr nach Saargemünd. Kandel wurde ab März 2001 nicht mehr mit LKW Reifen von mir angefahren. Damit war nun mein Reifenzug nicht mehr ausgelastet und das hatte zur Folge, dass ich damit nun auch andere Fahrten machen musste. Nach zufälligen Gesprächen bei den diversen Auslieferungslagern konnte ich im Juli 2001 dem Prokuristen eine mögliche Tourenaufstellung vorlegen, die dann so ab August gefahren wurde.

Diese Fahrten waren wie folgt:

Montags nach Ulm in das neue Conti Lager, dort Leergut laden und zurückfahren nach Traiskirchen. Dienstags laden in Traiskirchen für Conti in Neu Ulm. Mittwochs in Neu Ulm wieder Leergut für Semperit Traiskirchen laden. Donnerstags in Traiskirchen abladen und für Ulm laden. Freitags in Ulm abladen.

Weil es nicht jede Woche drei Mal Leergut für Traiskirchen gab, musste ich oft im Auftrag von Schachinger bei Osram in Augsburg oder einer anderen Firma den Import machen.

Diese Ladungen von Osram waren für mich immer extrem stressig, weil man ungefähr vier Stunden an der Laderampe warten musste, bis endlich der LKW beladen war. Durch die lange Wartezeit war es dann erforderlich, von Augsburg nach Hörsching durchzufahren, da in Hörsching bei Schachinger um spätestens 18 Uhr die Ware in Klein-LKWs umverteilt werden musste. Da durfte auf der Strecke von Augsburg bis Hörsching weder Unfall noch sonstige Verzögerung eintreten, sonst konnte man unmöglich den Termin einhalten. Ich schaffte es zwar immer gerade noch zur rechten Zeit in Hörsching zu sein, aber es war jedes Mal eine nervenaufreibende Angelegenheit.

In der folgenden Woche fuhr ich nur zweimal nach Ulm und Neu Ulm. Die Ladungen nach Ulm und Neu Ulm blieben noch bis Oktober 2002 aufrecht. Eines Tages jedoch kam das endgültige „Aus". Ab diesem Zeitpunkt gab es keine Reifenlieferung mehr von Traiskirchen nach Deutschland. Das Werk in Rumänien war nun vollständig fertig und belieferte ab jetzt mit rumänischen LKWs alle deutschen Continental Niederlassungen.

Das bedeutete für mich ab jetzt wieder alle anfallenden Ladungen genauso zu fahren, wie auch meine jüngeren Kollegen.

Nach sechs Jahren Reifentransport war dies für mich fast nicht zu bewältigen, weil ich dem Druck der Disposition nicht mehr ganz folgen konnte. In all den Jahren in welchen ich Reifen gefahren hatte, gab es für mich keinen Druck eines Disponenten, nun aber war alles anders. Mittlerweile war ich doch schon 51 Jahre alt und merkte seit einiger Zeit, dass ich bei weitem nicht mehr so nervenstark und belastbar war, wie in jüngeren Jahren. Mit diesem Problem war ich durchaus nicht alleine. Schon vor Jahren hörte ich Arbeitskollegen reden, dass sie ab 48 Jahren zunehmend der Belastungen nicht mehr so gut standhalten konnten. Manche erwogen sogar wegen nervlicher Überbelastung in den Ruhestand zu gehen oder eine andere Arbeit zu suchen. Als junger Fahrer konnte ich das nicht nachvollziehen, aber nun spürte ich das am eigenen Körper. Es musste etwas geschehen, das würde ich so nicht bis zum Alter von 60 Jahre durchstehen. Also ging ich zu unserem Prokuristen und ersuchte ihn um weniger Ladestellen und weniger Speditionen.

Dass dies möglich wäre, wusste ich, weil wir genug eigenes Geschäft hatten, wo nur ein oder zwei Abladestellen anzufahren waren. Der Prokurist wollte aber nichts davon hören, meinte nur, das könnte er auf keinen Fall anweisen, weil dann andere Fahrer rebellieren würden. Das konnte ich mir nicht vorstellen, weil etliche ältere Fahrer dieses Privileg schon hatten und ich hörte die jüngeren Fahrer deswegen nicht murren.

Offensichtlich meinte er, ich wollte mich von der Arbeit drücken und war sehr enttäuscht, dass ich nun als älterer Fahrer auch so wie andere in der Firma ein wenig vom „Gas" heruntergehen könnte. Jahrelang war ich häufig die meisten Kilometer gefahren, ich hatte in den sechs Jahren Reifentransporte keinen einzigen Unfallbericht geschrieben und auch mit den Niederlassungsleitern der Continental hatte ich das allerbeste Verhältnis gehabt. Den LKW hielt ich stets sauber und gepflegt, hatte so wenig wie möglich Diesel verbraucht, war immer zu hundert Prozent für die Firma da und da wäre diese Bitte nicht möglich? Kurzum, ich war sauer – und nahm mir vor, dann eben selber auf meine Gesundheit zu achten und dem Druck der Disposition nur soweit nachzugeben, als es auch das Gesetz erlauben würde. Nebenbei nahm ich mir vor, wieder jeden Samstag in der Zeitung nach einem guten Jobangebot die Augen offen zu halten. Es sollte nicht mehr im Fernverkehr sein, am liebsten wäre mir ein Werksverkehr innerhalb Österreichs gewesen.

Da ich nun wirklich absolut nach dem Gesetz fuhr, hatte ich natürlich mit meinen Disponenten sehr bald Streitereien. Mancher Kunde konnte so nicht mehr nach den Vorstellungen des Disponenten bedient werden, da ich gesetzlich vorgeschriebene Pausen nun absolut strikt einhielt. Mich störte das alles nicht, weil mir der Druck nicht mehr schaden konnte. Niemand konnte mich einer mutwilligen Verhinderung der Lieferung bezichtigen, denn das Gesetz gab die Fahrzeit und auch die Einsatzzeit vor – nicht der Disponent. Es dauerte nicht lange, bis der Prokurist den Fahrern, die so wie ich nach dem Gesetz fuhren, den LKW wegnahm und diese springen mussten. Einige hatten daraufhin die Firma verlassen, andere wurden für längere Zeit krank. Ab diesem Zeitpunkt, fühlte ich mich nicht mehr in dieser Firma „zu Hause". Wohl machte ich meine Arbeit gewissenhaft und soweit das Gesetz es zuließ pünktlich, aber Freude kam keine mehr auf.

Eines Tages im Februar war in den OÖN ein Inserat, das meine Aufmerksamkeit auf sich zog. Es war das Inserat der Firma Radison, die in einem städtischen Krankenhaus eine Produktionsfirma errichtet hatte und einen Fahrer zur Auslieferung innerhalb Österreich suchte. Ich bewarb mich und wurde zu einem Gespräch eingeladen. Das Produkt war ein radioaktives Serum zur Erkennung von Kopftumoren mit dem Namen F18. Nachts um zwei Uhr sollte dieses Serum im Transportbehälter nach Feldkirch in Vorarlberg zum dortigen Krankenhaus geliefert werden. Das Ganze hörte sich für mich machbar an, doch sollte ich nicht mit einem Firmenwagen fahren, sondern mit meinem eigenen PKW auf selbstständiger Basis.

Nach dem Vorstellungsgespräch bei Radison ging ich zu Herrn Danninger und legte ihm meine schriftliche Kündigung vor. Er meinte, dass ich doch anstelle der Reifentransporte auch andere Touren hätte fahren können. Auf meinen Hinweis hin, ich hätte mit dem Prokuristen darüber schon mehrmals vergeblich gesprochen, dass ich dieses wegen der zu großen nervlichen Belastung nicht mehr machen könnte, nahm er meine Kündigung mit Bedauern zur Kenntnis. Eine Woche fuhr ich noch für die Firma Hoffmann & Neffe, in der zweiten Woche nahm ich meinen Resturlaub. Ab dem 10. März war ich nun nicht mehr bei der Firma in der ich mich lange Zeit so wohl gefühlt hatte. Vielleicht wäre es nicht so gekommen, wenn mir der Herr Prokurist ein wenig entgegengekommen wäre. Aber so war es nun mal nicht gewesen und ich zog meine Konsequenzen. Schweren Herzens verabschiedete ich mich von den Kollegen.

Nach einem halben Jahr hörte ich von den ehemaligen Kollegen, das mehr als zehn langgediente Fahrer mittlerweile entweder entlassen worden waren oder selbst gekündigt hatten und einige Fahrer auf den Prokuristen gar nicht gut zu sprechen waren.

Nach der Kündigung bei Hoffmann & Neffe hatte ich auch noch ein anderes Problem. Meine Frau war nie besonders begeistert von meinen häufigen Firmenwechseln gewesen und meinte so manches Mal, ich würde immer viel zu schnell die Flinte ins Korn werfen. Hin und wieder war es dann ja auch vorgekommen, dass ich dafür „Lehrgeld" bezahlen hatte müssen. Da ich aber immer wieder sofort woanders Arbeit hatte und nie arbeits- und daher einkommenslos war, hatte sie meine Entscheidungen dann doch immer wieder rasch akzeptiert.

Meinem Vorhaben in Zukunft auf selbständiger Basis weiterzuarbeiten, brachte meine Frau nun gar kein Verständnis entgegen und es löste heftige Diskussionen zu Hause aus. Ihr Wunsch wäre es gewesen, wenn ich nun schon von Hoffmann & Neffe weggehen wollte, mir dann eben eine andere Firma zu suchen.

Mich aber reizte die Selbständigkeit und dafür sollte ich künftig leider nochmals Lehrgeld zahlen müssen...

Der Schritt zur Selbstständigkeit

Bei der Firma Radison wurde mir zugesagt ab Mitte März jede Woche dreimal nach Vorarlberg fahren zu können. Für diesen Transport brauchte ich aber den Gefahrgutschein der Klasse 7 Zwar hatte ich einen Gefahrengutschein, nicht aber die Klasse 7. (KL 7 ist für den Transport radioaktiven Materials) Nach einer Information im WIFI Linz, hörte ich, dass ein Kurs ausgeschrieben war mit Beginn am 13. März und meldete mich gleich an. Nach zwei Tagen Unterricht bekam ich die Bestätigung über die bestandene Prüfung der Klasse 7.

Am 16. März 2003 wurde mir der Nachweis über meinen Beginn als selbstständiger Transporteur für ein KFZ bis 3,5 Tonnen Gesamtgewicht von der BH Linz Land ausgestellt. Am 17. März 2003 um zwei Uhr früh bekam ich meine erste Ladung nach Vorarlberg. Ich nahm die Strecke über München und Memmingen und war um 8 Uhr in Feldkirch. Ich lieferte meine Radioaktive Fracht ab und nach 10 Minuten konnte ich wieder leer mit dem Transportbehälter nach Hause fahren. Wenn das so bleiben würde, dachte ich mir, wäre das eine gute Entscheidung gewesen, mich selbstständig zu machen. Während der Heimfahrt wurde ich von der Radison Zentrale angerufen, ob ich am nächsten Tag noch einmal nach Vorarlberg fahren würde. Natürlich würde ich das machen, das war ja nun mein Job. So wie mir versprochen wurde fuhr ich zwei Monate lang, drei Mal pro Woche nach Feldkirch liefern.

In Feldkirch traf ich im Krankenhaus einen Lieferanten, der mir unter anderem erzählte, er würde von Wels kommen und jede Woche drei Mal von Wels bis nach Vorarlberg mit verschiedenen radioaktiven Produkten fahren. Bei dieser Fahrt hätte er bis nach Vorarlberg meistens sieben Kunden zu beliefern. Er gab mir die

Adresse der Lieferfirma und ich nahm mir vor, mich dort als Transporteur für radioaktive Transporte vorzustellen. Vielleicht wären für mich auch einige Ladungen frei und ich könnte diese nach Feldkirch mitnehmen. So schrieb ich eine E-Mail an die Firma BSM in Wien, welche der Auftraggeber des Kollegen war. Nach einer Woche kam ein Anruf von einem Herrn Jürgen, der mich auf meine E-Mail an BSM ansprach und mit mir ein persönliches Treffen vereinbarte.

Genau in dieser Woche wurde ich von Radison Informiert, dass derzeit keine Ladungen nach Feldkirch gefahren werden würden, weil für die Produktion von F18 noch nicht alle Genehmigungen vorhanden wären. Nun war es gut, dass ich einen Termin mit BSM hatte. Herr Jürgen kam in der Woche darauf zu mir nach Hause. Er erklärte mir, wie die Abwicklung der Transporte bei BSM vor sich ging und meinte, er würde mich dringend brauchen.

Die Firma BSM importiere aus Holland verschiedene radioaktive Produkte. Diese radioaktiven Versandstücke würden per Sprinter von Holland nach Wels gebracht, wo sie von den Fahrern seiner Firma an die Krankenhäuser zugestellt wurden. Bei der Rückfahrt nach Wels würde von dem Transporter der in Wien bei BSM leer wurde, nach Seibersdorf gefahren und das F18 das dort erzeugt wurde, nach Linz gebracht. Weil das mehrere Krankenhäuser waren und die Ware bis spätestens um 8 Uhr bei den Kunden sein musste, sollte ich die Zustellung in die Krankenhäuser Linz, Steyr, Ried/Innkreis, Wels und Bad Hall übernehmen. Jürgen und ich kamen mit der Bezahlung meiner Arbeit überein und ab sofort fuhr ich für ihn.

Von Mai 2003 bis März 2004 fuhr ich mit meinem Privat-PKW dann kaufte ich mir einen vorsteuerabzugsberechtigten Van.

Mit diesem Van stellte ich meine Ladungen zu, bis eines Tages im Juni Herr Jürgen mir eine Erweiterung der Touren anbot. Ferdi

– ein Fahrer seiner Firma – kam täglich zur Übernahmestelle in Wels und belieferte im Anschluss Krankenhäuser auf der Strecke von Wels bis Wien. Mittwochs und samstags sollte ich nach Steyr zu meinen bisherigen Ladungen Generatoren mitnehmen um Ferdi die Tour etwas zu erleichtern. Ferdi kam jeden Tag in der Früh mit dem F18 so kaputt bei mir an, als wäre er drei Tage nicht mehr im Bett gewesen. Die Nächte durchzufahren, ermüdete ihn immer mehr und er wurde immer unpünktlicher. Oft kam er zur Übergabe des F18 mehr als eine halbe Stunde zu spät, diese Zeit konnte von mir natürlich nicht mehr eingeholt werden. Es gab bereits von den Krankenhäusern Beanstandungen und sogar Drohungen, dass die Aufträge storniert werden würden.

So nahm ich Ferdi zwar die ungefähr eineinhalb Stunden Fahrzeit ab, Ferdi fuhr trotzdem die letzten Kilometer schon total übermüdet zu unserem Treffpunkt.

Für wen sollte ich mich entscheiden?

Bis Juli 2004 hörte ich nichts mehr von Radison. Dann kam ein Anruf, ob ich noch interessiert wäre nach Feldkirch zu fahren. Nun wären alle Genehmigungen vorhanden und ich könnte wieder wie vor einem Jahr für Radison fahren. Nun stand ich vor einer Entscheidung, die den Rest meines Arbeitslebens beeinflussen würde. Sollte ich für Jürgen weiterfahren oder für Radison weiterfahren? Gerade als ich mich für Radison entscheiden wollte, kam ein Anruf von Jürgen, der mich wieder umstimmte. Ferdi war auf der Fahrt nach Wien in der Nähe von Amstetten auf einen bulgarischen LKW aufgefahren und schwerstens verletzt. Nun war mit Ferdi für lange Zeit nicht mehr zu rechnen und er bot mir an, die Tour anstelle von Ferdi zu fahren.

Das war für mich sehr verlockend. Nach zwei Tagen Bedenkzeit sagte ich ihm zu.

Um einer möglichst geringen Strahlenbelastung ausgesetzt zu sein, wurden bei meinem Kia Carneval die rückwärtigen Sitze ausgebaut und eine Wand aus Blei zum Schutz gegen die Strahlung eingebaut. Ein Dosimeter zur Überwachung meiner Strahlenaufnahme erhielt ich vom Werk in Seibersdorf und am nächsten Montagabend bekam ich meine erste Ladung. Der Firma Radison musste ich absagen, wobei ich damals noch immer nicht ganz sicher war, die richtige Entscheidung getroffen zu haben. Aus heutiger Sicht war es damals die falsche Entscheidung, aber im Nachhinein weiß man ja immer alles besser. Dass die Ladefläche des Kia Carneval bald zu klein wurde, war mir rasch klar und deshalb kaufte ich einen größeren Transporter.

Nach einer Lieferzeit von zwei Monaten bekam ich im September den Opel Vivaro DK 2500 ccm mit 136 PS. Diesen Vivaro rüstete ich ebenfalls für radioaktive Transporte um.

Nun war ich ein vollständiger Ersatz für Ferdi und hoffte, dass ich genug verdienen würde, um alle anfallenden Kosten wie Diesel, Kreditrückzahlungen, Steuerberater und Versicherungen auch abdecken zu können und auch noch genug zum Leben übrigbleiben würde.

Eine dieser Nachttouren möchte ich genauer beschreiben, damit man sich besser vorstellen kann, worin meine Tätigkeit damals bestand.

Montagabends wurde ich eine Stunde vor Eintreffen der Lieferung aus Holland vom jeweiligen Fahrer angerufen. Das war meist um zirka 20 Uhr. Nach dem Anruf hatte ich noch eine Stunde Zeit in der ich mich fertig machte und nach Wels fuhr. Dann wurde in Wels umgeladen und nach ungefähr einer halben Stunde war Abfahrt. Erste Abladestelle war gleich das Krankenhaus in Wels.

Dann ging es weiter nach Linz. Hier waren in drei Krankenhäusern die Generatoren in der Radiologie zu wechseln. Nächste Abladestation war Steyr. Hier kam eine Lieferung ins Krankenhaus, eine zu einem privaten Radiologen. Von Steyr fuhr ich weiter nach Waidhofen an der Ybbs zu einem Radiologischen Institut von dort nach Melk in das Krankenhaus, von Melk nach St. Pölten zu einem Institut, mit dem verbliebenen Rest wurde dann das BSM-Lager in Wien angefahren und das Auto komplett ausgeräumt.

In Wien musste ich bis spätestens 3 Uhr früh eintreffen, weil die Fahrer von BSM in die Krankenhäuser in Wien und Niederösterreich sowie im Burgenland zustellen mussten. Drei Mal in der Woche wurden 30 abgeklungene, das heißt nicht mehr aktive - Leergeneratoren aufgeladen. Mittlerweile war es zirka 4 Uhr früh und ich fuhr nach Seibersdorf zur Abholung des F18.

In Seibersdorf kam ich gegen 5 Uhr weg und fuhr nach St. Pölten. Dort wurde ein Versandstück Type A abgeliefert, dann ging es weiter nach Linz in das AKH, von Linz fuhr ich nach Steyr in das Krankenhaus. Meist war dann das KH Steyr mein letzter Kunde und ich konnte nach Hause fahren. Dreimal im Monat musste ich allerdings auch nach Ried/Innkreis mit F18 fahren. Für mich war während der Woche im Schnitt um 9:30 Uhr am Vormittag die Nacht vorbei.

Bei dieser Tour die fast jeden Tag ident war, wurden gut an die 700 Kilometer gefahren. Freitag auf Samstag kamen noch fünf Kunden dazu und es wurde Samstagmittag bis ich zu Hause war. Es klingt sehr anstrengend, aber diese Arbeit machte ich gerne und ich war mit meinem Verdienst zufrieden. Ich konnte auch tagsüber relativ gut schlafen, es war absolut ruhig in der Wohnung. Unsere Kinder waren bereits außer Haus und meine Frau war mittlerweile wieder berufstätig und kam erst um 17 Uhr nach Hause. Ab und zu fuhr ich auch von Freitag auf Samstag eine andere Tour. Diese andere Tour wurde „Südtour" genannt. Eines Samstags in der Früh wurde ich von Jürgen angerufen, ich sollte nach meiner gewohnten Tour in Wien kein Leergut laden, weil der Fahrer der Südtour einen Unfall hatte und er nicht mehr mit dem Auto weiterfahren konnte. Also fuhr ich nach meinem letzten Kunden in Wr. Neustadt nach Stainz in die Steiermark, übernahm die Ware des Unfallautos und lieferte sie aus. Dies dauerte bis Sonntag früh und ich kam nach nur zwei Stunden Schlaf um 10 Uhr vormittags nach Hause. Die Arbeit ging dann wie gewohnt am Montagabend weiter.

Eines Tages, am 18. Jänner 2006, fühlte ich mich während der Fahrt nach Wien extrem unwohl. Was in mir steckte wusste ich nicht, aber ich ahnte, dass es etwas Schlimmeres als nur eine Verkühlung wäre. Bereits ab Linz bereits kämpfte ich mich mit starker Übelkeit und Schmerzen, aber ich biss die Zähne zusammen und hielt bis nach Wien durch. In Seibersdorf stieg ich mit dem Willen ins Auto, es unbedingt bis nach Hause zu schaffen, hatte aber noch ein Versandstück für das Krankenhaus Melk mit. Als ich in Melk ankam ging es mir nun bereits so schlecht, dass ich glaubte zusammenbrechen zu müssen und offensichtlich sah man mir meinen Zustand nun auch an. In der Radiologie wurde ich darauf angesprochen und gefragt, was denn mit mir los wäre, ich wäre ja weiß wie eine Wand und meine Augen wären ganz blutunterlaufen. Da bat ich um Hilfe und wurde sofort in die Notaufnahme gebracht.

Dort wurde mir Blut abgenommen und ein Katheder angelegt. Nach einer Stunde kam ein Oberarzt zu mir und fragte mich wie lange es mir schon so schlecht gehen würde und ich gestand ihm, dass dies bereits die ganze Nacht der Fall gewesen war. Da meinte er, ich wäre ein ganz zäher Mensch, denn mit 33.000 Leukozyten im Blut müsste ich normalerweise schon längst bewusstlos sein. Mir wurde ein Bett zugewiesen und ich erhielt sofort eine

Infusion. Der Oberarzt sagte mir, ich hätte eine Prostatitis. Fünf Tage dauerte es, bis ich mich wieder halbwegs gut fühlte und erst nach zehn Tagen konnte ich nach Hause entlassen werden. Am darauffolgenden Montag nahm ich die Arbeit wieder auf und der Alltag ging weiter, es gab keine besonderen Ereignisse. In den Krankenhäusern hörte ich immer wieder, wie froh man über meine Pünktlichkeit war.

Häufig wurde ich auf meinen Fahrten von der Polizei kontrolliert, aber es gab bis auf ein einziges Mal keinerlei Beanstandungen. Der kontrollierende Beamte stellte – meiner Meinung nach etwas pingelig fest – dass das orange Gefahrgutschild nur mittels einer Magnetfolie befestigt war. Das wäre nicht ADR-konform, diese orange Warntafel müsste laut ADR mit dem Fahrzeug fest verbunden sein, also angeschraubt. Nachdem der Polizist gleichzeitig aber betonte, dass sonst alles bis auf diese Kleinigkeit okay wäre, war ich dann doch überrascht als ich nach 4 Wochen eine Zahlungsaufforderung über 100 € erhielt. Die Strafe bezahlte ich zähneknirschend und schraubte das mittlerweile besorgte, neue Gefahrgutschild an.

Am 15. März 2006 konnte ich nach meiner Tour, bei der Heimfahrt vom letzten Krankenhaus, meinen Vivaro nicht mehr in Schwung bringen. Da meine Autowerkstätte direkt auf dem Heimweg lag, fuhr ich dorthin und erklärte mein Problem. Der Meister wusste sofort was bei dem Motor defekt war und sagte mir, das Auto müsste mindestens 4 Tage in der Werkstadt stehen bleiben. Für diesen Zeitraum erhielt ich wie im Kaufvertrag vereinbart, einen Kastenwagen als kostenlosen Ersatz, räumte alle Gefahrgut-Utensilien in das Leihauto und fuhr nach Hause.

Am nächsten Tag rief mich der Werkstattmeister an und erklärte mir, dass es mit dem Ersatzteil für mein defektes Auto ein großes Problem gab. Das zu ersetzende Teil war momentan nicht verfügbar. Es würde mindestens zwei Wochen dauern, aber so lange könnte ich natürlich auch das Leihauto kostenlos fahren. Es blieb mir nichts anderes übrig, als dies zur Kenntnis zu nehmen, hatte aber wegen dem fehlenden Strahlenschutz begreiflicherweise keine Freude. Es gab für mich aber keine andere Möglichkeit, als mit diesem zu fahren. Als die zwei Wochen vorbei waren und ich von der Werkstätte noch immer nichts hörte, fragte ich nach was denn nun mit meinem Auto wäre. Es wurde mir gesagt, dass dieser Bestandteil für meinen Vivaro in ganz Europa derzeit nicht zu bekommen wäre und ich müsste mich noch etwas gedulden. So hieß es weiter warten... und ich wartete, und zwar vom 15. März bis zum 17. Mai 2006. So lange - fürchte ich - hatte ganz selten jemand auf einen Ersatzteil warten müssen.

Mein Leasingvertrag lief bereits im Juni aus und der Tacho meines Vivaro zeigte 245.000 km. Das war Anlass für die Überlegung einen neuen anzuschaffen oder mit diesem weiterzufahren. Der Nachteil wäre beim alten Auto gewesen, dass ich ab jetzt jede Reparatur selber bezahlen hätte müssen. Auch der Mietwagen hätte während einer Reparatur dann zur Gänze von mir selbst bezahlt werden müssen. So entschied ich mich für einen Neuwagen und hoffte darauf, dass der alte Vivaro bis zu seinem Eintreffen nochmals 30.000 km ohne Probleme schaffen würde. Mein neues Auto bekam ich am 19. Juli 2006. Ich ließ eine Tour aus, um auch dieses gefahrguttauglich auszustatten. Die 5 cm starke Bleiwand – mein persönlicher Schutz - wurde in das neue Auto montiert und alle vorgeschriebenen Schutzgegenstände im Autoinneren befestigt. Nun war ich wieder einsatzbereit.

Voller Energie fuhr ich mit meinem neuen Auto alle Touren und war mit mir und meiner Arbeit zufrieden, bis im Jahr 2007 die Versicherung für den Gefahrguttransport unter 500 kg um sage und schreibe – für mich ungeheuerliche 600 Prozent (sechshundert!) erhöht wurde. Das war ein Schlag den ich finanziell schwer verkraften konnte.

Meine Gespräche mit anderen Kleintransportunternehmern die auch radioaktive Transporte durchführten, brachten mir die traurige Erkenntnis, dass es besser gewesen wäre, ich hätte der Versicherung nicht gemeldet, dass meine Transporte ausschließlich Gefahrgut waren. In diesem Fall war es leider so – wer ehrlich war wurde bestraft.

Leider konnte ich nach Rücksprache mit meinem Auftraggeber die Erhöhung der Versicherung auch nur zu einem kleinen Teil an diesen weiterverrechnen. Aber es war zumindest eine kleine Erleichterung. Kaum war das geregelt, da wurde der Diesel teurer. Aber nicht um vielleicht ein oder zwei Cent - nein, innerhalb von zwei Monaten um geschlagene 20 Cent. Bei einem täglichen Verbrauch von 75 Liter Diesel war dies zusätzlich eine erhebliche Mehrbelastung. Doch die Preisspirale nach oben war noch nicht zu Ende - der Diesel wurde von Monat zu Monat teurer und ich bald regten sich Zweifel, wie lange ich das noch durchhalten würde können.

Dazu kam, dass ich im Dezember 2007 wieder einmal von einem Nierenstein der nicht von allein abging, schmerzhaft überrascht wurde. Für 14 Tage musste ich in das Krankenhaus und mein Auftraggeber kam von Deutschland nach Österreich um meinen Ausfall zu kompensieren, was nun auch noch bedeutete kein Einsatz – kein Geld.

Zu dieser Zeit machte ich mir viele Gedanken über den Weiterbestand meiner Firma. Kurz vor Weihnachten 2007 war ich dann wieder einsatzfähig und meldete mich als gesund zurück. Herr Jürgen eröffnete mir nun, ich sollte mir zusätzlich eine andere Arbeit suchen, weil er ab jetzt die Fahrten zum Großteil selber fahren würde. Das war nun ziemlich deprimierend, denn mit noch weniger Umsatz konnte ich meinen finanziellen Verpflichtungen nun überhaupt nicht mehr nachkommen.

Jürgen und ich einigten uns auf die Beendigung unserer Zusammenarbeit. Nun hatte ich zwar ein Auto das problemlos lief, aber keine Arbeit dafür.

Während meines Einsatzes für BSM lernte ich eine deutsche Firma kennen, die auch F18 produzierte und bot dieser meine Dienste an. Diese Firma war gerade im Begriff eine zweite Produktionsstätte in Regensburg zu errichten. Nach Fertigstellung dieser Anlage und dem Erlangen aller Genehmigungen würde das Produkt auch nach Österreich exportiert und ich könnte für diese Firma der Haupttransporteur werden. Das Problem war nur wie schon im Jahr 2003 bei Radison in Linz, dass solche Genehmigungen bis zu einem Jahr und länger dauern konnten. Wir vereinbarten daher, dass, wenn innerhalb eines Jahres die Produktionsgenehmigung abgeschlossen sein würde, ich mit einem Transportvertrag der alleinige Zusteller in Österreich werden würde.

Im Februar 2008 stellte ich also für ein Jahr die Autoversicherung ruhend, brachte den Vivaro in einer Mietgarage unter und gab die Nummerntafeln zurück. Nun war ich für zwölf Monate von der Beitragsverpflichtung befreit und das Transportgewerbe wurde ebenfalls ruhend gestellt.

Natürlich brauchte ich nun eine neue „unselbstständige Arbeit". Lange überlegte ich, welche Tätigkeit ich bis zur Fortführung des Transportgewerbes in ungefähr einem Jahr machen sollte.

Da die finanziellen Verpflichtungen hoch waren, entschloss ich mich für das Fernfahren, wollte aber nicht jede Arbeit machen, war ich doch nun bereits im siebenundfünfzigsten Lebensjahr und bei weitem nicht mehr so belastbar wie mit dreißig Jahren. Also durchforstete ich das Internet nach Stellenangeboten, die mir zusagen könnten. Ein Stellenangebot entsprach ganz meinen Vorstellungen. Da war eine Firma in Anif bei Salzburg, die einen Tankwagenfahrer für Edelgas suchte. Während eines Telefongespräches wurde der Termin für ein persönliches Treffen vereinbart. Dieses erfolgte nach drei Tagen in der Autobahnraststätte Mondsee mit dem Geschäftsführer eines holländischen Großunternehmens in Österreich.

Ein Jahr später musste ich mich dann entscheiden, ob ich weiterhin als unselbständiger Fahrer oder als selbständiger Kleintransporteuer arbeiten wollte. Bis dahin hatte ich trotz mehrmaliger Rückfragen keine klaren Informationen erhalten, wann nun alle Genehmigungen für das Werk in Regensburg verfügbar sein würden. Da ich mit der derzeitigen Tätigkeit nicht unzufrieden war und mir vorstellen konnte die noch fehlenden 2 Jahre bis zu meiner Pensionierung in dieser Firma zu verbringen, meldete ich schließlich das Auto endgültig ab und verkaufte es. Die Gewerbeberechtigung wurde zurückgelegt. Einen Monat nach dem Verkauf meines Zustellautos kam die Anfrage ob ich noch Interesse hätte, j e t z t wären alle Genehmigungen vorhanden. Jetzt war es aber zu spät und es blieb mir nichts anderes übrig als abzusagen. Wer weiß, wozu es gut war!

Als Gasfahrer ins Ausland unterwegs

Der Geschäftsführer der Firma Schenk Tanktransporte hatte vor 13 Jahren ein Transportunternehmen gegründet und dieses an die holländische Firma Schenk verkauft. Damals hatte diese Firma in Holland, Deutschland, Belgien, Frankreich und Luxemburg an die 660 Tank-LKWs im Einsatz.

Der Geschäftsführer und ich konnten uns im Zuge des Vorstellungsgespräches plötzlich erinnern, dass wir uns schon in den 80er Jahren in der VÖEST des Öfteren gesehen hatten und auf einer Tankstelle in Asten bereits etliche Male zusammengetroffen waren.

Nach einer Einschulung von sechs Wochen sollte ich einen Argon-Zug übernehmen und in Österreich Kunden der Air Liquide beliefern. Das Produkt Argon wurde von Antwerpen und aus Polen von Dabrova Gornicza geholt. Diese Arbeit gefiel mir durchaus und ich konnte am 11. Februar 2008 als Gefahrgutlenker den Dienst antreten.

Um 3 Uhr früh war ich also in Anif bei der Außenstelle von Air Liquide, wo ich vom Stickstofffahrer Paul empfangen wurde. Es hatte bitterkalte - 13°C und wir fuhren gleich los zum ersten Kunden in Salzburg. Dort konnte ich meine ersten Eindrücke sammeln, wie nun meine künftige Tätigkeit aussehen würde. Der Aufleger des LKWs hatte hinten einen großen Kasten in dem sich alle Ventile und Anschlüsse befanden. Beim Öffnen des Deckels hörte man es zischen, das war die Volleinbremsung des Auflegers als Sicherheitseinrichtung. Man konnte nicht wegfahren solange der Deckel offen war. Der Verbindungsschlauch wurde herausgezogen und an den Tank des Kunden angeschlossen. Durch das Aufdrehen eines Ventils strömte jetzt das Gas im Kreislauf durch die Hochdruckpumpe und durch die Abgaberohre wieder zurück in den Tank. Dieser Vorgang dauerte ungefähr 10 Minuten bis das elektrische Thermometer eine Temperatur von - 116°C anzeigte. Der Verbindungsschlauch vom Aufleger zum Kundentank wurde während der Kühlung der Pumpe ebenfalls mit gasförmigem Stickstoff gekühlt bis er komplett mit Eis überzogen war.

Erst nach dieser Kühlphase konnte man die Pumpe einschalten und die Kundentankfüllung begann. Es gab eine Menge Ventile und Rohre und es würde zu lange dauern, all diese zu beschreiben. Paul erklärte mir genau wie das Gas vom Tank in die Ventile fließen würde und ich machte mir sicherheitshalber dazu auch einige Notizen. Wenn man das einmal wirklich verstanden hatte, war es nicht mehr so schwer, das richtige Drehrad auf- oder abzudrehen.

Natürlich tauschten Paul und ich während der Fahrten auch unsere Erfahrungen im Arbeitsleben aus. Am ersten Tag fuhren wir gemeinsam fünf Kunden an. Um 14 Uhr war dann das Ende des Arbeitstages und ich fuhr völlig durchfroren nach Hause. Mich fror am ganzen Körper, aber speziell in den Zehen, weil ich nicht damit gerechnet hatte, mich so lange im Freien aufhalten zu müssen.

Am nächsten Tag fuhr ich frühmorgens, ausgestattet mit wärmerer Kleidung wieder nach Anif. Es waren noch zwei Kunden mit Gas zu beliefern, dann war der Tank leer. Im Anschluss daran fuhren wir gleich weiter in die VÖEST nach Donawitz, wo die Firma Air Liquide eine Luftzerlege-Anlage betreibt. Der Vorgang des Betankens war natürlich komplettes Neuland für mich und auf den ersten Blick nicht wirklich zu verstehen. Auch hier war Pauls Einschulung sehr genau und seine Erklärungen gut verständlich. Wenn man das Ablaufschema kennt, ist das genauso wie bei dem Abpumpen des Tankwagens. „Alles nur Logik", meinte Paul. Nach dem Befüllen des Aufliegers wurden die Papiere im Operator-Büro abgeholt und es ging nach Steyr.

Den ganzen Tag hatte ich nichts anderes zu tun, als Paul bei der Arbeit zuzuschauen und mir möglichst die Arbeitsvorgänge zu merken, vor allem welches Ventil wann auf- oder zuzudrehen war. Nachmittags um 17 Uhr waren wir wieder in Anif und ich bezog ein Zimmer in einem 200 Meter entfernten Hotel. Dieses Hotel wurde von der Firma bezahlt, weil ich noch kein eigenes Auto mit Schlafkabine hatte. Im Auto von Paul war nur ein Bett vorhanden und in dieses konnte ich mich ja schlecht legen.

Am nächsten Morgen waren wir um 3 Uhr wieder abfahrtsbereit. An diesem Tag hatten wir 7 Kunden zu beliefern. Paul sagte zu meiner Beruhigung, dass mit Argon nicht so viele Kunden anzufahren wären. Heute durfte ich auch bereits einige Male den Vorgang des Abpumpens unter Pauls Aufsicht probieren. Kaum zu glauben, dass zwischen theoretischem Wissen und praktischer Durchführung ein so großer Unterschied bestand. Beim ersten selbständigen Hantieren an den Ventilen, stieg meine Nervosität auf gefühlte 100%, aus Angst nur ja nicht am falschen Ventil oder in die falsche Richtung zu drehen. Aber es ging alles gut und am Ende dieser Woche konnte ich ohne Fehler und mit nur mehr minimaler Nervosität den Abtankvorgang sowie das Befüllen des Tankwagens alleine machen. Pauls Lob, dass ich schon viel gelernt hatte, freute mich natürlich und spornte mich gleichzeitig auch an. Am Freitag um 14 Uhr war die Arbeitswoche vorbei und ich konnte ab 16 Uhr zu Hause das Wochenende verbringen.

In der darauffolgenden Woche war ich nur noch bis Mittwoch mit Paul unterwegs. Dann kam die nächste Einschulung und ich stieg in ein Argon-Auto um. Dieses Argon-Auto wurde von Jan gefahren. Jan war ein gebürtiger Slowake und in den 80er Jahren nach Österreich geflüchtet. Er war ein ganz lieber und ruhiger Lehrer für mich.

Nach dem Einräumen meiner Privatsachen fuhren wir leer nach Antwerpen in Belgien. So eine weite Strecke leer zu fahren, das konnte ich fast nicht glauben. Aber leer nach Antwerpen zu fahren war in diesem Fall natürlich logisch, weil der Tank ja nur für Argon bestimmt war. Eine Reinigung und dann ein anderes Produkt einzufüllen, käme viel zu teuer und würde viel zu viel Zeit in Anspruch nehmen.

Während der Fahrt erzählte mir Jan wie er nach Österreich gekommen war und bereitete mich auch auf die Ladestelle in Antwerpen vor. Auf der Grenze in Aachen wurde die große Ruhepause gemacht und ich konnte ein Hotelzimmer direkt an der Grenze zu Belgien zum Schlafen beziehen. Auch dieses Hotel wurde von der Firma bezahlt. Am nächsten Tag fuhren wir um 7 Uhr nach Antwerpen und waren um 11 Uhr im BASF Werk wo Air Liquide eine große Luftzerlege-Anlage betrieb.

Bei der Einfahrt in das BASF Werk wurde jedes Fahrzeug registriert und erhielt eine Einfahrtsgenehmigung, die an der Windschutzscheibe gut sichtbar befestigt werden musste. Das Air-Liquide-Werk war ungefähr in der Mitte des BASF-Werkes. Aus Sicherheitsgründen durfte man hier auf keinen Fall schneller als 30 km/h fahren. Dies wurde auch mittels Radar überwacht. Fahrer, die zu schnell fuhren, erhielten rigoros ein Einfahrtsverbot. An der Ladestelle angekommen wurde der LKW auf der Waage abgestellt. Im Wiegehaus musste sich jeder Fahrer ein Scan-Lesegerät zur Registrierung nehmen. Mit diesem Lesegerät wurde die persönliche Air Liquide Karte, der LKW-Zug - an dem zwei Transponder befestigt waren - und die Daten der Brückenwaage eingescannt. Nachdem diese vier Punkte eingescannt waren, war der LKW zur Beladung vorgemerkt und das Display zeigte die Ladepumpennummer an.

Bei der Ladepumpe wurden Tankzug und die Ladepumpennummer noch einmal eingescannt und dann begann die Kühlung der Pumpstation. Nach ungefähr 15 Minuten war alles auf -120°C heruntergekühlt, auch die Schlauchverbindung zur Anlage. Nun konnte die eigentliche Beladung beginnen. Die Förderpumpe wurde eingeschaltet und der Bypass zugedreht. Nach 5 Minuten ertönte ein lauter Signalton, der erst verstummte, wenn man die Bestätigung gedrückt hatte. Das war für die Sicherheit des Fahrers bei der Betankung wichtig. Wäre dem Fahrer irgendetwas passiert, hätte sich die Anlage nach 1 Minute automatisch abgeschaltet. Die Betankung selbst dauerte dann etwa 20 Minuten. Das Manometer im Tankwagen zeigte den jeweiligen Füllstand an. Als die richtige Menge angezeigt wurde, musste die Pumpe ausgeschaltet und der Bypass zum Entweichen des Drucks im Schlauch aufgedreht werden.

Nach der Beladung wurde wiederum zur Waage gefahren, dort mussten alle Punkte wie zu Beginn der Leerwägung eingescannt werden. Wenn das zulässige Gesamtgewicht nicht überschritten war, druckte der Computer die Lieferscheine aus. Der Fahrer schrieb dann einen CMR – Frachtbrief und die Rückfahrt konnte beginnen.

Retour fuhren wir nun wieder bis unsere Fahrzeit ausgeschöpft war und ich konnte im Rasthaus Steigerwald in einem Hotelzimmer meine Ruhezeit machen. Bei der Fahrt nach Österreich konnten Jan und ich uns ein wenig über verschiedene Begebenheiten in der Firma unterhalten. Mein Eindruck von Jan war sehr positiv, er war ein freundlicher, ehrlicher Mensch, was ich später während meiner Tätigkeit als Fahrer bei Schenk Tanktransporte erfahren durfte.

In Österreich angekommen hatten wir noch zwei Kunden zu beliefern, die aber in der Nähe von Salzburg waren. Nachher wurde in Anif das Auto gewaschen und um 16 Uhr begann wiederum das Wochenende.

Am Montag begann die Arbeit um 6 Uhr, weil Jan kein Frühaufsteher war so wie Paul. Unser Tankwagen wurde bei weiteren zwei Kunden nun komplett leergemacht und wir fuhren anschließend nach Donawitz um zu laden. Das Laden von Argon funktionierte ebenso wie bei Stickstoff und ich traute mir das unter Jans Aufsicht ganz alleine zu. Jan musste mich nicht korrigieren und sparte nicht mit Lob. Wir lieferten noch an einige Kunden aus, bei denen Jan mich ebenfalls alles alleine machen ließ und nur zur Aufsicht neben mir stehen blieb. Unser letzter Kunde war im Norden von Wien und dann konnten wir uns bei Thomas - dem Disponenten von Air Liquide in Schwechat „leer" melden.

Dieser beorderte uns zu ihm nach Schwechat, um uns die Papiere für die nächste Ladung die wir in Antwerpen holen sollten, auszuhändigen. Im Büro der Air Liquide wurde ich als neuer Fahrer von der Firma Schenk vorgestellt. Thomas war mir von Anfang an sehr sympathisch, ich ihm anscheinend auch. Er erkundigte sich, mit welchem Auto ich künftig fahren würde, was Jan aber auch noch nicht wusste. Nach dem Empfang der Ladepapiere fuhren wir wieder leer von Schwechat nach Antwerpen. Nach wie vor fand ich diese Leerfahrt beinahe unglaublich, aber es war so, und das gefiel allen Argon-Fahrern sehr gut. Wir fuhren durch bis nach Aachen, wo ich wieder im Hotel an der Grenze zu Belgien übernachtete. Am nächsten Tag gegen Mittag waren wir in Antwerpen an der Ladestelle. Nun konnte ich unter Jans Aufsicht die Ladevorgänge alleine tätigen. Da ich die Beladung ohne Fehler geschafft hatte meinte er, dass ich schon nächste Woche wenn er in Urlaub wäre mit seinem LKW alleine fahren könnte.

Nach der Beladung in Antwerpen fuhren wir weiter nach Tirol zur Firma Plansee, wo der komplette Tankzug eingepumpt wurde. Anschließend ging es nochmal nach Antwerpen zum Laden. Nach der Beladung fuhren wir bis Aachen wo wieder Pause gemacht wurde und am nächsten Tag bis nach Anif zum Firmenstandplatz. Jan telefonierte während der Heimfahrt mit dem Geschäftsführer und fixierte, dass ich in der darauffolgenden Woche alleine mit seinem Auto unterwegs sein würde. Ursprünglich sollte der „Chef" mit mir fahren, weil ich doch noch Anfänger auf dem Tankzug war, aber Jan meinte mein Wissen würde bereits ausreichen, um alleine fahren zu können. Einerseits freute ich mich riesig über das Vertrauen, das er mir entgegenbrachte, andererseits war mir aber doch ein wenig mulmig zumute und ich fühlte mich nicht so ganz wohl. In Anif beim Firmenstandort räumte Jan seine Privatsachen aus dem LKW und ich übernahm für drei Wochen.

Am Montag um 2 Uhr fuhr ich mit meinem PKW nach Anif, von dort zum ersten Kunden in die Steiermark. Diese Kundschaft wurde von Jan und mir schon einmal angefahren, deshalb war ich innerlich nicht sehr angespannt. Das Anschließen des Schlauches und die Kühlung der gesamten Anlage dauerten ungefähr 20 Minuten und dann konnte ich die Pumpe starten. Alles verlief wie geplant. Beim nächsten Kunden aber stieg der Adrenalinspiegel ganz gewaltig. Zum einen musste ich mir diesen Kunden erst einmal suchen. Endlich am Firmengelände angekommen, konnte ich dann nirgends einen Tank entdecken. Nach mehrmaligem Nachfragen bei den dort beschäftigten Arbeitern wurde mir genau erklärt wo ich diesen Argon Tank finden würde.

Es war ja nicht zu glauben, ich musste zirka 150 Meter um zwei Hallenecken rückwärts zum Tank schieben. Die Länge des Rückwärtsfahrens war nicht das Problem, sondern dass links und rechts der Fabrikstraße halbfertige Produkte gestapelt waren. Hier ging es wirklich haarscharf um wenige Zentimeter. Nach einigen Malen vorziehen und wieder rückwärtsfahren stand der ganze Zug dann endlich wie ich ihn zur Entladung brauchte. Nach der Befüllung dieses Tanks war die nächste Kunde Air Liquide in Graz. Diese Firma war mitten in einem Wohngebiet und man durfte nur in der Zeit von 7 bis 19 Uhr entladen. Nach der kompletten Entladung in Graz wurde ich nach Donawitz zu Air Liquide zum Laden beordert. Die dortige Luftzerlegungsanlage war für Air Liquide die einzige Produktionsstätte Österreichs, in der Argon gewonnen wurde. Nach der Beladung in Donawitz hatte ich die Tanks von weiteren vier Kunden, die ich mir erst suchen musste, anzufüllen. Anschließend bekam ich den Auftrag nach Antwerpen laden zu fahren. Also fuhr ich von Dienstagnachmittag bis Mittwochmittag nach Antwerpen. Das erste Mal ohne Aufsicht den Ladevorgang in diesem Werk zu machen, ließ meine Nervosität dann doch ziemlich steigen. Zum Glück hatte ich mir den Betankungsvorgang aufgeschrieben, so konnte ich Punkt für Punkt die Anlage ohne Fehler bedienen und der Tankwagen wurde beladen. Nach der Beladung fuhr ich wieder nach Reutte in Tirol und pumpte den ganzen Tankzug in zwei Argon Tanks. Anschließend ging es zurück nach Anif. Am Freitag um 14 Uhr wurde nach dem Autowaschen die Arbeitswoche beendet.

Am folgenden Montag um 6 Uhr früh fuhr ich wieder nach Antwerpen und am Dienstag gegen Mittag war wieder die Heimfahrt angesagt. Mit dieser Ladung Argon wurden 3 Kundentanks in Salzburg und in Tirol angefüllt. Anschließend wurde noch einmal Antwerpen angefahren und der LKW am Freitag in Anif abgestellt.

Mit zunehmender Sicherheit gefiel mir die Arbeit von Tag zu Tag immer besser. Das weite Fahren zur Ladestelle und wieder zurück entsprach ganz meiner Vorstellung vom Fernfahren. Alle gesetzlichen Vorschriften konnten von mir eingehalten werden.

Nun hatte ich zwei Wochen Urlaubsvertretung hinter mir und war erleichtert, als neuer Fahrer keinen Anlass zu Beschwerden gegeben zu haben. Wohl war ich bei so manchem Kunden mit Schwierigkeiten und Unsicherheiten konfrontiert, aber die Worte von Paul waren mir in so einer Situation immer im Ohr. Er meinte immer: „Wenn du einmal weißt wie das Prinzip des Abpumpens funktioniert, kannst du kaum Fehler machen!"

Nun war die letzte Woche mit Jans Auto für mich gekommen. Auch diese Woche fuhr ich zwei Mal nach Antwerpen und stellte den LKW in Anif ab. Unser Geschäftsführer teilte mir mit, dass ich nächste Woche mit einem DAF fahren müsste, dessen Fahrer für die nächsten drei Wochen in Urlaub gehen würde. Der Fahrer wäre bereits auf dem Weg hierher, ich sollte noch ungefähr eine Stunde warten und mir dann das Fahrzeug mit seinen Eigenheiten vom Fahrer erklären lassen. Nach weiteren zwei Stunden wurde ich informiert, dass der Fahrer erst mit großer Verspätung zurückkommen würde und ich nach Hause fahren könnte.

Am Montag um 6 Uhr räumte ich meine Privatsachen in den DAF, mit dem ab nun nur ich fahren sollte und startete nach Antwerpen. Ich fuhr keine 50 Meter, da zeigte das Licht in der Armaturenzeile, dass die ABS Anlage defekt wäre. Aus Erfahrung mit anderen LKWs wusste ich, dass die Bremsen leicht schleifen würden, wenn die Anlage nicht korrekt arbeiten würde. So fuhr ich zwei Mal um die Firma um zu sehen, ob die Bremsen heiß werden würden. Erst als ich mich davon überzeugt hatte, dass dies nicht geschah, traute ich mich auf den Weg nach Antwerpen.

Auf der Autobahn Richtung München stellte ich fest, dass der Aufleger nicht ganz in der Spur lief. Dieser Tankzug sah zwar von außen sehr schön aus, aber er hatte offensichtlich mehr Mängel als ich angenommen hatte. Beim ersten Halt rief ich den Fahrer zu Hause an und fragte ob es noch weitere Mängel gäbe, die mir vielleicht noch nicht aufgefallen waren. Die gab es, zwar nur Kleinigkeiten, dafür aber viele. „Wenn ich wieder zurück bin werden diese Mängel behoben", nahm ich mir vor oder ich würde mit diesem Auto nicht mehr weiterfahren.

Die Fahrt nach Antwerpen verlief nach Plan und Dienstagmittag traf ich in Antwerpen ein. Als es an die Beladung ging, spürte ich plötzlich wie der Adrenalinspiegel in die Höhe schnellte. Alle Punkte zur Abwägung des LKWs hatte ich durchgeführt, nun sollte an der Pumpstation der Befüllschlauch angeschlossen werden. Erst jetzt sah ich, dass die gesamten Armaturen im Kasten dieses Auflegers komplett anders aussahen als bei Pauls und Jans Aufleger. Wo war das Spülventil, wo war das Hauptventil zum Öffnen, wie viele Prozent durfte ich den Tank anfüllen um nicht überladen zu sein? Diese Fragen gingen mir blitzartig durch den Kopf.

Alles, was ich bisher von einem Gas Tankwagen wusste, war nur zum Teil anwendbar. Um eine korrekte Beladung durchführen zu können, entschloss ich mich, den Fahrer noch einmal zu Hause anzurufen. Das war auch gut so, denn bei diesem Aufleger war einiges anders zu betätigen und nicht vergleichbar mit einem Schwingenschlögel-Aufleger. Nach dem Telefonat begann ich mit dem Auftanken und hoffte, dass ich nicht überladen würde. Zu meiner großen Erleichterung zeigte die Brückenwaage ganz genau 40.000 kg Gesamtgewicht. Endlich hatte ich diese Hürde des „Alleine-Befüllens" hinter mir und langsam normalisierte sich auch mein Adrenalinspiegel wieder.

Bei der Fahrt nach Österreich wurden auch keine neuen Auffälligkeiten am LKW bemerkbar. Diese Ladung wurde dann im Gase-Lager in Graz eingepumpt. Nach der Entleerung wurde ich noch einmal nach Antwerpen geschickt, nicht ohne mir vorher zu versichern, am Wochenende würde der LKW auf Vordermann gebracht und ich würde dann bestimmt zufrieden sein. Also ließ ich mich überreden und fuhr noch einmal nach Antwerpen. Dort angekommen, konnte ich wie bei der ersten Tour die Betankung ohne ungewöhnliche Vorkommnisse erledigen und fuhr im Anschluss daran nach Österreich zurück.

In Anif angekommen, wurde der LKW vom Elektriker in Empfang genommen und er reparierte tatsächlich alles was ich beanstandet hatte. Mit diesem DAF durfte ich dann noch zwei Wochen fahren bis der Fahrer wieder aus dem Urlaub zurückkam. Anschließend wurde mein Arbeitskollege Jan wieder für zwei Wochen in den Urlaub geschickt, weil er noch sechs Wochen alten Urlaub hatte. So konnte ich mit Jans Auto zwei weitere Wochen fahren. In der ersten Woche fuhr ich wieder zwei Mal nach Antwerpen und in der zweiten Woche fuhr der Geschäftsführer mit mir. Wir fuhren am Montag zuerst zu einem Kunden, und dann nach Schwechat zur Air Liquide, um den Rest des Tankinhaltes in den Argon Tank in Schwechat einzupumpen. Bei dieser Fahrt wurde ich offiziell „abgenommen", das heißt, die schriftliche Genehmigung als Gasfahrer wurde vom Werk ausgestellt.

Nach der Entladung wurde ich vom Chef in Kenntnis gesetzt, dass ich nach Polen fahren sollte, um im Stahlwerk Mittal bei Dabrowa Gornicza zu laden. Er würde aber mit mir fahren, weil es zeitmäßig für ihn gut passen würde und er mir die Ladestelle zeigen könnte.

Da ich den Osten noch immer schlecht in Erinnerung hatte, war ich sehr froh, dass ich nicht alleine fahren musste. Nach dem Tanken in Schwechat ging es los. In Kittsee - Bratislava reisten wir in die Slowakei ein. Auf der Grenze musste eine Dreitagesvignette gekauft werden. Durch Bratislava fuhren wir auf der Autobahn, auf der dichter Verkehr herrschte. Bei der Fahrt über die Donaubrücke konnte man sehen, dass im Frachthafen mindestens 100 Lastschiffe und einige Personenschiffe vor Anker lagen. Auch hier war die weltweite Wirtschaftskrise deutlich zu spüren. Nach Bratislava fuhren wir an Trnava vorbei bis nach Zilina. Dort endete die Autobahn und es ging über eine halbwegs gut ausgebaute Straße bis zur Grenze in Cieszyn. In der Stadt angekommen fuhren wir zu einem Hotel, welches der Chef immer ansteuerte wenn er nach Polen fuhr, auch wenn er alleine unterwegs war, wie er mir erzählte.

Bei der Einfahrt nach Cieszyn kamen mir die unschönen Erlebnisse vor 32 Jahren wieder in den Sinn. Seinerzeit führte der Weg nach Polen durch die Stadt und man konnte das alte Zollhaus noch sehen. Am nächsten Morgen fuhren wir über die polnische Grenze. Was war denn das? Ich spürte wie mein Herz zu rasen anfing und mir der Schweiß aus allen Poren ausbrach. Zum Glück war der Geschäftsführer am Fahren. Dennoch blieb ihm offensichtlich nicht unbemerkt, dass da plötzlich irgendetwas mit mir nicht stimmte und fragte was denn los wäre. Ob ich mich krank fühlen würde, ob mir übel wäre? Ich musste damals kreideweiß gewesen sein als wir über die Grenze fuhren. Nie hätte ich geglaubt, dass sich die Vorgänge damals, als ich in Dabrowa Gornicza eingesperrt war, so tief in meinem Unterbewusstsein verankert hatten. So erzählte ich meinem jetzigen Chef was ich damals erlebt hatte und gestand – was ohnehin nicht zu verbergen gewesen war - wie sehr mich der Anblick der polnischen Schilder belasten würde. Ebenso, dass ich mir geschworen hatte, nie mehr in den Osten zu fahren. Natürlich waren diese Ostländer heute politisch gänzlich anders und bei der EU. Die dort lebenden Menschen waren aber dennoch dieselben, fürchtete ich. Das war mein Problem - waren sie damals falsch und gemein - könnten sie heute nur weil ein System sich geändert hatte – anders sein?

Die Fahrt nach Dabrowa Gornicza wurde von der Grenze in Cieszyn auf einem ganz neuen Autobahnstück bis Bielsko/Biala zurückgelegt, von dort ging es nach Tichy. Weiter nach Dabrowa – Gornicza fuhren wir aber auf genau derselben Straße wie ich damals vor 32 Jahren. Als wir beim Stahlwerk ankamen, sah ich das Milizgebäude in dem ich eingesessen hatte. Bei der Einfahrt in das Stahlwerk war eine scharfe Kontrolle, als würde man in ein Gefängnis fahren - Kabinenkontrolle und Passkontrolle wie zu Zeiten des Kommunismus.

Im Stahlwerk Acelor/Mittal war eine große Air Liquide Luftzerlegungsanlage und diese Anlage produzierte so viel Argon, dass die Überproduktion verkauft wurde. Nach der Beladung und dem Empfang der Papiere wurde beim Ausfahrtstor wieder genauestens kontrolliert. Nun ging es nach Österreich zurück. Bei der Fahrt durch die Slowakei sagte der Chef zu mir, es wäre ihm viel lieber, wenn ich ihn künftig mit seinem Vornamen Bert ansprechen würde und nicht so ehrfurchtsvoll Herr Chef. Er hielte das mit allen Fahrern so. Natürlich war ich überrascht, geduzt hatte ich bis dahin nur befreundete Unternehmer. In den meisten Transportunternehmen wurden die Fahrer vom Chef mit Familiennamen, aber per „Du" angesprochen, umgekehrt aber war das „Sie" üblich.

Zurück in Österreich pumpten wir diese Ladung wieder in Schwechat ein und fuhren dann leer nach Anif zurück. Freitags wurde das Auto gewaschen und meine Privatsachen aus Jans LKW ausgeräumt. Auf dem Heimweg machte ich mir viele Gedanken darüber, was ich wohl nächste Wochen machen würde,

Montags um 7 Uhr war ich in Anif und Bert schickte mich mit Jan nach Schwechat. Dort würde unser DAF-Argon-Zug stehen, diesen sollte ich vom Fahrer übernehmen und den Tankwagen fertig entleeren. In Schwechat angekommen, übernahm ich also diesen DAF und der Fahrer fuhr mit Jan den ganzen Tag mit, bis sie am Abend in Anif waren. Ich musste wieder nach Dabrowa Gornicza fahren und nach der Beladung in Tschechien bei zwei Firmen abladen. Bei der Einreise nach Tschechien schlug mein Herz wieder bis zum Hals. Erinnerungen von früher wurden urplötzlich wach. Ich zwang mich meine Erlebnisse zu verdrängen, was mir glücklicherweise dann auch gelang.

Dieser Zug wurde nun mein fixer LKW und ich musste nicht mehr „springen". Meine Ladestellen waren abwechselnd - einmal in Polen ein anderes Mal in Antwerpen. Ab November 2008 fuhr ich jede Woche zwei Mal nach Antwerpen. Die Entladungen waren in Tschechien, Österreich, Slowakei und in Ungarn.

Im Mai 2008 kannte ich alle Argon Kunden und das Fahren machte mir richtig Spaß. Meine „Allergie" gegen die Ostländer legte sich unerwartet schnell und bald machte es mir nichts mehr aus, wenn ich nur in den Osten zu fahren hatte. Bis auf einige Strafzettel hatte ich mit der Polizei keine Probleme mehr, weder im Westen noch im Osten.

Ab Weihnacht 2008 wurde mir ein anderer Aufleger zugewiesen, bei dem aber etliches zu reparieren war. Die Kleinigkeiten in der elektrischen Anlage wurden innerhalb von zwei Wochen hergerichtet, aber den undichten Schleifring in der Pumpe wollte man nicht ersetzen. Den Grund dafür konnte ich mir nicht erklären und es blieb mir vorerst nichts anderes übrig als mit der undichten Pumpe weiterzufahren. Zwei Wochen später aber trat bei einem Kunden in Tschechien so extrem viel Gas aus, dass ich diesen Gasaustritt fotografierte und der Disposition per MMS mit dem Satz sendete: „Nun ist Schluss, Reparatur oder das Auto bleibt stehen!" Fest entschlossen, nicht mehr zu fahren, sollte der Schleifring noch immer nicht repariert werden, meldete ich mich drei Stunden später leer. Mein Foto hatte doch Wirkung gezeigt und ich wurde nach Schwechat beordert, wo dann endlich die Pumpe repariert wurde. Diese Reparatur dauerte keine drei Stunden und ich konnte wieder weiterfahren. Nun hatte ich einen dichten Aufleger, auch sonst keine Probleme mit dem Auto, war wieder glücklich und meine Arbeit machte mir Freude.

Im Jahr 2009 fuhr ich bis September nur nach Antwerpen zum Laden und das jede Woche zweimal. Wenn ein Feiertag war fuhr ich trotzdem zweimal, aber das machte mir nichts aus. Bei den Fahrten nach Antwerpen und zu den Entladestellen wurden jedes Monat an die 18.000 Kilometer gefahren.

Leider wurden im Oktober 2009 die Fahrten nach Antwerpen eingestellt und wir mussten stattdessen nach Košice in die Slowakei fahren. Diese Lieferverträge wurden jeweils für 12 Monate fixiert, dann wurde wieder neu ausgeschrieben. Wer das meiste bezahlte bekam das Argon. Aber auch die Touren nach Košice waren schöne Fahrten. Bei Nikelsdorf reisten wir in Ungarn ein und dann wurde quer durch Ungarn bis Miskolcs gefahren. In der Slowakei - 15 Kilometer nach der ungarischen Grenze - war das Stahlwerk in dem auch Argon produziert wurde. Von dort aus wurden sehr oft Kunden in Ungarn von mir beliefert, was zur Folge hatte, dass ich Ungarn bis „in den hintersten Winkel" kennenlernte.

Nach dem Auslaufen des Vertrages in Košice kam uns Fahrern zu Ohren, dass von der Geschäftsleitung der Air Liquide geplant war, in Zukunft das Argon in der Ukraine einzukaufen. Zu diesem Zweck sollte eine Testfahrt bzw. ein Probekauf gemacht werden. Wenn die Qualität des Produktes in Ordnung wäre, sollte künftig das benötigte Argon von dort geholt werden. Mein Chef und Jan waren für diesen Versuch vorgesehen und starteten ungefähr vier Monate später in Richtung Ukraine. Es war ein Samstag und für Dienstag wäre die Beladung vorgesehen. Zu diesem Zweck wurde eigens ein Container und eine Containerchassis angemietet. Man glaubte, die Argon Aufleger schonen zu müssen. Bereits am Dienstag waren Bert und Jan bereits wieder zurück in Österreich, angeblich wegen eines „Defektes" der Anlage in der Ukraine. Es stellte sich aber rasch heraus, dass es bei dieser kurzen Fahrt für unsere zwei Versuchspiloten ganz große Probleme an der ukrainischen Grenze gab, was offensichtlich daran gelegen hatte, dass die eingeholten Erkundigungen nicht ausreichend gewesen waren.

An diesem Tag kam ich gerade von Antwerpen nach Graz zurück, als der neue Chef der Firma Schenk Tanktransporte mich anrief und ganz trocken zu mir sagte: „Bert und Jan waren nicht in Kryvyi Rih, du musst am Samstag in der Früh in die Ukraine fahren. Du bekommst einen zweiten Fahrer mit, der kann etwas Russisch." Das war nun aber wirklich ein Hammer für mich. Die anderen hatten 3 Monate Zeit um die Fahrt zu planen und ich sollte das nun in einem Tag machen? Natürlich hatte ich die Möglichkeit nein zu sagen, aber das wollte ich dann doch wieder nicht. Einerseits, weil ich diese Fahrt äußerst Interessant fand, da ich noch nie zuvor in der Ukraine gewesen war. Außerdem packte mich da auch irgendwie der Ehrgeiz und ich wollte zeigen, dass ich auch in meinem Alter noch „Neuland" befahren können würde. Also fuhr ich nach Trofaiach, wo seit 4 Monaten der Standplatz meines LKWs war, sattelte ab und hängte den Containerauflieger an. Dann fuhr ich mit meinem PKW schnurstracks zu mir nach Hause und überbrachte meiner Frau die Botschaft, dass ich am kommenden Wochenende – ausgerechnet zu Pfingsten - nicht zu Hause sein würde können. Die Fahrt würde voraussichtlich etwa 10 Tage dauern. Am Freitagnachmittag machte ich einen größeren Lebensmitteleinkauf und kaufte mir Fertiggerichte in Dosen sowie vakuumverpackte Würste, die bloß im Wasser gekocht werden müssten. Also packte ich meine Tasche und fuhr noch am Freitagabend nach Trofaiach. Schlafen legte ich mich im LKW, um am Samstag ausgeschlafen starten zu können.

Die Fahrt in die Ukraine

Am Samstag, den 22. Mai 2010 pünktlich um 8 Uhr traf mein Beifahrer Jörg ein. Er war ein Arbeitskollege, der aus dem Osten Deutschlands stammte. In der damaligen DDR hatte er früher als Berufssoldat gedient, quittierte später den Dienst und wurde Fernfahrer im Deutschlandverkehr. Später fuhr er auch andere Länder an und landete schließlich in Österreich. Nachdem wir unsere privaten Sachen verstaut hatten, ging die Fahrt in die Ukraine los.

Österreich verließen wir beim Grenzübergang Heiligenkreutz – Körmed. Es ging weiter nach Budapest, von dort nach Miskolcs und weiter in Richtung Ukraine. Vor der ukrainischen Grenze sollten wir unbedingt noch volltanken. Unser Geschäftsführer meinte, es würde möglicherweise zu wenig Diesel in der Ukraine geben. Nun – da wir eine Shell Card hatten, tankten wir also in Ungarn bei einer Shell Tankstelle. Nach dem Tanken wollten wir mit dieser Card bezahlen, aber das ging nicht, weil diese Tankstelle – für uns nirgends ersichtlich – seit einer Woche angeblich keine Shell Tankstelle mehr gewesen war. Zwar hatte ich von der Firma Euros mit, aber die Ungarn wollten keine Euros nehmen, außerdem könnten wir dieses Geld noch in der Ukraine gut gebrauchen. Nach Rücksprache mit unserem Geschäftsführer bezahlte ich mit meiner persönlichen Bankomatkarte und dachte mir: „Na, das fängt ja schon mal gut an."

Ich sollte Recht behalten, das war nur eine Kleinigkeit gegenüber dem was uns noch bevorstand.

Zur Grenze in die Ukraine hatten wir noch ungefähr 60 Kilometer zu fahren. Vor der Grenze trafen wir auf einen LKW Stau von etlichen Kilometern. Irgendwann hatte ich gehört, dass ein LKW mit Gefahrengut an der Grenze vorfahren dürfte. Wir taten dies auch und gelangten ungehindert direkt in den ungarischen Zollhof. Nach der Abfertigung konnten wir etwa 30 Minuten später bereits aus dem ungarischen Zollhof fahren und uns auf einer Brücke in die LKW-Spur einreihen zum Anstellen für die Einfahrt in die Ukraine. Nach ungefähr 2 Stunden erreichten wir den Beginn des Zollhofes in der Ukraine.

Dort wurde ein Laufzettel ausgegeben mit der LKW-Nummer und dem Gesamtgewicht des Autos ausgegeben. Jörg fuhr mit dem LKW in den Abfertigungsparkplatz und wurde vom Einweiser sofort um 10 € erleichtert. „Parkgebühr", meinte dieser. Wir hatten zwar keine Ladung, aber bei allen Schaltern mussten wir uns einen Stempel holen. Diese Stempel wurden nach einer uns nicht erkenntlicher Reihenfolge vergeben. Als wir einen Schalter ausließen, mussten wir zurück. Aber zu welchem? Niemand konnte uns sagen, welchen Schalter wir noch zu machen hatten. Erschwerend kam noch dazu, dass das Abfertigungsgebäude zwei Etagen hatte. An die 3 Stunden irrten Jörg und ich in diesem Gebäude umher. Bis ich eine Frau die offensichtlich hier angestellt war, auf Deutsch schimpfen hörte. Sofort ging ich zu ihr und bat um Hilfe. Ich zeigte ihr unseren Laufzettel. Sie ging dann freundlicherweise mit mir zu allen Schaltern wo der Stempel noch fehlte. Stellte sich nirgends an, sondern ging direkt in das Zimmer ihres Kollegen und drückte einen Stempel auf den Laufzettel. Sie erklärte mir in perfektem Deutsch, dass sie deutsche Vorfahren hatte und in ihrer Familie immer noch deutsch gesprochen wurde. Das war natürlich für uns eine ungemein große Hilfe. Wir sprachen noch ein bisschen miteinander und dann wechselte – in diesem Fall sehr gerne - ein 5 Euroschein den Besitzer. Nun konnten wir aus dem Zollhof fahren. Der letzte Schranken war mit einem jungen Soldaten besetzt, der uns fragte, ob wir nicht ein paar Euros für Ihn hätten. Natürlich sagte er es in ukrainischer Sprache, aber die Haltung seiner Hand ließ uns rasch verstehen. Wieder waren 5 € weg.

Es war nun 24 Uhr und wir waren erleichtert, dass wir für den Grenzübertritt nur 6 Stunden gebraucht hatten. Das war trotz allem ein sehr kurzer Aufenthalt. Wir hatten gehört, dass wir mit mindestens einem Tag rechnen sollten, auch bei Jan und Bert hatte es viel länger gedauert. 2 Kilometer nach der Grenze parkten wir an einer LKW-Tankstelle unseren LKW ein und machten für diesen Tag Schluss. Keine fünf Minuten später war auch schon der Tankwart da und verlangte Parkgebühr. Und wieder waren 5 € weg. Aber offensichtlich war dies ein Gebührenparkplatz, denn hier wurde nicht nur von uns Ausländern, sondern von allen Fahrern Parkgebühr verlangt. Der einzige Unterschied war nur, dass die anderen in ukrainischer Währung bezahlten, wir in Euro. Nun gingen wir schlafen, um am nächsten Morgen um 9 Uhr in Richtung Kiew weiterzufahren. Vereinbart war, dass wir über Kiew hinfahren und eine andere Strecke zurückfahren sollten, um zu sehen welche Route die bessere wäre.

Was mich sehr überraschte, war der Umstand, hier eine so schöne Straße vorzufinden. Man musste zwar häufig durch Ortschaften durchfahren, aber die Straße selbst war wirklich sehr gut ausgebaut und breit angelegt. In jedem Ort war bei der Einfahrt sowie bei der Ausfahrt ein Straßenmarkt. Diese wunderschöne Straße ging bis L`iv (Ehemals Lehmberg) Von dort ging es weiter in Richtung Kiew. Ab da nun begann leider die schlechte Straße, von der ich schon gehört hatte. Dass sie aber so schlecht sein würde, hatte ich mir nicht vorstellen können. Jörg, der neben mir saß und von einer Ecke in die andere geschüttelt wurde, entdeckte in einer mittelgroßen Stadt ein Hotel mit eigenem Parkplatz. Da blieben wir stehen, gingen in das Hotel und konnten uns nicht nur duschen, sondern auch sehr gut zu Abend essen.

Am nächsten Tag – also Pfingstmontag – fuhren wir weiter. Es dauerte nicht lange und wir kamen an eine lange Straßenbaustelle, bei der man nur 50 km/h fahren konnte, am Ende der Baustelle war eine 70 km/h-Beschränkung. Jörg war gerade am Fahren und fuhr mit exakt dieser Geschwindigkeit, als wir von einem Polizisten gestoppt wurden und rechts ranfahren mussten. Das erste, was er verlangte war:„Passport" Als er den Pass von Jörg erhielt, zeichnete er eine 50 km/h Tafel auf, verlangte von ihm 100 € oder wir müssten stehenbleiben, bis der Richter kommen würde. Jörg bezahlte zähneknirschend und es ging wieder auf der Rumpelstraße weiter bis „Kiew". Vom Ortschild „Kiew" in das Stadtzentrum waren es bestimmt noch an die 20 Kilometer.

Ungefähr in Kiew Mitte mussten wir nach Odessa abzweigen. Was war das für eine schlechte Straße! Nach einigen Stunden wechselten wir und ich war nun der Fahrer. Nicht lange nach dem Fahrerwechsel übersah ich ein tellergroßes Verkehrszeichen, das alle LKWs zu einem Parkplatz lotste. In diesem Parkplatz war eine Waage. Als ich es sah, war es bereits zu spät, ich fuhr vorbei und konnte nicht mehr in diesen Parkplatz hineinfahren. Also blieb mir nichts anderes übrig, als weiterzufahren, der Dinge harrend die nun kommen würden. Nach 5 Kilometer überholte mich ein Polizeifahrzeug und mir wurde angedeutet, dass ich rechts ranfahren sollte. Der Polizist verlangte sofort meinen Pass und signalisierte mir, dass ich ihm nachfahren sollte. Wir fuhren wieder zurück auf den Parkplatz und nun begann eine Verständigung mit Händen und Füßen. Eigentlich hätte Jörg ja russisch reden sollen, aber leider konnte er in Wirklichkeit auch nur ganz wenige Wörter.

Der Polizist schrieb mir auf einen Zettel, er hätte gerne 250 € aber ohne Bestätigung. Wenn ich nicht bezahlen würde, müssten wir warten, bis morgen sein Chef kommen und über mich und mein Vergehen urteilen würde. Natürlich konnten wir nicht warten, bis sein Chef kommen würde, wiederwillig bezahlte ich also den verlangten Preis. Dann konnten wir weiterfahren. Die schlechte Straße, die Raubrittermanieren der Polizei frustrierten uns ziemlich und vergällten uns den Rest des Tages. Aber da war es nun mal so - wir waren in der Ukraine unterwegs und nicht im Westen von Europa. Am Montagabend gegen 19 Uhr kamen wir in Krivery Rook – wie die Russen es nennen – an. Nach langen Verhandlungen und Telefonaten konnten wir in das Werk einfahren. Es wurde leider kein Einfahrtsschein ausgestellt. Der Werkschutz lotste uns dann zu einer Brückenwaage. Dort stellten wir ab und legten uns zur Ruhe, die wir nach diesem Tag wirklich brauchen konnten.

Am nächsten Tag um 6 Uhr früh klopfte es an unserer Autotür. Der Wiegemeister signalisierte uns, dass wir hier nicht richtig wären. Natürlich klappte es nicht auf Anhieb. Jörg versuchte es daraufhin mit seinen Russischkenntnissen. Nach einiger Zeit verstand sogar ich, was er uns mitteilen wollte. Wir müssten zu einer geeichten Waage fahren und nicht zu dieser, weil diese nur für den internen Gebrauch bestimmt war. „Soweit verstanden, aber wo bitte, ist die richtige Waage?" Nach langem „Palaver" zeichnete er uns den Weg dorthin auf und wir kamen auch ohne größere Umwege dort an. Nun aber ging das Ganze von vorne los. Was wir hier wollten, wieso der Wiegemeister nichts von einem ausländischen LKW wüsste. In diesem schwer verständlichen Durcheinander läutete das LKW-Telefon und ein gewisser Dimitri wollte uns sprechen. Dieser Dimitri - ein Ingenieur von Air Liquide Kiew - war extra wegen uns 800 Kilometer gefahren um in Krivery Rok die Verladung zu überwachen. Sollte alles perfekt verlaufen, würde dann das benötigte Argon von hier geholt werden.

Dimitri sprach Englisch mit mir, und er sagte uns, dass er schon im Stahlwerk wäre und uns suchen würde. Wir ersuchten den Wiegemeister, Dimitri unsere genaue Position mit unserem Handy durchzugeben. Ungefähr nach einer halben Stunde war Dimitri bei der Waage. Er ließ sich den Weg zum Luftzerleger aufzeichnen und wir fuhren ihm dorthin nach. Es war beeindruckend zu sehen, wie enorm groß dieses Stahlwerk war. Von der Waage bis zur Ladestelle fuhren wir mit einer Geschwindigkeit von ungefähr 60 km/h und brauchten dennoch gute 15 Minuten.

Dort angekommen wartete eine neue Herausforderung auf uns. Diese Betankungsanlage hatte einen anderen Schlauchanschluss als wir. Was nun?

Der Schichtmeister, der für unsere Verladung zuständig war, meinte zu Dimitri da könnte er nichts machen, wir müssten wieder leer nach Hause fahren. „Das kann es wohl nicht sein", sagte ich zu Dimitri und verlangte einen Monteur der Luftzerlegungsanlage. Dimitri meinte, ob wir nicht ein „Präsent" für den Schichtmeister hätten, dann würde er versuchen einen geeigneten Monteur zu erreichen. Ach so - so lief der Hase! Jetzt endlich war auch bei mir der „Groschen" gefallen. Ja, Präsente hatte ich von Air Liquide Schwechat genug. Das waren ungefähr 2 kg Bonbons sowie zirka 100 Kugelschreiber und 50 Feuerzeuge. Nachdem ich die Geschenke geholt hatte, bekam ich zumindest das Versprechen, dass man nachschauen würde, ob es eine Möglichkeit geben würde, einen praktikablen Anschluss zu machen. Ein Arbeiter brachte ein Verjüngungsstück und ich montierte ein mitgebrachtes Reserveanschluss-Stück. Dann schnitt ich noch eine neue Dichtung aus einem großen Stück aus und passte sie ein. Das war jetzt unsere einzige Hoffnung, dass alles dicht war. Nach der Montage wurde entlüftet und wir begannen, den Container-Tank zu füllen. Alles blieb dicht und wir freuten uns riesig, dieses Problem gemeistert zu haben.

Nun konnten wir uns entspannt unterhalten weil es keine Pumpe gab, sondern das Gas mit Eigengewicht gemütlich in unseren Tank hineinströmte. Die Beladung dauerte von 14 Uhr bis 21 Uhr. Dimitri sagte uns, dass wir erst am nächsten Tag aus dem Werk fahren könnten, weil die Papiere nicht früher fertig würden. Jörg und Dimitri fuhren in ein Hotel, ich aber blieb lieber zum Schlafen im LKW, auch wenn es hier ziemlich laut war. In diesem Land konnte man das Auto doch nicht unbewacht stehen lassen. Jörg war alles egal, er wollte einfach nur schnell in das Hotel, endlich duschen und schlafen. Um 21:30 Uhr machte ich mir eine mitgebrachte Burenwurst heiß und legte mich danach mit „Ohropax" in mein Bett. Auch ich war sehr müde und schlief schnell ein.

Um 6 Uhr war Tagwache. Während ich noch beim Frühstücken war, kamen Jörg und Dimitri bereits wieder. Nun fuhren wir zur Ausgabestelle unserer Papiere und waren nach ungefähr 2 Stunden fertig zur Ausfahrt. Wir durften aber nicht Rausfahren, weil wir bei der Einfahrt keinen Passierschein erhalten hatten. Dimitri fuhr mit uns zur Werkschutzzentrale und organisierte uns einen Ausfahrtschein. Ausfahren dürften wir nur bei Tor 4, wurde uns noch mitgeteilt. Ja, aber wo war nun Tor 4???

Drei Stunden kurvten wir zunehmend genervt auf diesem riesigen Gelände herum und fanden kein „Tor 4". Einer der werksinternen Fahrer musste das schließlich mitbekommen haben, blieb stehen und fragte uns, was wir suchen würden. Gott sei Dank konnte dieser Mann ein bisschen Englisch und lotste uns zu dem gesuchten Tor. Dieses Tor zu finden, war wirklich nur Eingeweihten möglich, wie uns schien, Es war nur über „fünf Ecken" zu erreichen und nirgends angeschrieben. Aber nun waren wir ja da und warteten, welche Prozedur uns jetzt wohl noch erwarten würde. Vorerst einmal wurde unser Ausfahrtschein mitsamt Reisepässen eingezogen, wir wurden auf einen Parkplatz verwiesen und es hieß wiederum warten. Nach etwa einer Stunde kam ein Wachposten zu uns, gab uns die Pässe retour und schleuste uns durch einen Kameratunnel - wir könnten ja eine gestohlene Blechplatte mitführen. Dann endlich waren wir aus dem Werk draußen.

Dimitri hatte außerhalb des Werksgeländes auf uns gewartet und lotste uns zum Zollamt, das sich ungefähr 15 Kilometer vom Stahlwerk entfernt befand. Wir fuhren am Mittwoch um 14 Uhr in den Zollhof hinein, am Donnerstag um 16:30 Uhr fuhren wir wieder heraus. In diesem Zollhof warteten auch Polen und Tschechen, mit denen wir uns in der Wartezeit in deutscher Sprache unterhalten konnten. Ein Pole wartete bereits seit 5 Tagen auf seine Zollabfertigung. Sein Problem war, die Importfirma hatte den Zoll noch nicht bezahlt. Solange nicht bezahlt wurde, musste er im Zollhof bleiben.

Wir aber waren froh, dass wir den Zollhof um 16:30 Uhr verlassen konnten um die Heimfahrt anzutreten. Mit Ladung waren die Straßen noch schlechter zu befahren. Wir fuhren bis 20:30 Uhr und Jörg blieb bei einem Hotel stehen. Er meinte, es wäre besser, lieber jetzt stehenzubleiben, als kein Hotel mehr zu finden und zu zweit im LKW schlafen zu müssen, was wirklich alles andere als bequem gewesen wäre. Er nahm schnell seinen Waschbeutel und verschwand im Hotel. Ich war es gewohnt im LKW zu schlafen, wollte auch diesmal den LKW nicht unbemannt stehen lassen. Immer wieder hörte man davon, dass ganze LKW-Züge über Nacht verschwanden. Ich machte mir mein Abendessen und legte mich müde und durchgeschüttelt schlafen. Um 5 Uhr früh hörte ich Stimmen und sah bei der Tür hinaus. Gerade als ich die Tür öffnete fuhr ein neben mir stehender LKW weg. Ansonsten war nichts Auffälliges zu sehen. Also dachte ich mir nichts dabei, war im Gegenteil eher beruhigt, nur durch einen abfahrenden Nachbar-LKW geweckt worden zu sein.

Die Überraschung kam am Morgen, als ich nach dem Frühstück um den LKW ging. Da sah ich, dass die Halterung für das Reserverad des Auflegers abgeschraubt war, der Reservereifen mitsamt der Felge war weg. Mein erster Gedanke war, dass mein Nebenmann von heute Nacht unseren Reservereifen offensichtlich auch gebrauchen konnte. Nun konnte ich sowieso nichts mehr machen und ließ mich davon auch nicht aus der Ruhe bringen. Der Container Aufleger war zuvor 3 Monate lang auf dem Firmenparkplatz gestanden und niemand von den Verantwortlichen hatte daran gedacht, die Reservereifen diebstahlsicher zu machen. Als Jörg um 8 Uhr kam, meinte er zu dem Diebstahl bloß: „Na, wenn sonst nichts passiert…!"

Wir fuhren nun weiter in Richtung Heimat, aber der Tag zog sich und verging ganz langsam. Zwar fuhren wir ununterbrochen - einmal Jörg, einmal ich - aber bei diesen schlechten Straßenverhältnissen konnten wir maximal 60 km/h fahren und uns kam vor, wir würden überhaupt nicht vom Fleck kommen. Jörg jammerte schon den ganzen Tag, er würde diese „Schüttlerei" bald nicht mehr aushalten. Am liebsten wollte er gar nicht mehr vom Lenkrad hervorkommen, sondern nur noch fahren und ich musste ihm Recht geben, dass es in diesem Falle doppelt so anstrengend war, nebenbei zu sitzen, als zu fahren. Trotz ununterbrochenen Fahrens schafften wir an diesem Tag in 12 Stunden nicht mehr als 700 Kilometer.

Mitten in der „Prärie" blieben wir zur Übernachtung stehen. Am nächsten Tag wurden die Straßenverhältnisse nach 5 Stunden merklich besser. Wir spürten förmlich, wir tasteten uns mit jedem Kilometer an den Westen heran. Nun konnte man bereits eine Geschwindigkeit von 90 km/h fahren und wurde nicht mehr so arg durchgeschüttelt. Nach Lehmberg (L`iv) blieben wir bei einem Hotel mit LKW Parkplatz stehen. In diesem Hotel konnte einer der Geschäftsführer deutsch. Wir wurden ersucht, unseren LKW auf dem Gelände des Hotels abzustellen, dort wäre der LKW-Parkplatz versichert und durch einen Schranken abgetrennt. Im Restaurant gingen wir essen und anschließend in das Bett.

Am Samstag fuhren wir um 8 Uhr ganz gemütlich weiter bis zur ungarischen Grenze nach Coop. Gemütlich deswegen, weil in Ungarn am Sonntag LKW-Fahrverbot war. Als wir um 16 Uhr in Coop eintrafen, war vor uns kein einziger LKW. Erfreut dachten wir es würde schnell gehen, weil wie es schien nichts los war. Bei der Einfahrt in den Zollhof sahen wir jedoch, dass bereits auf der Brückenwaage sehr viele LKWs am Parkplatz standen und auf die Abfertigung warteten.

Auf der Waage - vor Ausgabe des Laufzettels - wurden wir um ein Präsent von Österreich gebeten. Erst als wir 5 € herausrückten, bekamen wir auch unseren Laufzettel. Dann fuhren wir auf den Parkplatz und warteten, bis wir an der Reihe waren, um zum

Zollamt vorzufahren. Diese Vorfahrt zum Zoll wurde von drei Zollbeamten geregelt. Auch nach Stunden des Wartens gelang es uns nicht dieses System - wer jetzt, wer später einfährt - zu durchschauen. Nachdem wir schon 3 Stunden auf demselben Fleck gestanden waren, durften wir noch immer nicht in den Zollhof einfahren. Jörg erkundigte sich bei einem ungarischen Fahrer der deutsch verstand, weshalb hier nichts weitergehen würde. Dieser sagte Jörg, man müsste beim Anmeldeschalter ein Präsent hinterlegen, sonst würde man wohl zwei Tage auf dem Parkplatz stehen. Der Ungar ging mit Jörg zu dem Schalter und zeigte ihm wie das mit dem „Präsent" hier üblich wäre. Unser Geschenk war ein 20 €-Schein, der Beamte nickte gnädig mit dem Kopf und bedeutete uns, dass wir jetzt vorfahren könnten Beim nächsten Schwung derer, die in den Zollhof einfahren konnten, wurden – welche „Überraschung" - auch wir aufgefordert, einzufahren. Nun waren wir zumindest einmal im Abfertigungsbereich. Beim Beginn der Abfertigung zeigte uns ein Pole wo wir anfangen müssten. So wurde ein Schalter nach dem anderen abgefertigt. Bis zum fünften Schalter war für uns alles klar, hier aber spießte es sich plötzlich. Der Beamte fragte nach einem Dokument, das wir nicht mithatten. Er sagte uns in gebrochenem Englisch, ohne dieses Dokument könnten wir auf gar keinen Fall die Ukraine verlassen. Am besten wäre es, wenn wir zur Ladestelle fahren würden, um uns dieses dort ausstellen zu lassen.

Jörg und ich waren so entsetzt, dass es uns vorerst die Sprache verschlug. Die ganze Strecke nochmal zurück!!! Nach dem ersten Schock rief ich Dimitri an und dieser sprach mit dem Beamten fast eine viertel Stunde lang. Es stellte sich heraus, dass wir nun doch nicht nach Krivery Rok zurückfahren müssten. Nach dem Telefongespräch sagte der Beamte plötzlich in perfektem Deutsch zu uns, gegen ein kleines Trinkgeld würde er uns ausnahmsweise trotz fehlendem Dokument den Stempel geben. Er hätte sich so an die 100 € vorgestellt. Was blieb uns anderes übrig als zu bezahlen? Er meinte noch, wir sollten ihm dankbar sein, dass er uns fahren lassen würde. Nach dieser „Aktion" hatten wir noch zwei Schalter aufzusuchen und die Stempel zu „erkaufen". Endlich hatten wir es geschafft, hatten alle erforderlichen Stempel und konnten den Zollhof und somit auch die Ukraine verlassen. Wir waren froh, dieses Land hinter uns gebracht zu haben. „Solange ich lebe, werde ich nicht mehr in die Ukraine fahren", sagte ich zu Jörg und auch er war der Überzeugung nie mehr hierher fahren zu wollen. Für die privaten Spenden musste unsere Firma an diesem Grenzübergang 150 € ausgeben.

Nun waren wir in Ungarn. Bei der Einfahrt in den Zollhof wurden wir abgewogen und bekamen einen Laufzettel mit dem Gesamtgewicht des LKWs. Alle vorhandenen Papiere wurden mitgenommen und wir gingen zur Abfertigung. Eine Spedition füllte den Grenzübertrittschein aus. Vom Abfertigungsbeamten wurde die EU-Transportgenehmigung verlangt, die ich leider nicht mithatte. Jörg telefonierte mit unserem neuen Geschäftsführer, dieser fuhr noch zur selben Stunde mit der Genehmigung zu uns nach Coop. Laut Geschäftsführer war ich schuld, weil ich ohne diese Genehmigung nicht hätte wegfahren dürfen. Dass diese Genehmigung schon lange in seinem Büro lag, vergaß er dabei zu erwähnen. Aber darüber zu streiten war müßig, es war ja sowieso schon geschehen.

Sonntags um 17 Uhr traf der Geschäftsführer mit der Genehmigung ein und wir konnten über die Grenze fahren. Von Coop fuhr ich alleine weiter, weil Jörg mit dem Geschäftsführer im PKW nach Hause fuhr. Jörg sollte unbedingt am Montagmittag mit einem anderen Auto fahren. So fuhr ich nach Donawitz zur Air Liquide, wo die Qualität des Argons aus der Ukraine im Labor überprüft werden sollte. Es stellte sich heraus, dass die Qualität doch nicht so gut war wie erhofft. So wurde von weiteren Fahrten abgesehen. Ich war glücklich, nach zehn Tagen wieder in Österreich zu sein, das allein zählte für mich. Nach dieser Ukraine Fahrt ging der gewohnte Arbeitsalltag wieder weiter.

In den folgenden Monaten gab es keine gravierenden Änderungen im Ablauf der Arbeit. Es folgten wieder Touren nach Antwerpen, Dabrova Gornicza einige Male auch nach Mailand oder Lüttich zum Laden, in Ungarn, Tschechien, Slowakei sowie in Österreich wurde abgeladen.

Der LKW ist in Krakau in der Werkstätte

Bis April 2011 lief alles nach Plan ohne irgendwelche außergewöhnlichen Vorfälle, bis eines Tages nach der Beladung kurz nach dem Stahlwerk in Dabrova Gornicza, der Bordcomputer folgendes rot anzeigte: „STOP – Motor aus. Öldruck nieder."

Sofort stieg ich auf die Bremse, hielt an und sicherte den LKW mit den vorgeschriebenen Gefahrguttafeln und Blinklampen ab. Ich überlegte nicht lange und rief die DAF - Verkaufsstelle in Salzburg an, informierte den Werkstattmeister über meine Anzeige am Armaturenbrett und gab ihm meinen Standort bekannt. Dieser meinte, wenn im Motor genug Öl vorhanden wäre, hätte vermutlich der Computer einen Fehler. Also kippte ich das Führerhaus nach vorne und kontrollierte den Ölstand, der in Ordnung war. Bei einem nochmaligen Anruf in der Werkstätte erhielt ich die Auskunft, ich könnte ruhig weiterfahren bis Krakau, wo die nächste DAF-Werkstätte wäre.

Das war mir nun überhaupt nicht geheuer, ich verweigerte die Weiterfahrt und bestand darauf, von der DAF-Werkstätte in Krakau eine Diagnose vor Ort zu bekommen. Daraufhin setzte sich die Werkstatt in Salzburg mit jener in Krakau in Verbindung, gab meinen Standort durch und nach ungefähr 2 Stunden traf ein polnischer Mechaniker ein. Dieser kontrollierte den Ölstand und baute ein neues Bestandteil ein, welches – wie sich rasch herausstellte, aber nicht die Ursache des niedrigen Öldrucks war. Nach einem Telefonat mit seiner Werkstatt in Krakau, erklärte er mir dann in Englisch, dass der LKW abgeschleppt werden müsste und ich auf gar keinen Fall den Motor starten, sondern nur bis zum Eintreffen des Abschleppwagens warten sollte.

Nun wartete ich noch einmal 2 Stunden bis der Abschleppwagen mit zwei Personen eintraf. Diese schraubten die Kardanwelle ab, legten einen Luftversorgungsschlauch zu meinem LKW und einer der beiden setzte sich hinter das Lenkrad. Jetzt ging es ab in die Werkstätte. Eine Stunde später stand der LKW bereits über der Grube in der Werkstatt und die Monteure begannen sofort mit ihrer Arbeit. Ich sollte mich gleich mal auf eine längere Stehzeit einstellen, meinte der Werkstattmeister und einer der Mechaniker zeigte mir nach ungefähr einer halben Stunde den Schaden - die Ölpumpe war in Stücke zerbrochen.

In gebrochenem Deutsch sagte der Werkstattmeister, es war das einzig richtige gewesen, nicht weitergefahren zu sein. Manchmal machte sich langjährige Praxis halt doch bezahlt. Leider aber war in der Werkstätte keine Ölpumpe lagernd und ich erhielt die Info, dass es erfahrungsgemäß etwa fünf Tage dauern würde, bis ich weiterfahren könnte. Der Verkaufsleiter der Region Krakau bot mir an, mich in ein Hotel, 20 Kilometer außerhalb von Krakau zu fahren. Auch er bestätigte, was bereits der Meister gesagt hatte und meinte, wenn ich nur 2 Kilometer weiter gefahren wäre, wäre der Motor komplett kaputt geworden. Beim Hotel angelangt, war es bereits 22 Uhr, ich war schon ziemlich müde, duschte und fiel wie ein Stein ins Bett.

Am nächsten Tag erhielt ich einen Anruf aus Salzburg – eine neue Ölpumpe wäre bereits per Expresskurier nach Krakau unterwegs. Der Salzburger Werkstattleiter entschuldigte sich für seine Fehlinformation und bestätigte, dass es richtig von mir gewesen war, so hartnäckig geblieben zu sein. So kam ich unverhofft zu einem freien Tag, den ich nutzte, um mir den Vorort von Krakau ein wenig genauer anzusehen. Diesem Dorf sah man an, dass bereits teilweise Renovierungsarbeiten stattgefunden hatten. Aber wo noch nichts erneuert worden war, machte alles einen trostlosen und deprimierenden Eindruck. Meiner Meinung nach bräuchte Polen noch mindestens zehn Jahre bis der derzeitige westliche Standard auch in die kleineren Dörfern Einzug würde halten können.

Die Kosten meiner Zwangspause wurden von meiner Firma übernommen und ich konnte Essen und Trinken was ich wollte. Die Reparatur war schneller erledigt als erwartet. Bereits am übernächsten Tag wurde ich um 10 Uhr vom Hotel abgeholt und nach Krakau gefahren um den reparierten LKW zu übernehmen. Nach dem Zusammenhängen des LKWs mit meinem Aufleger, fuhr ich nach Tschechien und machte dort bei zwei Kunden meinen Argon Tank leer.

Zurück in der Firma, wurde meine Entscheidung, nicht weitergefahren zu sein und dadurch einen wesentlich größeren Schaden verhindert zu haben, mit keinem Wort gewürdigt, sondern einfach als normal angesehen. Aber wehe, ich hätte dem Salzburger DAF-Meister gehorcht. Das ist so nebenbei erwähnt, meiner Meinung nach ein großer Fehler, den viele Chefs häufig machen. Gute Leistung wird in den seltensten Fällen lobend erwähnt. Jeder kleinste Fehler wird aber umso lauter breitgetreten. Andersrum wäre es sicher ein enormer Ansporn und es würde die Motivation der Mitarbeiter vermutlich auch um Vieles heben.

Nun für mich war das nicht mehr so wichtig, für mich würde schon in wenigen Monaten mein aktives Erwerbsleben zu Ende sein. So richtig bewusst wurde mir dies ab Juli 2011 und von da an stieg die Vorfreude auf mein „privates" Leben mit jedem Tag. Die letzten Monate vergingen wie im Flug und im Nu war es September - der Monat, in dem ich nun endgültig meine letzte Lastwagenfahrt machte.

Nachwort

Zusammenfassend gesehen, sah ich in dieser langen Zeit sehr vieles auf der Straße, erlebte sehr viel Kameradschaft und Hilfsbereitschaft, lernte aber auch die negativen Seiten kennen. Oft war ich mit meiner Arbeit nicht zufrieden und genauso gab es aber auch Zeiten, in denen ich mit niemandem hätte tauschen wollen.

Heute würde ich mich für diesen Beruf aber nicht mehr entscheiden. War früher auch das Straßennetz nicht so gut ausgebaut und die Fahrzeuge bei weitem nicht so komfortabel wie heute, so war man doch als Fahrer viel freier und bei weitem nicht so einem großen Druck ausgesetzt wie jetzt. Natürlich sind die heutigen LKWs schon beinahe so gut zu fahren wie ein PKW und bestens ausgestatten mit Scheibenbremsen, Klimaanlagen, Standheizung, Tempomat, Bordcomputer und vielen anderen technischen Errungenschaften. Aber die verlangte Leistung und die Verantwortung auf der Straße, deren man in jedem Augenblick ausgesetzt ist, stehen in keinem Verhältnis mehr zur Entlohnung.

Nur an den Wochenenden zu Hause sein zu können und manchmal nicht einmal jedes Wochenende, wird häufig für viele Fahrer zu einem großen privaten Problem und ich sah viele Ehen oder Lebensgemeinschaften von Kollegen deswegen zerbrechen.

Darum freute mich ein Satz einer wunderschönen Powerpoint-Präsentation ganz besonders, die meine Frau anlässlich meiner Pensionsfeier für mich heimlich vorbereitet hatte. Folgenden Satz hatte meine Frau unter eine Auflistung etlicher Firmen, bei denen ich gearbeitet hatte, augenzwinkernd hinzugefügt: „Treue habe ich nur meiner Frau geschworen...☺". Wusste ich doch damit, dass sie verstanden hatte. Sie kennt mich gut genug um zu wissen, dass, egal zu welcher Zeit die Damen in der Nacht an meinen LKW klopften, ich diese verjagt hatte.

Dafür – und dass sie alle Hochs und Tiefs mit mir mitgetragen hat, danke ich ihr von Herzen. Ebenso, dass sie sich die Zeit genommen hat und sich das alles durchgelesen hat und so manchen Fehler korrigiert hat. Dafür möchte ich ebenso meinem Bruder Jakob danken, der sich in schlaflosen Nächten meine Aufzeichnungen durchgelesen und so manchen Rechtschreibfehler entdeckt hat.

Ein bisschen Humor zum Schluss...

Im Stau ein beliebter Zeitvertreib... ein paar Witze über Funk erzählt, half manchmal den nervenaufreibenden Stop-and-go--Verkehr ein wenig gelassener zu nehmen. Zum Abschluss eine kleine Kostprobe:

Die Polizei stoppt einen LKW-Fahrer: "Was ist denn mit ihren Rücklichtern los?" Der Fahrer steigt aus, geht um sein Auto, wird kreidebleich und sinkt fassungslos auf die Knie. "Kein Grund zur Panik", beruhigt ihn der Polizist. "Ich möchte doch nur wissen, was mit ihren Rücklichtern los ist." „Was scheren mich die Rücklichter", brüllt der Fahrer. „Wo zum Teufel ist mein Anhänger?"

Ein Mann begegnete einem Kind und fragte ihn: Wo is deine Mama? Der Junge antwortete: Vom Tracker überfan! Der Mann sagte: ...und dein Vater? Junge antwortete: Vom Tracker überfan!!! Der Mann sagte: ...und alle anderen die zu deiner Familie gehören? Junge antwortete: Alle vom Tracker überfan!!! Der Mann fragte: ...und was machst du den ganzen Tag? Junge antwortete: Tracker fan!!!

Wenn Trucker fremdgehen, spricht man vom Fernverkehr.

Kommt ein Trucker in die Raststätte und bestellt sich eine Suppe und ein Glas Bier. Plötzlich kommen zwei Motorradfahrer rein und setzten sich zum Trucker. Sie ziehen ihm die Serviette durch die Suppe, beschmieren seinen Anzug mit Senf und stülpen ihm den Suppenteller über den Kopf. Der Trucker bleibt ruhig, zahlt und geht.
"Was war das denn für ein Idiot?", fragt einer der Motoradfahrer. "Weiß ich nicht." sagt der Wirt, "Auto fahren kann er jedenfalls

nicht. Als er eben seinen Truck zurückgesetzt hat, hat er zwei Motorräder plattgewalzt..."

Ein Fernfahrer macht, um sich fit zu halten, auf einem Rastplatz Liegestütze. Ein amerikanischer Tourist sah das – und meinte freundlich: "Hallo German - Frau seien längst weg."

Herr Huber steht mit seinem LKW an der Ampel und fährt nicht. Ermahnt ihn ein Polizist; "Warum fahren sie denn nicht?!" Sagte Herr Huber: "Ich würde ja gern fahren, aber dieses dämliche Stoppschild wird einfach nicht grün!"

Wolkenbruch - die Landstraße überflutet. Ein LKW hält an. Der Fahrer fragt einen Bauern, ob er denn da durchkäme. "Klar", sagt der Bauer. Der Fahrer fährt mit seinem LKW los und versinkt... "Sie haben doch behauptet, das Wasser sei nicht tief, ich komme da durch!" brüllt der Fahrer den Bauern an. "Komisch", wundert sich dieser, "meinen Enten reichte es gerade mal bis zur Brust!"

Alte Autofahrer-Weisheit: Wer den Schaden hat, braucht für den Schrott nicht mehr zu sorgen!